内蒙古马文化与马产业研究丛书

赛马业

殷俊海等 ＊ 著

内蒙古出版集团

内蒙古人民出版社

图书在版编目(CIP)数据

赛马业 / 殷俊海等著. --呼和浩特：内蒙古人民
出版社，2019.8

(内蒙古马文化与马产业研究丛书)

ISBN 978-7-204-15988-8

Ⅰ.①赛… Ⅱ.①殷… Ⅲ.①赛马-体育产业-研究
-内蒙古 Ⅳ.①G882.1

中国版本图书馆 CIP 数据核字(2019)第 138801 号

赛马业

作　　者	殷俊海等
责任编辑	段瑞昕　李　鑫
封面设计	额伊勒德格
出版发行	内蒙古出版集团　内蒙古人民出版社
地　　址	呼和浩特市新城区中山东路 8 号波士名人国际 B 座五层
网　　址	http://www.impph.cn
印　　刷	内蒙古恩科赛美好印刷有限公司
开　　本	710mm×1000mm　1/16
印　　张	21.5
字　　数	340 千
版　　次	2019 年 8 月第 1 版
印　　次	2019 年 8 月第 1 次印刷
书　　号	ISBN 978-7-204-15988-8
定　　价	65.00 元

如出现印装质量问题,请与我社联系。联系电话:(0471)3946120

"内蒙古马文化与马产业研究丛书"
《赛马业》编写组

组　　长：殷俊海

副组长：温俊祥　　白志忠

成　　员：贺　达　　徐立红　　云梦迪　　郎　　林

总　序

　　"你听过马的长嘶吗？假如你没听过的话，我真不知道你是怎么理解蓝天的高远和大地的辽阔的。听了马的嘶鸣，懦夫也会振作起来。你仔细观察过马蹄吗？听过马蹄落地的声音吗？有了那胶质坚硬的东西，可爬山、可涉水，即使长征万里也在所不辞，而它有节奏的踏地之声，不正是激越的鼓点吗？"每次读到蒙古族作家敖德斯尔在《骏马》一文中的这段话时，我都激情澎湃、思绪万千。是的，蒙古族失去了马，就会失掉民族的魂魄；蒙古族文化中没了马文化，就会失去民族文化的自信。在漫长的历史长河中，没有哪一个民族像蒙古族一样与马有着密切的联系，没有哪一个民族像蒙古族一样对马有着深厚的感情。马伴随着蒙古族人迁徙、生产、生活，成为蒙古族人最真诚的朋友。马作为人类早期驯化的动物，与人、与自然共同构成了和谐共生的关系，衍生出了丰富的马文化。

　　内蒙古自治区的草原面积为 8666.7 万公顷，其中有效天然牧场 6818 万公顷，占全国草场面积的 27%，是我国最大的草场和天然牧场。据新华社报道，2018 年内蒙古马匹数量接近 85 万匹，成为国内马匹数量最多的省区。草原和马已经成为内蒙古自治区最具代表性的标志，吸引着无数人前来内蒙古旅游和体验。

　　2014 年 1 月 26 日至 28 日，春节前夕，习近平总书记在视察内蒙古时讲到，"我们干事创业就要像蒙古马那样，有一种吃苦耐劳、一往无前的精神"。这是对内蒙古各族干部群众的殷切期望和鼓励鞭策，蒙古马精神已经成为新时代内蒙古人民的精神象征，成为实现"守望相助"，建设祖国北疆亮丽风景线及实现内蒙古发展历史性巨变的强大精神力量。

"马"的历史悠久,"马"的文化土壤肥沃、积淀丰厚,"马"的功能演变和优化进程可以概括为由"役"的传统功能向"术"的现代功能的转变。无论从历史纵向角度看,还是从现实横向角度看,"马"的功能转变都为发展马产业提供了新的视角和思路。

改革开放四十年来,内蒙古大地呈现出了大力发展现代马产业的强劲势头,2017年自治区出台了《内蒙古自治区人民政府关于促进现代马产业发展的若干意见》,这个意见出台以后,为内蒙古发展现代马产业指明了方向。正是在这样的背景下,自治区党委宣传部决定在2019年举办内蒙古国际马博览会,并委托自治区社科联编写出版一套关于"马"的丛书。经过充分调研和论证,结合内蒙古实际,社科联策划出版了一套"内蒙古马文化与马产业研究丛书",该丛书共六本,分别是《马科学》《马产业》《马旅游》《马文化》《赛马业》和《蒙古马精神》,并将其作为自治区社会科学基金重大项目向社会公开招标。

通过公开招标,内蒙古大学、内蒙古农业大学、内蒙古艺术学院、内蒙古体育职业学院和内蒙古民族文化产业研究院等六个写作团队成功中标。内蒙古大学马克思主义学院教授傅锁根主持撰写《蒙古马精神》,内蒙古农业大学芒来教授主持撰写《马科学》,内蒙古民族文化产业研究院董杰教授主持撰写《马旅游》,内蒙古艺术学院黄淑洁教授主持撰写《马文化》,内蒙古农业大学职业技术学院王怀栋教授主持撰写《马产业》,内蒙古体育职业学院殷俊海研究员和温俊祥先生、郎林先生共同主持撰写《赛马业》。经过近六个月的艰苦写作,"内蒙古马文化与马产业研究丛书"一套六本专著终于付梓,这是自治区社科联组织的专家学者在马学领域一次高效的学术研究和学术创作的成功典范。

《马科学》主要从马属动物的起源、分类、外貌、育种繁殖等动物属性出发,科学揭示了马的生命周期和进化历程,阐释了马科学研究的最新成果和进展;《马产业》以传统马产业到现代马产业的发展历程,全景展现了马产业链,特别为内蒙古发展马产业做出了系统规划;《赛马业》从现代马产业发展的必由之路——赛马活动入手,揭示了赛马产业的终端价值,提出了内蒙古发展赛马产业的路径和方法;《马旅游》从建设内蒙古旅游文化大区的角度出发,提出了以草原为底色、旅游为方式、马为内容的内蒙古特色旅游体系;《马文化》从远古传说入手,介绍人马关系之嬗变,系统梳理中国古代马文化内涵、现代体育中的马文化及不同艺术领域中的马文化表现形式,还特别介绍了蒙古族的蒙古马文化,探讨马文化的研究价值及其传承与开发;《蒙古马精神》则从马的属性上归纳、提炼、总结出内蒙古人民坚守的蒙古马精神,论证和契合了习近平总书记对内蒙古弘扬蒙古马精神的理论总结。丛书整体上反映了马产业从传统到现代的转化,从动物范畴到文化领域的提炼,从实体到精神的升华之过程,具有科学性、系统性、前沿性。

这套丛书是国内首次系统研究和介绍马科学、马产业、马文化、蒙古马精神价值的丛书,填补了马科学领域的一个空白,展现了内蒙古学者在马科学领域的功底。写作过程中,大家边学习、边研究、边创作,过程非常艰难,但都坚持了下来。为保证写作质量和进度,自治区社科联专门成立了马文化与马产业研究丛书工作小组,胡益华副主席、朱晓俊副主席、李爱仙部长做了大量工作,进行全过程质量把关,组织区内专家、学者研究讨论,等等。同时,创新了重大课题研究的模式,定期组织研究团队交流,各写作团队既有分工,也有协作,打破了各团队独立写作的状态。但由于时间仓促,写作任务重,难免留下了一些遗憾,但瑕不掩瑜,相信自治区马科学、马产业领域的学者会继续深入研究探索,弥补这些缺憾。

伴随着历史演进和社会发展,马产业在培育新的经济增长动能、满足人民群众多样化健身休闲需求、建设健康中国、全面建成小康社会中发挥着重要作用。内蒙古作为马科学、马产业领域的发达省区,一定会为我国马产业、马文化的发展做出新的贡献,内蒙古各族人民也一定会遵照习近平总书记提出的坚守蒙古马精神,为"建设亮丽内蒙古,共圆伟大中国梦"做出努力。

内蒙古自治区社会科学界联合会
杭栓柱

前　言

在人类历史上，马在生产生活中起着至关重要的作用，马的出现在一定程度上促进了人类历史的发展。我国具有五千年的历史文化，在很早就有了关于马的使用的记载，马在中国传统文化中占有重要地位。对于素有"马背民族"之称的蒙古族，马是草原文化的标志，是代表蒙古族的符号之一。蒙古族以马为主题的寓言故事、民间传说、民歌音乐等数之不尽，还创造设定了许多有关马的节日，"那达慕"就是重要的体现形式。

随着马功能的不断演变，逐渐形成了以马为主题的比赛形式，赛马运动从而产生。赛马运动是当今世界最古老的运动之一，也被称为"国王的运动"。赛马运动历史悠久，是一项人与马结合，在特定场地和环境下，以马匹作为载体，按照一定的规则，通过人对马匹的驾驭，以最快的速度完成规定赛程或以最高标准完成规定动作的竞技运动项目。赛马运动最早可以追溯到公元前 7 世纪的古希腊，在那个时候的古代奥林匹克运动会上，出现了驾车竞技比赛，也就是最早的赛马运动。我国赛马运动历史悠久，但由于各种历史因素，我国赛马运动远远落后于发达国家。现代赛马运动起源于英国，以竞速赛为主要方式，相比古代赛马，具有完善的赛马规则，主要包含了场地赛马、越野赛马、轻驾车和障碍赛马等比赛形式。随着赛马运动产业化的不断发展，在 19 世纪，赛马彩票风靡全球，促进了赛马运动逐渐实现全球化，并通过产业带来了巨大的经济效益，成为很多国家的经济支柱。在我国，赛马运动起步较晚，没有形成一个完善的赛马体系，随着我国经济的不断发展，赛马产业成为体育服务业以及畜牧业的重要组成部分，赛马也受到了众多关注与政府支持。2016 年 8 月 26 日，农业部在政协十二届全国委员会明

确了将马产业合作项目列入农村产业融合试点项目,鼓励支持国家级行业协会组织加入世界育马及赛马竞赛组织,行业协会可依据发展需要,充分利用现有资源,发展赛马产业。

马作为六畜之首,在社会发展动力、开疆拓土、促进经济和市场繁荣、加速社会变革和民族交融等方面都发挥着重要作用。内蒙古自治区作为我国五大牧区之一,马匹是最具有民族特色的牲畜之一,赛马运动有着辉煌的历史,内蒙古具有发展现代马产业的重要优势。在 2017 年 12 月,内蒙古自治区人民政府发布《关于促进现代马产业发展的若干意见》,现代马产业中,赛马产业是其重要的组成部分,现代马产业又好又快发展,在一定程度上可以推动内蒙古现代赛马产业的发展。作为以建设赛马业为着力点的草原体育文化,赛马和娱乐用马将带动育马业的发展,为满足新的市场需要,必然带动饲养、繁育赛马、旅游乘马、马术用马,民族表演、展览用马的发展。[1]

一、研究背景

改革开放以来,我国凭借劳动力成本优势,不断发展各个产业,促进中国经济的高速增长,并且迅速渗透到全球价值链体系中。在过去的四十年,中国经济增长成绩斐然,其中,2013—2017 年,国内生产总值年均增速达 7.1%,占全球经济比重从 11.4%提高到约 15%,对世界经济增长贡献超过 30%。李克强总理在十三届全国人大一次会议上作的政府工作报告,不仅为 2018 年中国经济定调,也释放了新时代"改革深化"和"开放扩大"的信号。

近年来,随着国家政策对于新兴产业的支持越来越大,尤其是发展现代马产业的政策出台进一步促进了赛马产业的发展,中国赛马产业向更广阔的空间发展,特别是与互联网的深度结合,为赛马产业的快速发展注入了强劲动力。体育产业与赛马产业密不可分,在一定程度上赛马产业可以归类到体育产业的范畴当中。目前,我国体育人口仅占总人口的 34%,而人均体

---

[1] "赛马产业"属于一种产业的形态,因此也可以简称为"赛马业",为了更加全面准确地分析内蒙古赛马产业的发展,文中采用"赛马产业"这个概念进行分析研究。

育消费只有全球平均水平的十分之一,可见我国体育产业整体上仍处于起步阶段,相比发达国家仍有巨大的增长空间。2012—2016年我国体育行业产值和增加值五年年均复合增长率分别为18.94%和19.87%,增长十分迅速。从这些数字当中可以看出未来赛马产业必将成为体育产业发展的重要组成部分。

根据中国经济发展的情况来看,经济总量在不断增加,促进了各个产业的发展,并且从马匹分布情况可以看出,我国是一个马业大国,未来发展赛马产业具有重要的经济基础。赛马产业是一个历史悠久的比赛项目,在体育产业中起着至关重要的作用,在一些发达国家赛马产业是重要的经济支柱,也是仅次于足球的第二大体育产业。目前,英国的赛马产业开展最为成熟,是英国体育产业的第二大运动项目,也是英国的第十大产业,可见赛马产业在其经济发展中的地位。美国也是马业大国,马产业对于经济的贡献超过运输、广播电视等产业,赛马产业是美国马产业的重要组成部分,赛马产业促进了整个马产业的发展。

英国是最早进行现代赛马的国家,赛马场地发展成熟,比赛规则相对完善,也是纯血马的摇篮,我国可以借鉴英国赛马的发展模式,从而促进我国赛马产业的发展。进入19世纪,世界经济进入高速发展阶段,赛马产业中竞猜型赛马彩票风靡全球,赛马产业逐渐实现全球化,成为经济的重要组成部分。美国是一个马业大国,具有完善的赛马体系,尤其是繁荣的赛马彩票业,通过赛马彩票业带动整个赛马产业的发展,目前美国的赛马彩票业位居全球领先地位。我国可以借鉴美国相对完善的赛马彩票业,从而发展竞猜型赛马彩票。日本的赛马体制与管理非常完善,主要是通过中央(JRA)和地方(NAR)进行分级管理,中央(JRA)利用完善的赛马管理体制运营顶级赛事,致力于打造完整的赛马产业链,而地方(NAR)则负责统筹地方赛事,为日本赛马业注入活力。香港的赛马产业具有独特的运营方式,香港的马会是一个非营利的管理方式,打造了独特的香港赛马产业。我国发展赛马产业,必须依托现代商业赛马模式,同时兼顾民族传统赛马。国内赛马行业的市场规模巨大,中国马产业2017年的市场规模约为150亿元,未来赛马产业成为马产业的重要增长领域。随着我国对于赛马产业政策的落地,赛马产业被持续看好,未来将成为新的经济增长点。2016 年 8 月,农业部提案中明确了充分利用现有资源,引导我国赛马组织、企业与国外赛马组织、企业交流合作,促进我国赛马赛事的发展。竞猜型赛马彩票是未来赛马产业发展的核心力量,国家体育总局在"十三五规划"中提出了把推出竞猜型赛马彩票作为未来工作的重点,竞猜型赛马彩票首次被纳入公益体育彩票发展规划。以日本竞猜型赛马彩票的销售量的 10% 计算,未来我国竞猜型赛马彩票可以实现每年 200 亿元的收入,可以看出竞猜型赛马彩票在未来赛马产业中的地位与作用。

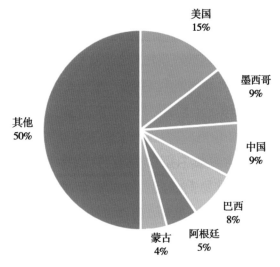

图 1-1   2014 年全球马匹分布情况

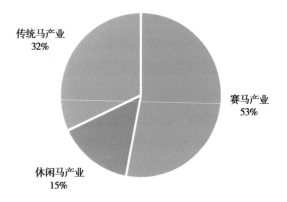

图 1-2   美国马产业分布情况

从世界各国的赛马产业发展来看,赛马赛事与竞猜型赛马彩票已成为国民经济的重要组成部分,全世界大约有 2000 多个赛马场,分布在 90 个国家,其中发行竞猜型赛马彩票的有 68 个国家及地区,主要包含了英国、美国、日本、法国、澳大利亚等国家,我国周边的像日本、韩国、越南、俄罗斯等国也都在发行竞猜型赛马彩票。赛马产业在税收、就业,带动相关产业的发展上充分发挥了其重要的作用。随着我国经济的不断发展,对赛马产业的发展越来越重视,在2008年北京奥运会之后,国内赛马运动,无论是俱乐部数量、马匹进口数量、赛事数量、奖金投入、赛事投入都在增加。

内蒙古是具有民族特色的地区,具有发展赛马产业的地域、民族优势,蒙古马曾经被列为世界两大名马之一,蒙古马具有能跑善战、耐力强、生命力强等特点,并且具有可以在极其恶劣的环境下生存的能力。内蒙古作为全国五大牧区之一,马匹是最具有民族特色的牲畜之一,赛马运动有着辉煌的历史。内蒙古有适宜养马、育马的自然条件,也具备向周边国家和地区出口赛马的条件。在干燥的北方地区,有着丰富的饲料、广袤的草地,特别是有适宜养马的牧草——苜蓿,内蒙古有条件成为赛马、马术用马、骑乘用马的培育地区。

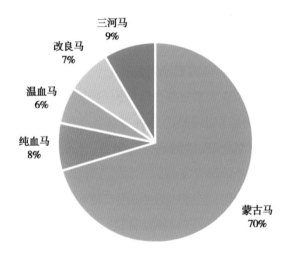

图1-3　内蒙古自治区马匹种类分布情况

二、研究思路

赛马运动在国际上属于商业化程度较高的竞技体育项目,从马匹繁育、饲养、训练到最终的比赛,均有一套成熟的商业运作系统。在英、美、澳等发达国家,赛马产业已非常成熟,但我国的赛马运动受各种条件的制约,尚未

实现大规模发展。内蒙古是一个马业大省,具有发展赛马产业的天然条件,本书从产业理论出发分析赛马产业链形成机理,构建完善的内蒙古赛马产业链,并从现状入手找出内蒙古赛马产业发展的不足与问题所在,建立具有内蒙古特色的赛马俱乐部、赛事体系、赛马场等。

本书主要分为四大部分:

第一部分产业理论研究。主要分为三个章节,从产业理论出发,构建内蒙古马产业的全产业链与赛马产业链,通过产业链理论构建提出建设内蒙古赛马小镇的构想;分析内蒙古赛马产业各要素,找出内蒙古赛马产业发展的优势与不足。

第二部分赛马产业的现状分析。主要分为三个章节,分析国内外赛马产业的现状,为研究内蒙古赛马产业提供重要依据,并对比新疆、北京等地区的相关政策,提出具有内蒙古特色的马产业相关政策。

第三部分赛马产业的运营与赛事管理以及赛马体系建设等。主要分为七个章节,这部分也是本书的核心内容,从内蒙古赛马产业的发展目标出发,提出内蒙古赛马产业未来发展方向,通过赛事运用管理实现内蒙古赛马产业的有序发展,并建立完善的内蒙古赛马赛事体系,加强赛马俱乐部、赛马场、竞猜型赛马彩票、无疫区的建设与发展,打造具有内蒙古特色的赛马产业,并带动相关产业的融合发展。

第四部分内蒙古赛马产业发展的对策与建议。前面从理论与实践的角度分析内蒙古赛马产业的发展现状与特征,为内蒙古赛马产业发展的对策与建议的提出提供了重要依据。发展内蒙古赛马产业首先要制定内蒙古特色赛马产业规划。其次,建立赛马产业聚集区,积极争取开放竞猜型赛马彩票试点。最后,出台赛马产业发展的相关政策,培养赛马产业人才,开发与赛马相关的产品与服务,提高赛马产业的附加值。

本书在对国内外有关赛马产业研究文献进行梳理的基础上,依据赛马产业的发展链条,对国内外赛马产业的发展现状、存在的问题及其发展对策进行总结和概括,并将调研得到的数据与之相结合,提出内蒙古赛马产业发展的新思路,从而有利于内蒙古赛马产业未来发展。

三、研究目的与意义

国务院 2014 年发布了《关于加快发展体育产业促进体育消费的若干意见》的 46 号文件，很少有人注意到，这份给国内体育产业带来信心的文件中，马术也被归为重点发展项目，由此可以看出国家对赛马产业的发展尤为重视，未来赛马运动将成为休闲消费的重要方向。内蒙古是一个传统的马业大省，传统草原文化中的赛马是"男儿三技"中的一项，是真正考验"马背民族"的后代骑术的比赛项目。其主要项目有赛奔马、赛快马和马术三项。前两项是比赛项目，后一项是马上竞技表演项目。内蒙古凭借其独特的自然条件和地理优势，形成了具有地域特征与民族特征的赛马形式。因此，以现代马产业发展为指导，分析内蒙古赛马产业的地域特征，同时借鉴赛马产业发达国家的经验，实现内蒙古赛马产业的发展，对我国赛马产业的升级转型有着重要意义。

1. 实现经济的新增长点

赛马是一项考验骑手驾驭马匹能力和马匹奔跑速度的竞技运动。赛马之所以能成为世界流行的体育娱乐项目，除了本身具备的不确定性、激烈性和可观赏性之外，其中蕴含的巨大的经济利益更是其发展的主要动力。内蒙古赛马产业的发展以赛事为核心，并兼顾传统赛马产业的发展，带动竞猜型彩票收入、版权收入、门票收入、赞助收入等直接收入，同时也带动内蒙古的上游马业全产业链的发展。

2. 马业服务对赛马产业的重要性

未来整个马产业链市场规模的增长动力将主要来源于马业服务，马业服务主要集中在赛事运营、休闲骑乘、马术俱乐部等下游产业，由图 1-4 可以看出，2017 年马业服务在整个马产业中的市场规模的贡献达 55.24%。

3. 实现马文化的再传播

悠久的历史与灿烂的文化孕育了蒙古族传统马术运动，蒙古马在辽阔的草原上被牧人视为生命的一部分，以马为主题的各种艺术创作形式是草

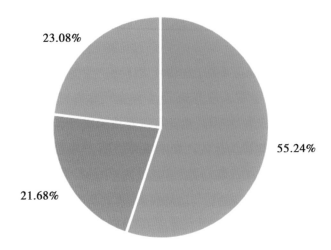

图 1-4 2017 年马业服务在整个马产业中的市场规模

原上艺术家们永恒的追求。它是草原的灵魂,传递出马背文化崇尚自然和开放包容的情怀,诉说了牧人对草原的热爱和对故乡的眷恋。内蒙古的马球、速度赛马、障碍赛马、表演马术等项目在中华人民共和国成立初期为国家的马术运动发展树立了标杆,成为中国现代马术运动的发源地。作为亚洲最大的赛马场之一的内蒙古赛马场,更是成为内蒙古旅游体育融合发展的新模板。

4. 赛马产业融合发展

以马文化为依托,马的赛事为主题,并以蒙古马的优选繁育、马术教习、竞技展演、骑乘礼仪、服饰及参与那达慕和马文化论坛等活动为主线,怎样通过定期开展以"蒙古马"为主题的赛马运动,实现"走进内蒙古,回归大自然,纵情大草原"的群众性马文化主题活动的常态化,从而全面提高自治区旅游目的地的影响力,切实反映内蒙古自治区在全国文化旅游市场范围内对草原、马文化的传播力等各活动项目与相应板块,成为系统完成内蒙古文化与旅游相融合的指导方针与方向。内蒙古赛马运动发展至今,已经形成了集表演、竞技、娱乐、健身于一体的现代体育项目,受到越来越多人的关注和喜爱。作为全国五大牧区之一,内蒙古拥有得天独厚的自然资源,十分适

宜发展畜牧业,具有相当悠久的养马历史,形成了独具特色的民族赛马运动,历来为人们津津乐道。每年七八月举办的那达慕大会是蒙古族人民最喜爱的文体娱乐大会,也是蒙古族文化最为鲜明的符号。

内蒙古自治区对民族传统文化进行的深入挖掘和保护,为草原文化的传承和发展提供了良好的社会环境,赛马运动作为草原文化的核心内容,其重要性愈发显现。蒙古族被称为"马背上的民族",除了生产生活需要马,休闲娱乐也离不开马,赛马已经深深地融入内蒙古人民的精神世界之中。内蒙古作为国家"西部大开发"战略布局及"一带一路"沿线的重要节点城市,发掘赛马产业的潜在价值,对于塑造自治区文化名片,带动相关产业链的发展,推动内蒙古自治区经济结构转型尤为重要。

目 录

第一章

产业基础理论

产业的出现促进了人类社会的发展,产业是衡量经济发展水平的重要指标,产业是社会分工和生产力不断发展的产物,它随着社会分工的产生而产生,并随着社会分工的发展而发展。产业可以划分为三大类:第一产业指生产食材以及其他一些生物材料的产业,第二产业主要指加工制造产业,第三产业指第一、第二产业以外的其他行业,范围比较广泛。赛马产业是属于第三产业的范畴,通过对产业的相关理论研究为赛马产业研究增加了理论支撑。

第一节　产业链研究

一、产业链

经济活动中的各产业依据前后的关联关系组成了产业链,产业链理论是产业经济学中的重要组成部分,是各个产业部门之间基于一定的技术经济关联,并依据特定的逻辑关系和时空布局关系客观形成的链条式关联关系形态,包含价值链、企业链、供需链和空间链四个维度的概念。这四个维度在相互对接的均衡过程中形成了产业链,这种"对接机制"是产业链形成的内模式,作为一种客观规律,它像一只"无形之手"调控产业链的形成。一条完整的产业链必然是以产业之间的分工和合作为前提的。因为没有分工,就无法区分相应的各个价值增值环节,也就没有产业链的存在。

产业链分为垂直的供需链和横向的协作链。垂直关系是产业链的主要结构,通常将其划分为产业的上、中、下游关系;横向协作关系则是指产业配套。上下游产业链又叫延伸产业链,是将一条既已存在的产业链尽可能地向上下游拓展延伸。产业链向上游延伸一般使得产业链进入基础产业环节和技术研发环节,向下游拓展则进入市场拓展环节。产业链的实质就是不同产业的企业之间的关联,而这种产业关联的实质则是各产业中的企业之间的供给与需求的关系。下游企业主要是对原材料进行深加工和改性处理,并将原材料转化为生产和生活中的实际产品。

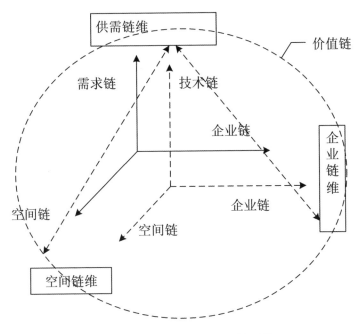

图 2-1　产业链三维双立体对接图

产业链功能是指产业链在运行过程中所发挥的作用。产业链的功能是多方面的、变化的、发展的。这是因为作为社会经济大系统的子系统——产业链系统构成的要素是多方面的、变化的,而产业链系统所赖以生存与发展的环境——社会系统也是不断发展、变化的。产业链的功能形成包括功能期待、功能发挥与功能效应三个过程。功能期待是指产业链主体对产业链所期望的价值追求和价值目标。功能期待的过程,其实就是价值选择的过程。产业链主体和社会主体的功能期待通过产业链运行来实现,这就是功能发挥的过程。产业链功能效应是指产业链功能发挥作用在社会上引起的反应和效果。功能效应是对产业链功能期待和功能发挥的结果,具有客观性、多面性和多层次性。从不同视角看,产业链功能效应是不同的。

二、产业的价值链

价值链是波特于 1985 年提出的,是指每一个企业都是在设计、生产、销售、发送和辅助其产品的过程中进行种种活动的集合体。所有这些活动可以用一个价值链来表明。企业的价值是通过一系列活动实现的,这些活动可分为基本活动和辅助活动两类,基本活动包括内部后勤、生产作业、外部后勤、市场和销售、服务等,而辅助活动则包括采购、技术开发、人力资源管理和企业基础设施等。这些互不相同但又相互关联的生产经营活动,构成了一个创造价值的动态过程,即价值链。

价值链的主线是价值增值,产业链的主线是产业发展,供应链的主线则是物质流动。产业链和价值链都能反映企业与企业间的关联关系,但是二者的侧重点有所区别。产业链主要关注的是学术或经济关系,包括产业发展过程中企业间的投入产出关联、产业组织演变、产业结构变化和产业发展前景问题。价值链主要关注的是价值增值,企业之间通过相互作用,能够对价值增值做出相应的贡献,通过对增值收益分配的合理化的调整,扩大增值空间,拉长增值时限,实现增值收益。产业链与价值链的外在表现形式具有一定的相似性,基于这一特点,一些学者把二者作为可以相互通用的两个概念。

三、产业融合理论

产业融合是指不同产业或同一产业不同行业相互渗透、相互交叉,最终融合为一体,逐步形成新产业的动态发展过程。产业融合可分为产业渗透、产业交叉和产业重组三类。产业融合已经不仅仅是作为一种发展趋势来进行讨论,当前,产业融合已是产业发展的现实选择。

1. 有助于促进传统产业创新,进而推进产业结构优化与产业发展

由于产业融合容易发生在高技术产业与其他产业之间,产业融合过程中产生的新技术、新产品、新服务在客观上提高了消费者的需求层次,取代

了某些传统的技术、产品或服务,造成这些产业市场需求逐渐萎缩,在整个产业结构中的地位和作用不断下降。同时产业融合催生出的新技术融合更多的传统产业部门,改变着传统产业的生产与服务方式,促使其产品与服务结构的升级;促使市场结构在企业竞争合作关系的变动中不断趋于合理化。当前的市场结构理论认为,如果有限的市场容量和各企业追求规模经济的动向结合在一起,就会造成生产的集中和企业数目的减少。而在产业融合以后,市场结构会发生更复杂的变化。产业融合能够通过建立与实现产业、企业组织之间新的联系而改变竞争范围,促进更大范围的竞争。产业融合使市场从垄断竞争向完全竞争转变,经济效益大幅度提高。

2. 有助于产业竞争力的提高

产业融合与产业竞争力的发展过程具有内在的动态一致性。技术融合提供了产业融合的可能性,企业把融合过程融入各个运作层面,从而把产业融合的可能性转化为现实。不同产业内企业间的横向一体化加速了产业融合进程,提高了企业竞争力、产业竞争力。同时,产业融合对企业一体化战略也提出了新的挑战。产业融合中企业竞争合作关系发生变革,融合产业内的企业数量不断增加,企业间的竞争加剧,企业创新与灵活性被提升到新的战略高度。在这场技术革命与产业变革中,创新能力弱、灵活性差的企业会以更快的速度被淘汰出局。

3. 有助于推动区域经济一体化

产业融合能够提高区域之间的贸易效应和竞争效应,加速区域之间资源的流动与重组。产业融合将打破传统企业之间和行业之间的界限,特别是地区之间的界限,利用信息技术平台实现业务重组,产生贸易效应和竞争效应。产业融合将促进企业网络的发展,提高区域之间的联系水平。产业融合带来企业网络组织的发展将成为区域联系的主体,有助于打破区域之间的壁垒,增强区域之间的联系。产业融合扩大了区域中心的扩散效应,有助于改善区域的空间二元结构。

第二节 马产业链分析

马为草食性家畜,马的祖先始祖马起源于北美,在 5000 年前被人类驯服,成为人类生活生产重要的工具,曾是农业生产、交通运输和军事活动的主要动力。随着科技水平与生产力的提高,马在现实生活中所起的作用正在日益减少,马如今主要用于赛马业、马术运动、骑乘马业和生产乳肉,饲养量大为减少,现代马业已经成为一种集文化、体育、经济、休闲于一体的新型第三产业。我国拥有适合马匹发展的先天地理环境和气候条件,马匹数量和马品种资源都相当可观。但由于马业转型缓慢、社会经济效益低下以及重视程度不够等原因,我国马业仍停留在传统阶段和产业转型初期。

一、马产业模式分析

近些年,随着世界经济的一体化发展,产业经济在全球内合作与分工明显,构建了世界范围内的产业链条系统。在这个庞大的链条系统中,马产业与其他产业一样,被裹挟其中。全世界现有 150 多个国家和地区拥有马匹,其中美国和中国的马匹数量分别居第一位和第二位。与发达国家马产业相比,我国的现代马产业主要有休闲娱乐、马业产品、赛马等几种模式,产值不高,对国民经济的贡献较小,没有形成完善的产业体系。

马业产品是指生产、加工、经营马肉、马奶及其生物制品等产品。马业产品是传统马产业的主要发展模式,但现代马产业也在不同程度上包含马业产品。俄罗斯培育了肉用马品种,用于生产马奶、马肉产品的马匹约有 25万匹。以哈萨克斯坦为代表的中亚国家,马奶产品已经形成工厂化生产规模。澳大利亚每年有 4.5 万匹马用于向国际市场提供马肉产品,主要销往日本和欧洲。我国马匹数量较多,马产品原料丰富,每年生产马肉约 25 万吨,

占世界总产量的30%,居世界首位,此外还大量生产结合雌激素、孕马血清促性腺激素和精制生物马脂等生物制品。

二、马产业链分析

从全产业链的上、中、下游产业来看,马产业上游产业涉及马种质资源、马的养殖,中游产业涉及产品初加工、马的屠宰、马具制造,下游产业可延伸至产品深加工、体育竞技、休闲娱乐、旅游文化、生物制药(雌激素、阿胶等)。

马产业是指运动赛马业、休闲赛马业、马产品(马制品),与马相关和支持的产业及马产业的可替代产业的集合。大力发展马产业是促进全区人口就业、提高劳动生产率、培育新的经济增长点及传承民族文化的需要,被视为推动全区产业结构调整和社会经济转型的重要模式。由于马在体育健身、休闲娱乐、生物制品开发等方面的多种功用,世界马业正呈现出良好发展的态势。国外马业成功的实践经验表明:科学发展马产业对增加税收,推进农业现代化,增加农牧民收入,解决人口就业,带动相关产业发展,丰富人民文化生活等方面具有巨大推动作用。

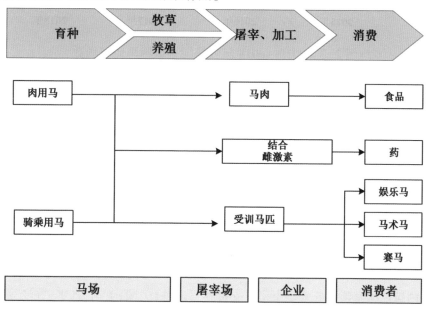

图2-2 马的产业链

第三节 赛马产业链分析

随着我国经济的不断发展,赛马产业也得到了极大的发展,由图2-3可以看出我国国家级赛马赛事在不断增加。

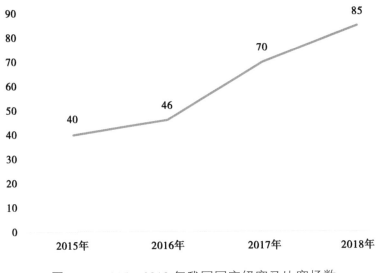

图2-3 2015—2018年我国国家级赛马比赛场数

一、赛马产业模式分析

从国外商业赛马的发展历程中可以发现,商业赛马是发展现代赛马业的必经之路,而赛马彩票业则是推动商业赛马的重要经济引擎。赛马彩票业的巨额利润也将带动赛马产业链上游繁育、饲养、训马、赛事以及下游餐饮、旅游等服务业的发展。

世界上大多数商业赛马发达的国家都有发展较为成熟的赛马彩票。除了阿拉伯国家禁赌并大多由皇室支持赛马之外,美国、英国、日本、香港等赛马业十分发达的国家和地区,都拥有发展成熟的赛马彩票业,赛马彩票业也是赛马业的主要收入来源之一。日本是世界上最大的马彩销售国。从20世纪90年代开始到现在,日本都始终占据着世界赛马彩票年销量第一的宝座。马彩的投注额在2015年达到了229亿欧元,上交税款高达21.6亿欧元,在1997年日本马彩更是创下了443亿美元的历史记录。美国马彩还助力商业赛马,美国拥有154家持有商业投注执照的赛马场,年平均投注总额超100亿美元,2015年美国赛马彩票投注额达106亿美元。低税赋和高投注返还率使得马彩收益更有效地支持美国商业赛马发展,美国的赛马赛事总数稳居世界第一,2015年赛事总数超83000场,几乎是第二名澳大利亚的三倍。香港赛马彩票发展十分成熟,2015年赛马投注额高达125.8亿欧元,马会作为非营利性质的慈善机构,将87%以上的赛马彩票收入返还社会,2015年纳税额为12.38亿欧元,纳税规模仅次于日本。

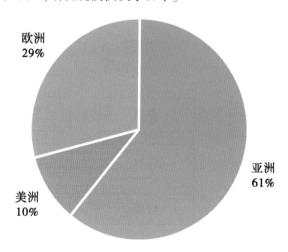

图 2-4 2017 年各地区赛马投注额占比

随着赛马运动的逐渐商业化,骑师、驯马师、马匹、赛事组织管理者、赛事裁判等各类"马"职业逐步显现,商业服务学院采取校企合作的方式,联合开办了国内首个赛马产业管理专业,招收国内首批赛马专业大学生。这些学生毕业后除了一部分担任骑师外,有的还将从事赛马的赛事管理、策划、马房管理等工作,为赛马业输送了大量的人才。

二、赛马产业链分析

赛马运动在欧美等地起步较早,所以欧洲已经形成一条良性的赛马产业链,在这条产业链的项目都运作得非常好,现在已经逐渐成为欧美等国家的支柱产业。现代赛马运动,是将养马、育马、骑马、赛马等多样化融合的产业,它与体育产业、商业、农业、休闲娱乐业等多个领域相关,且分布广、种类多。马产业的发展对社会经济的贡献和拉动作用不可小觑。赛马运动衍生的产业链较长,既包括赛马场馆设施建设、养马驯马、马具生产、饲料加工等赛马本体产业,又对城市旅游、休闲娱乐、交通、运输、酒店、餐饮、广告传媒、房地产等延伸产业的市场开发有较大的推动作用。

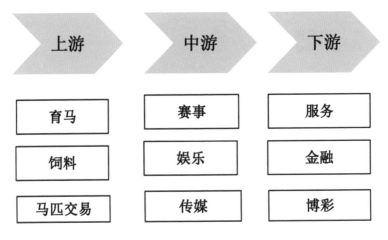

图 2-5 赛马产业链

我国的马产业的价值链的上游主要是围绕着马匹的供给、育马、养马、驯马;价值链的中游主要是赛马赛事的筹备;产业链的下游主要是广大赛马参与人群,包括赛事观众、骑乘消费者。

三、赛马产业价值链分析

根据价值链理论,赛马产业链上的各个俱乐部的核心竞争力,主要体现在赛马价值链上每一个环节的优势上,这些环节是赛马产业链上各个俱乐部利润的来源。价值链渗透在市场经济活动的方方面面,俱乐部内部的各项生产经营活动及它们之间的联系构成了俱乐部的价值链,产业链里上中下游的俱乐部与俱乐部之间构成了产业价值链。价值链条上的每一个细小的环节,对整个价值链和价值链上的其他环节都会产生影响,并最终决定了产业链价值总和。

1. 马匹与赛事是产业链的核心

随着赛马规模和影响力的扩大,各界对驯马养马、马具生产、马饲料加工等市场需求量也不断增加,这不仅能为劳动力提供各类就业岗位,更能促进区域经济的协同发展。例如:在兽医、驯马养马、马饲料加工、马匹调教、马匹护理、马具生产、配套服务、设施管理、马会管理、彩票管理、治安保安等相关行业将需要大量的人力资源。赛马俱乐部大多主要提供马术骑乘体验与教学服务,主要收入来源为马具和文化用品销售、会员会籍销售、门票、马匹销售、餐饮娱乐、游客散骑、竞赛赞助和场租服务、场地户外广告销售、表演和礼仪服务等。

2. 产业链横跨广告传媒、旅游业

我国的赛马运动逐步开始在国际上引起广泛关注。每年有很多来自国内外的骑师和游客来我国参加比赛或观看赛事,这必将带动文化娱乐、城市旅游、广告传媒、酒店餐饮等赛马相关产业联动发展。我国部分城市的赛马活动已经有了较强大的社会影响力和市场传播广度。在马文化市场培育中,政府搭台,经济、文化、旅游唱戏,通过举办高水平赛事吸引知名企业加入赛马冠名行列,为各类赛马活动提供企业赞助。

3. 彩票是赛马产业主要的收入来源

从国外的经验来看,要想激发赛马市场的活力,离不开赛马彩票的开

禁。赛马彩票是赛马产业的重要组成部分,禁止赛马彩票的发行,赛马市场的产业结构就会不合理,赛马产业链也是不完整的。只有发行赛马彩票,赛马产业的市场才是健全的。相信在不远的将来,我国的赛马市场会因为恢复赛马彩票的发行而更加蓬勃。

第四节　赛马小镇建设

《国家体育总局办公厅关于推动运动休闲特色小镇建设工作的通知》指出运动休闲特色小镇是集运动休闲、文化、健康、旅游、养老、教育培训等多种功能于一体的空间区域、全民健身发展平台和体育产业基地。运动休闲特色小镇相较于普通特色小镇的核心是引入了特色运动休闲项目,与体育产业相融合,打造具有地域特点的体育文化中心。特色小镇的建设,作为一种融合业态,发展空间广阔,发展速度迅猛。以赛马为核心的特色小镇建设,将赛马与当地文化、旅游等产业相结合,发展赛马主题的特色小镇的案例尚不多见。赛马特色小镇的建设,为赛马体育特色小镇的进一步发展提出对策,为内蒙古各地建设具有城镇特色文化并且融入"休闲、健康、运动"元素的赛马特色小镇规划、实施提供参考。

一、内蒙古地域特征

内蒙古属于典型的中温带季风气候,具有降水量少而不匀、寒暑变化剧烈的显著特点。冬季漫长而寒冷,多数地区冷季长达 5 个月到半年之久。其中 1 月份最冷,月平均气温从南向北由零下 10℃ 递减到零下 32℃;夏季温热而短暂,多数地区仅有 1~2 个月,部分地区无夏季。最热月份在 7 月,月平均气温在 16℃ ~27℃ 之间,最高气温为 36℃ ~43℃。气温变化剧烈,冷暖悬殊甚大。降水量受地形和距海洋远近的影响,自东向西由 500 毫米递减为

50 毫米左右。蒸发量则相反,自西向东由 3000 毫米递减到 1000 毫米左右。与之相应的气候带呈带状分布,从东向西由湿润、半湿润区逐步过渡到半干旱、干旱区。这里晴天多,阴天少,年日照时数普遍都在 2700 小时以上,长时达 3400 小时。冬、春季风大,年平均风速在 3 米/秒以上,蕴藏着丰富的光热、风能资源。其中位于巴彦淖尔市的乌拉特中旗全年有风日在 272 天以上,为全国风能最丰富的地区。内蒙古天然草场广阔,总面积位居全国五大草原之首,是我国重要的畜牧业生产基地。内蒙古草原总面积达 8666.7 万公顷,其中可利用草场面积达 6800 万公顷,占全国草场总面积的 1/4。内蒙古现有呼伦贝尔、锡林郭勒、科尔沁、乌兰察布、鄂尔多斯和乌拉特六个著名大草原,生长有 1000 多种饲用植物,饲用价值高、适口性强的有 100 多种,尤其是羊草、羊茅、冰草、披碱草、野燕麦等禾本和豆科牧草非常适于饲养牲畜。从类型上看,内蒙古东北部的草甸草原土质肥沃、降水充裕、牧草种类繁多,具有优质高产的特点,适宜饲养大畜,特别是养牛;中部和南部的干旱草原降水较为充足,牧草种类、密度和产量虽不如草甸草原,但牧草富有营养,适宜饲养马、牛、羊等各种牲畜,特别宜于养羊;阴山北部和鄂尔多斯高原西部的荒漠草原,气候干燥,牧草种类贫乏,产草量低,但牧草的脂肪和蛋白质含量高,是小畜的优良放牧场地;西部的荒漠草场很适合发展骆驼。著名的三河马、三河牛、草原红牛、乌珠穆沁肥尾羊、敖汉细毛羊、鄂尔多斯细毛羊、阿尔巴斯绒山羊等优良畜种在区内外闻名遐迩。

二、内蒙古马匹特征

内蒙古马存栏量已达 84.8 万匹,居全国第一,"马背经济"正在成为内蒙古一、二、三产业融合发展的重要引擎。"随着人民生活水平的提高,马产业已经发生了诸多转变,我们要转变思维,洞悉产业发展趋势,做好马产品的开发利用,进行马产业的全产业链发展。"我区有着悠久的养马历史,是世界公认的现代马品种的发源地,拥有蒙古马、鄂伦春马、阿巴嘎黑马、锡尼河马等地方马品种。我区还培育了三河马、锡林郭勒马、科尔沁马,是全国马

品种培育最多的地区之一。近年来,各地又先后引进纯血马、汗血马、阿拉伯马、温血马、矮马、花马、重挽马等品种,全区马存栏已达84.8万匹,居全国首位。

当前,我区现代马业发展呈现出强劲势头,"马背"经济正在成为全区一、二、三产业融合发展的重要引擎。以蒙古马为元素的多元文化体育旅游休闲项目风生水起,内蒙古国际马术节、通辽市"8·18"哲里木赛马节、莱德马业国际赛马文化旅游活动周、中国速度赛马大奖赛(呼和浩特站)以及遍布草原牧区的各种规模的"那达慕"赛马等一批精品体育旅游赛事和特色休闲运动项目每年举办600多场次。自治区马术运动取得的成绩位居国内领先水平,俱乐部马术产业相关从业人员超万人。良种马生产、"策格"制作、生物制药、马产品精深加工等产业体系建设不断加快,马产业的市场宝库正逐渐被打开和发掘,走向全国、走向世界。

三、内蒙古发展赛马特色小镇的运行机制与举措

1. 地域层面

内蒙古是蒙古族聚集的地区,是全国五大牧区之一,是世界原始地方品种资源最丰富的地区之一,是公认的世界现代马品种的发源地,也是中国马文化的发源地。1975年,内蒙古马匹数量达到239万匹,达到历史峰值。然而,从20世纪80年代初期开始,特别是近些年,马匹从运输、农耕、军事向体育休闲转化,内蒙古马匹数量曾降到不足60万匹,其数量下降的原因:一方面是政府为了保护草原不被破坏,禁牧草场,在一定程度上使马的品种退化,数量减少;另一方面是因为现代交通工具的发展和普及,马的经济价值和使用价值在生活中降低并退出牧民的生活。在内蒙古马产业现代化进程中,马匹数量逐年减少,特别是蒙古马数量不足10万匹,我们应该通过开发现代马产业来挽救和保护蒙古马,保障内蒙古马的数量和质量。

2. 文化层面

悠久的马文化让内蒙古人积累了丰富的马匹繁育、饲养、训练和驾驭经

验。善骑能射一直是内蒙古广大牧民的传统,他们对马匹的驾驭能力奠定了内蒙古民族传统的长久优势。多年来内蒙古先后引进英纯血、苏纯血、澳纯血等优良品种,并同当地蒙古马进行杂交改良,繁育出了独具内蒙古特色的半血马,改良后的马匹既具备了纯血马的速度,又兼具了蒙古马的良好耐力。在饲养训练方面,据统计,在全国各大马术俱乐部中,有近半数是内蒙古人在从事饲养和训练工作。这些为现代马产业的发展提供了强有力的支撑。

四、赛马小镇模式探析

1. "赛马+全民健身"的健康小镇建设

全民健身是我国发展体育事业的一项重要内容,已经全面上升为国家战略,而健康中国涵盖了我国社会、经济、文化等领域的医疗卫生、教育、体育、养老等事业和产业,而体育休闲特色小镇的建设,有利于健康中国的建设。从体育产业角度来看,休闲特色小镇利用体育健身产业、体育服务业与健康养老、休闲娱乐、保健医药等跨界融合,成为新时代经济体的新兴产业。赛马与全民健身结合成为赛马特色小镇,不仅有利于培育体育产业市场,而且可以有效促进赛马产业的发展,推动我国赛马与全民健身事业深度融合与协同发展。

2. "赛马+青少年培养"的特色小镇建设

建立儿童骑士培训营,针对6~14岁的青少年,以专业马术组团为基础,为马术启蒙组团提供技术支持,与市内知名私立学校联动,定期举办马术夏令营、亲子体验活动等。让青少年在特色小镇中了解马匹相关常识,掌握标准骑姿与要领,掌握人与马配合的节奏与辅助上马、下马、漫步、握缰,掌握快步、前进、停止;掌握马的正反步伐,骑坐,工作漫步、快步、跑步步伐转换等。

3. "赛马+文化"的休闲小镇建设

当今世界范围内,马和马术已经内化为一种流行文化,充斥在服饰、马

车、歌曲、舞蹈、乐器、历史故事、影视、绘画等活动中。美国的牛仔文化、欧洲的贵族宫廷文化、蒙元文化、突厥文化、阿拉伯文化、通古斯—印第安文化、中南美洲潘帕斯文化、中国西南文化等，无不伴随着马的发展而成为各民族的主流文化。有马的地方，一般都保留着丰富的民俗文化。骑马跟马术旅游成为户外运动与大自然紧密结合的主要主题旅游方式之一，也将成为中国现代时尚文化的重要传播方式。

《中共中央国务院关于支持海南全面深化改革开放的指导意见》中明确指出，水上运动、赛马运动等项目，支持打造国家体育旅游示范区。其中，"赛马运动"颇为引人关注。健身赛马马文化旅游特色小镇，将按照国际马术文化旅游标准，着手打造儿童亲子赛马教育、赛马文化演出、国际赛马赛事中心、世界赛马马文化风等系列服务项目，并以赛马为主题带动相关旅游度假、赛事、健身、表演、教育、宠物、收藏、展览、选美、竞猜、传媒、地产等产业的发展。

4. "赛马+IP"的赛事小镇

IP，全称"Intellectual Property"，中文名称为知识产权，是指人们就其智力劳动成果所依法享有的专有权利，通常是国家赋予创造者对其智力成果在一定时期内享有的专有权或独占权。所以对赛事小镇来说 IP 就是小镇核心认知产品，通过独特的赛事资源形成观赛体验、运动项目参与、明星互动、特殊培训等观赛模式。转化的 IP，通过引爆点打造成独具特色的赛马的赛事产业。通过商业化的购买获取独立的知识产权实现 IP 的植入以吸引更多的观赛、追赛观众，发挥粉丝效益，做粉丝经济。同时以赛马的赛事、赛马相关影视作品等文化传播为背景打造小镇体育明星，增强小镇吸引力，找准痛点并提供超出预期的用户体验，将线下活动互联网化。在赛马中提高人们的参与感，多元化的融合更能维持小镇 IP 的生命力。

5. "赛马+旅游"的小镇建设

随着社会的快速发展，旅游业正逐步成为全球经济中最强大和最具规模的产业之一。在城市经济发展中，旅游业发挥着重要的作用，旅游业的产业地位和经济作用逐渐提高，在城市经济的驱动力、社会就业的劳动力和对文化与环境的发展中扮演着重要角色,已成为中国经济发展的支柱产业之一。我国目前拥有 620 万匹马,是世界第二大养马大国。马匹分布在华北、西北、西南、东北的 2/3 以上的国土上。在中国东部发达地区,有 900 多家马术俱乐部,47 万马术爱好者,仅北京就有超过 200 家马术俱乐部。全国的马术赛事、节庆日、那达慕等大型活动每年超 200 场。云南大理三月街赛马会、青海玉树赛马节、新疆伊犁昭苏天山节超级耐力赛等经典赛事活动,参与人数达数万人。我国马术运动基础以及体育、旅游前景很好,赛马旅游渐成时尚,各类赛马特色小镇也将应运而生。小镇的功能性服务、商业化运营、基础性建设、人员配置等相关问题是马术小镇能否作为可持续发展业态模式生存的关键。

6. 内蒙古奥威蒙元马文化特色小镇建设

内蒙古是一代天骄成吉思汗的故乡,蒙古民族因马而闻名世界,曾因英勇善战和高超的骑术征服欧亚大陆并建立了强盛的蒙元帝国。蒙古民族依

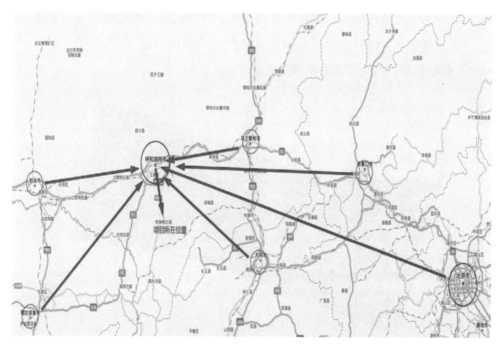

图 2-6　内蒙古奥威蒙元特色小镇地理位置

靠马成就了事业,马与这个民族一同被载入史册,马也成为蒙古民族的文化信仰和精神图腾。借助蒙古民族历史上创造的丰功伟绩,打造属于内蒙古的"马"文化特色小镇,内蒙古奥威集团在蒙古民族繁衍生息之地——呼和浩特和林格尔打造以赛马为主题的特色小镇。

和林格尔地处呼和浩特以南45公里,在建项目地处和林格尔盛乐经济开发区东北,距呼和浩特22公里。和林格尔汉设郡,唐置府,北魏昌盛,从出土遗迹看,新店子汉墓及盛乐历史文化遗存凸显文化积淀深厚。交通上,209国道穿区而过,距110国道45公里,呼市—金盛市政快速双向六车道已经开通,距项目地仅2.2公里,距呼大高速2公里,距北京480公里,距二连口岸400公里。随着产业结构的调整,和林格尔将形成规模庞大的现代服务业集聚区,不论在区位优势还是县域经济发展上,都将成为呼和浩特及内蒙古自治区的一个典型模式。

随着人们生活水平的不断提升,时间短、成本低的一日、二日休闲旅游逐渐成为城市各阶层人们假日生活的方式。呼和浩特及周边地区正有着这样的市场需求。内蒙古奥威蒙元马文化特色小镇的兴建,作为市场化的产品,能够为赛马产业带来新的发展机遇。

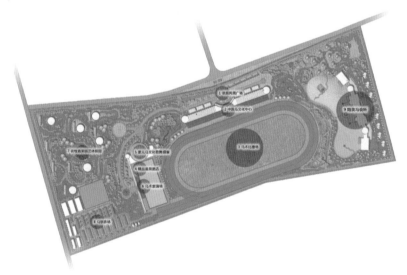

图2-7 内蒙古奥威蒙元特色小镇九大功能区

　　日臻完善的蒙元马文化,既有蒙古族文化的血脉,又有多民族文化的支撑,更有现代人文的积极色彩。这种动态的、创新的、民族的文化消费产品,让不同民族的游客能深切地体验蒙元马文化的实质。除了以赛马场为核心,实现赛事功能外,小镇还具有文化交流、人文观赏、景观体验等多种功能。内蒙古奥威蒙元特色小镇以赛马为核心建设九大核心功能区,草原风情广场、蒙元马文化中心、蒙古马术表演区、精品休闲度假区、蒙元马文化展示区、蒙古风情歌舞表演区、运动休闲服务区、民族生活体验区、会员俱乐部。

第二章

马产业与赛马产业内涵

第一节　马产业与赛马产业

随着社会经济的发展,传统马产业向集经济、文化、体育、娱乐为一体的现代马产业转变。国外发达国家已基本完成马产业的转型,而中国还处于转型初期。中国发展现代马产业有丰富的资源和良好的基础条件,本文在分析国内外现代马产业主要发展模式的基础上,剖析中国现代马产业发展现状及存在问题,通过借鉴发达国家的成功经验,提出促进中国现代马产业发展的思路。

一、传统马产业

马业发展经历了漫长的过程,传统的养马业,为人类提供了多种服务,如农耕、国防、运输、骑乘、邮政、伐木等等都离不开马。自古代以来,马的用途极为广泛,它既是生活资料,又是生产资料。在交通运输、军事战争、农牧业生产等方面都担当重要的角色。随着现代社会的不断发展,机械化的普及,马匹作为动力的功用逐渐淡出人们的生活,而更多的是马的产品开发(雌激素、孕马血清促性腺激素、马脂、马肉、马乳等)和运动用马(速度赛马、骑乘娱乐用马等),也就是近期所提出的马的第三产业。中国是养马大国,但马业的贡献率却很低。因此,借鉴国外马业的成功经验,深入分析中国马业的发展趋势,探讨适合中国特色的现代马业发展之路,有着非常重要的意义。

马匹品种的培育和分化。由于社会功能的需要,经过人类长期有目的的培育而形成了约300个马品种。如以力量为主的有俄罗斯重挽马、比利时重挽马、英国夏尔马等;以速度为主要培育目标的乘用马种,如英纯血马、阿拉伯马、阿哈马等。

马肉具有低胆固醇、高蛋白、高不饱和脂肪酸、营养素搭配合理等特点，现逐渐受到消费者青睐。尤其是近年来"疯牛病""口蹄疫""禽流感"等对人类安全构成威胁，使消费者更多地转向安全食品——马肉、驴肉的消费上来。国际上马肉消费量不断上升，从 1990 年的世界马肉年均贸易总量 50 万吨逐步上升到 2000 年的 70 万吨，主要销售市场是欧洲和日本。由于近几十年来欧洲马业主要生产方向是运动马，马场规模较小，无法满足本地市场对马肉的需要，大部分马肉是从马匹数量相对较多而集中的加拿大、阿根廷和价格较低的中亚国家进口，但仍无法满足市场需求。

孕马血清促性腺激素是从怀孕母马血清中提取的一种生殖激素（主要用于动物的诱导发情、超数排卵、提高繁殖力等），目前在国内外广泛使用。由于马特殊的生理功能，专家预测在 20 年内将无人工合成制品可取代，在国际上该制品已广泛使用多年，发达国家早已将其列入制剂目录及药典，产品长销不衰，价格不断上涨，需求量不断增长。目前，国内有粗提制品生产和纯制品生产两种。

精制马脂是从马体脂肪组织中经萃取精制等工艺获得的产品。其不饱和脂肪酸、必需脂肪酸含量高达 60% 以上，且脂肪酸配比合理，富含维生素 A、维生素 E 等营养成分，是典型的营养型油脂，具有抗衰老和软化血管的作用，对心血管病、高血压、动脉硬化等病状有明显的预防和治疗作用。可用于医疗保健品的制造。同时，精制马脂对人体皮肤渗透力强、涂展性好、皮肤吸收快、护肤养颜，可取代羊毛脂用于美容化妆品。

二、现代马产业

随着社会经济的发展，马业已从传统马业转变成集赛马、休闲骑乘、马术等于一体的第三产业。发达国家已基本完成马产业的转型，我国还处于转型初期。马匹质量差、育种水平低、资金不足、关注度不够成为阻碍我国马业发展的主要因素。充分利用我国马业优势，积极借鉴发达国家经验，发展具有中国特色的马产业，是我国马业由传统马业转变成现代马业的重中

之重。

现代马产业的兴起为中国马产业迎来了前所未有的发展机遇,目前国家正通过启动体育赛马彩票试点发行,以推动现代马产业的发展,据计算,其蕴藏的年产值达 1000 亿元人民币以上。作为中国最大的马产区,目前内蒙古地区主要有马队迎接、赛马、马术表演、驯马等民族特色的草原观光项目,这些项目成为草原民风民俗旅游业的基础。内蒙古现代马产业确定了明确目标:发展以马文化为依托,以现代赛马业为带动的综合型马产业。

现代马业包括赛马、马术及马术运动、马上休闲娱乐及相关产业。赛马主要是指商业赛马;马术通常指奥运会马术比赛项目——室内障碍赛、盛装舞步和三日赛;马术运动一般指奥运会马术项目以外的其他马术运动项目,如马球赛、马轻驾车赛马上技巧等;休闲娱乐用马主要是指各旅游景点的旅游用马、马匹爱好者自育马匹、马术俱乐部会员马匹、宠物马等。传统马业注重的是使用或适用,而现代马业则注重的是娱乐性和经济性。由于现代马业具有良好的经济效应,也就有了适合市场经济条件下的发展基础。

随着我国综合国力和人民生活水平的提高,社会对体育竞技的要求也随之提高。文化、体育、竞技、休闲的马术运动和骑乘旅游将成为人民新的爱好,骑马俱乐部成为休闲健身和儿童教育的重要场所。近年来,国内对竞技用马、速度赛马、长途耐力赛马和娱乐用马的需求量增大。由于历史原因,我国目前尚无专门的运动马品种,马匹运动性能不高,无法胜任进军世界水平的竞技马术的用马任务。在该领域国内均是清一色的花高价购入的进口马。在速度赛马、长途耐力赛马和娱乐用马方面,国产马仍占主导地位。目前国内对此类马的需求反映在两个方面,一是数量上,每年需要的马匹数量很多;二是质量上,现有马的质量远不能满足市场的需求,因此国内运动用马市场是需求者出高价无法购买到高质量的好马。所以赛马及娱乐用马将会是未来马业发展的主流。

传统马业正在向现代马业转变。因此首先要从传统马术运动做起,不断完善和发展传统马术。其次要大力宣传体育娱乐用马的社会性和经济性,建立具有民族特色的马体育娱乐项目。最后还要大力发展旅游业,使独特的草原文化吸引国内外游客,让世界了解内蒙古,让内蒙古走向世界。

第二节 赛马的分类

现代赛马运动起源于英国,其竞赛方法和组织管理远比古代赛马先进和科学,比赛形式也发展为平地赛马、障碍赛马、越野赛马、轻驾车比赛和接力赛马等不同种类。

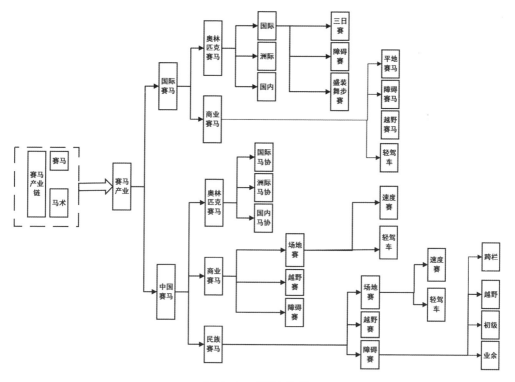

图 3-1 赛马分类

一、赛马的内涵与分类

世界上开展赛马运动较好的国家和地区有英国、法国、美国、德国、爱尔兰、意大利、澳大利亚、日本、中国香港特别行政区和澳门特别行政区等。以美国的赛马为例,每年要举行 10 万多场,观众达 9000 万人次,马票售出金额高达 120 亿美元。作为世界赛马最发达的国家,英国的赛马和育马受到全世界的景仰。以下是对英国赛马业一些领域的介绍,向读者展现英国的赛马之所以能在国际范围内不断吸引人们和纯种马匹积极参与的魅力所在。拥有三百多年历史的英国赛马业已发展成为英国国家最重要的产业之一。

平地赛马多数在场内进行,跑道长度多在 1000~2000 米之间。比赛类似田径的中长跑,分为 1000 米、1400 米、1600 米、2000 米、3000 米等不同赛段。障碍赛马是一种检验马匹跑和跳结合能力的比赛,参赛马应依次跳过设在赛道上的障碍物,障碍物一般为 1~1.1 米高的树枝,其间隔距离不等。这种形式的比赛危险性很高,常发生人仰马翻、骑手伤亡的事故。最著名的障碍赛马是英国的利物浦杯,赛段距离为 7300 米左右。越野赛马多数在树林和丘陵地带进行。轻驾车是人驾马车进行的一种绕标或过水障的比赛,有单人驾、四人驾之分。不同种类的赛马比赛都是竞速赛,根据时间的快慢决出比赛的名次。比赛的规则非常多,最根本的就是不妨碍别人。

速度赛马比赛是由选拔优秀马匹发展而来的,因此比的主要是马,而不是骑手。虽然骑手本身的驾驶能力、与马配合的默契程度也很重要,但成绩的好坏主要取决于马的速度、耐力、足力、品种和父母辈的血统。可以说,在赛马比赛中,马的作用占六七成,人的作用只占三四成。速度赛马对骑手没有特殊的要求,体重越轻越好。

中国的现代赛马活动始于 19 世纪 60 年代,到了 20 世纪 30 年代,除了香港的赛马业迅速发展外,上海有 2 个赛马场,天津有 3 个赛马场,后来全国的赛马场逐步发展到 20 多个。上海赛马场一度成为亚洲最大的赛马场。1991 年 4 月,新中国第一个赛马俱乐部在深圳诞生,第二年该俱乐部就举行了"猜头马"平地赛。1992年4月26日。"金马杯中国马王广东邀请赛"在广州市郊黄村开锣。继广州马王赛之后,全国各地的赛马活动此起彼伏。中国赛马运动开始升温。随着赛马运动在中国的不断发展,对参赛马匹的质量也有了更高的要求。纯血马作为当今世界上跑得最快的马越来越受到中国人的关注。从1992年起,广州赛马场就陆续由香港、澳门引进退役赛马。但是引进的纯血马皆为骟马,不能繁殖,长期引进成本较高。本国繁殖纯血马的话题立即被国人提出来。1995年是中国引进纯血马进行自行繁殖最活跃的一年,深圳和内蒙古相继从新西兰、爱尔兰进口了纯血马。

二、奥林匹克赛马

古代为了做到战车所用的马匹在战场上移动的准确性和精确性,常对马匹进行各种技巧和协调性的训练,后来就发展成为马术比赛。马术比赛1900年首次进入奥运会,当时只设障碍赛一个项目。1912年,马术比赛扩大为盛装舞步赛、障碍赛和三日赛三项。从1952年起,女骑师被允许参加奥运会的马术比赛,马术也成为奥运会中唯一一项男女同场竞技的比赛项目。作为一个团队,马匹和选手将共同获得奖牌和名次。

马在历史上与人类有非常亲密的关系,是人类的运输和交通工具。马在欧洲是贵族的象征,骑马对欧洲人而言不但是一种艺术,更是一门学问。马术比赛需要骑师和马匹配合默契,考验马匹技巧、速度、耐力和跨越障碍的能力。奥运会的马术比赛分为盛装舞步赛、障碍赛和三日赛三项,每项均设团体和个人金牌,共产生6枚金牌。

盛装舞步又称为马场马术,这是由于盛装舞步的比赛场地是在马场之内。盛装舞步一词来自法语,是训练的意思,其目的是要训练马匹的服从度,并听从主人的指挥而做出动作,而且注重马匹的前进气势及收缩。选手要与马匹共同进行三圈的比赛。

障碍赛是马术赛事中最刺激的一项,选手一定要在规定的时间之内设法驭马沿着赛前定下的路线在场地上迂回跨越12~15道障碍物。例如水

沟、矮墙、多重的棚栏等。满分为 0 分,如马匹在越过障碍物时碰倒障碍物就会被罚 4 分,马匹拒跳两次即被取消资格。如两位选手同分,则所用时间较少的获胜。

三日赛是指在三天之内进行多项的竞赛,队中包括三名男选手,一名女选手,选手要和马匹进行为期三天的各项测试。首日,马术训练;次日,马匹速度及耐能;最后一日障碍赛,取前三个最佳成绩总和为最终成绩。

三、民族传统赛马

根据马文化的定义,传统赛马是指在新疆、西藏、内蒙古等民族聚居区,通过赛马运动而产生的生活习惯、宗教信仰、民族文化等一系列与马有关的形式与内容上的文化表现形式。传统赛马具备了民族性、区域性和传承性等。

民族赛马作为内蒙古、新疆、西藏及其他少数民族地区的传统体育活动,正受到现代赛马业及国际专用赛马的冲击,这种独具特色的民族活动正面临着新的机遇和挑战。特别是近几年,西方赛马运动日益走进国人视野,受此影响民族赛马传统优势地区更加注重本地区传统马运动项目的发展,各地区依靠本地马产业的历史优势,大力发展民族赛马运动,开发了形式多样的民族赛马赛事和娱乐休闲项目,民间自发组织的赛马活动也是遍地开花。

纵览全国各地的民族赛马活动,主要分为越野赛和场地赛两大类。越野赛以少数民族传统的奔马赛为主,多为长距离的速度耐力赛;场地赛以少数民族喜闻乐见的走马赛为主,比的是马走侧步的平稳和速度,是一种技巧赛。在民族地区的重要节庆及赛马节期间,不乏形式多样的越野赛和场地赛。

近年来,受政府和业界资源支持的共同影响,大型民族赛马赛事逐年增加,赛事内涵日益丰富,这种源于民间的民族赛马运动正在向社会生活的各领域渗透,植入了本土文化的民族赛马正在焕发新的生机。

1. 越野赛(奔马赛)

少数民族传统奔马赛是一种长距离的速度比赛,主要考验马匹的耐力。为了减轻马匹的负担,比赛用马不备马鞍,且骑手多为少年儿童。参加奔马赛的马匹较多,少则数十,多则逾百,不计时,不限制马的年龄,不分组,也没有固定的场地跑道,最先到达者为胜。奔马赛的赛程一般在20~50公里。

为了唤醒大众对民族赛马的保护和传承意识,2016年中国马业协会提出了"中华民族大赛马",旨在发挥行业协会职能,全面统筹、管理和协调全国各地区、各民族的赛马活动,解放与激发马产业的文化与经济活力,使马业发展在互联网经济背景下展现新的生机。"中华民族大赛马"自创办以来稳步发展,其赛马文化和赛马精神在全国各地生根发芽,现已成为国内重要的民族赛马品牌赛事。

经过近三年的发展,这一全国性的民族赛马赛事渐成体系,赛事执行、组织、协调、推广日益健全,场地设施、赛事路线设计、保障措施等方面更加专业,马匹监测、竞赛评分等方面均按照国家级标准运作。在中国马业协会(中国马会)民族赛马文化委员会制定的《民族赛马竞赛规则(试行)》的指导下,秉承"马匹的福利高于一切"的原则,利用专业经验及现代化的技术手段为赛事提供保障和更加合理的赛程安排,使赛事更具公平性、观赏性。"中华民族大赛马·传统耐力赛"现已成功举办11站,除第1站河北丰宁、第5站安徽砀山、第11站河北安平外,其余8站均设在内蒙古,由此可见内蒙古在民族赛马中的重要地位。

"中华民族大赛马"在秉承中国传统耐力赛优良传统的同时,注重民族赛马的科学化、规范化发展,因符合中国赛马的历史传统和中国马产业的发展方向,所以赛事自创办以来得到了地方政府与人民群众的大力支持,吸引了众多马友关注并参与到赛事中来。

从发展趋势上看,对民族赛马的保护和传承也在向品牌赛事的方向发展。目前,国内民族赛马赛事日益增多,赛事项目逐渐多元化,在原有速度赛的基础上,吸纳了耐力赛、走马赛、障碍赛、马球赛等民族传统马术赛事。参与赛事、举办赛事的省份也越来越多,赛事地域范围正在从马业基础好的

传统区域向湖北、四川、山东等地拓展。民族传统赛马赛事的举办离不开当地政府的大力支持,近几年民族赛事日渐增多,这不仅反映出政府日益重视对民族赛事的保护和发扬,更是人民群众民族体育需求得以满足的体现。

(1)对马的伤害

"中华民族大赛马"是以赛马活动为契机,充分发掘民族赛马的特点和优势,结合当地实际情况,在保证民族赛事原汁原味的前提下,通过提供技术和服务,运用科学方法来规范国内的民族赛事,推动民族赛马发展,并逐渐形成科学系统的中华民族赛马体系。但应该看到,在推动民族赛马规范化发展的过程中,类似"中华民族大赛马"这样的商业赛事由于赛制设计不合理导致马匹出现不适,并最终退赛的情况屡见不鲜。这有悖于"马匹的福利高于一切"的原则,也有悖于民族传统赛马的初衷。马背民族对马的热爱永远是第一位的。例如,蒙古族就特别注重赛马比赛的时间和季节,一般在春初到秋末之间举办赛马活动。《蒙古马与文化研究》一书中写道:"蒙古族在春季比赛二三岁马,夏季比赛成年马,秋季打肥后不举办赛马运动。"选取恰当的时间与季节是为了防止给赛马造成伤害,这充分体现了蒙古族对马的爱护。

(2)对草场的破坏

随着牧区居民的经济条件逐步改善、闲暇时间日益增多,民族赛马活动空前活跃。在节庆期间、旅游季节,各地区民族赛马活动如雨后春笋,民间自发组织的赛马活动也接连不断。如火如荼的赛马活动为民族赛马创造了机遇,但也给草场资源带来了威胁。无论是从赛事观赏性还是从马的原始特性来看,赛马在草地上比赛会比在沙地上发挥得更好。赛马场地内的草地赛道有专门的养护和维修,但成本高昂。草原上的民族赛马在天然场地开赛,其对草地造成的损害只能依靠自然修复,长此以往,对草场的破坏将非常严重。

(3)发展的误区

民族赛马是一项民族的、民间的体育运动。脱离了广大人民,民族赛马就是无源之水、无本之木。国内关于民族赛马的发展还存在着一些误区,其

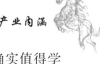

中不乏照搬西方赛马的精英路径。西方赛马的科学、先进之处确实值得学习借鉴,但要立足本土,不能生搬硬套。

2. 场地赛(走马赛)

在牧区,马就是牧人的腿,走马快而平稳,因此非常受欢迎,在蒙古族、哈萨克族、藏族等民族中有大量的走马爱好者。走马,从性能上说,就是能高速平稳地用快步骑乘的马。从速度来分有小走、一般的走、大走。从步态上分为前颠后走、对侧步。从遗传的角度分为先天的(胎里带)、后天的(压出来的走)。马的步法分为自然步法和人工步法。自然步法有慢步、快步、跑步和袭步,在一些马匹中还有对侧步以及快慢步;人工步法是经过训练获得的步法,包含特快慢步、快慢步、狐式快步与单蹄快步,以及对侧步。

用于走马项目的马是我国北方游牧民族特有的一种马术比赛用马。与速度赛马不同,走马不是单纯比马的速度,而是以观赏马的独特步伐为主,是一种稳中求快的娱乐活动。走马项目以马的步伐稳健、姿态优美为主要评比标准。

从竞赛情况来看,走马一直是少数民族传统体育活动的比赛项目。从全国性的民族赛事到区域性的传统体育赛事,从少数民族的重要节庆活动到民间自发组织的传统体育赛事,均能找到走马比赛的踪迹。

少数民族传统体育运动会作为全国较有影响的大型综合性体育运动会,现已成功举办了十届。第十一届少数民族传统体育运动会将于2019年9月8日至16日在郑州市举行。其中,马术项目定于2019年7月12日至17日在内蒙古自治区呼和浩特市举行,民族马术项目包括民族赛马、走马、跑马射箭、跑马拾哈达。马术是中国众多民族喜爱的一项民族传统体育项目。在内蒙古、新疆、西藏、青海、甘肃、云南、贵州、四川等地区尤为盛行。1986年,在新疆举行的第三届全国少数民族传统体育运动会上,马术首次被列为比赛项目。民族运动会马术分为走马、速度赛马、跑马射击、跑马射箭、跑马拾哈达5个项目。从场地上来看,与草原上自发组织的赛事相比,全国赛事场地更正规。走马比赛的场地通常为1000米的椭圆形跑道。跑道必须平坦,土质不宜过松,无碎石、沙丘。跑道宽度为15~25米,跑道外沿设有高

1.5 米的木(铁)栏杆,跑道里沿设有高 1 米的固定栏杆。跑道里沿栏杆支柱必须向跑道外侧倾斜,与地面约成 60°~70° 角。在赛马场跑道内沿每隔 20 米插一面旗,依次为白、红、蓝、黄、绿旗各 10 面,规格 80 厘米×30 厘米。从竞赛规程上看,考虑到大量国外马匹已被引入国内,为保证赛事的公平性,走马又分为国产马走马赛和进口马走马赛两个级别。

早在 1985 年内蒙古就举办了第一届全区少数民族运动会,当时的走马赛还是表演项目。截止到 2017 年第九届内蒙古自治区少数民族传统体育运动会,马术比赛项目不仅包括传统的速度赛马、走马、30 公里耐力赛,还新增了 7400 米异程接力赛。为了传承和发扬民族传统体育,政府和社会都做了很多有益的尝试,走马赛正朝着竞赛规则科学、赛制合理的方向发展。

(1)赛制的西化

随着国外专用赛马的引进,民族赛马与国外马种间形成了竞争格局。从走马项目来看,传统走马赛与国际走马赛有着不同的竞赛规则,传统走马中的马需要以同侧步的步伐前进,而国际走马要求马对侧步前进,也就是同时迈出的前后蹄是对角线相对的。对于走马项目来说,国内外不仅竞赛规则不同,更关键的是马的特性不同。以第三届内蒙古国际马术节为例,此次盛会将走马赛事分为国际走马和传统走马两项,国际走马设 1700 米和 2600 米,传统走马设 2600 米、3200 米和 5000 米。鉴于马种不同,在走马比赛中要有所区别,这既是公平性的体现,也是对赛马的保护。但在赛马产业还不规范,民族赛马业还不发达的情况下,总能看到一些"洋为中用"、全盘照搬的情况,这不仅不利于国内赛马业的发展,更是抑制了民族赛马的发展。

(2)文化的流失

在漫长的历史发展过程中,民族传统赛马始终保持、发扬并完善着游牧民族的习俗。这种习俗不仅表现在赛事活动本身,更表现在走马的挑选和走马的训练上。经过多年的发展,各少数民族,特别是蒙古族对走马的选取和训练已经积累了丰富的经验。挑选出来的上等走马主要由长者和成年人骑乘,因为年幼者骑术欠佳,容易出现步调紊乱而失腿狂癫的现象,这也体现了牧民对良驹的爱惜。在蒙古族传统中,走马多用于探亲访友的礼尚往来和做"秀"那达慕盛会。但随着走马赛的城市化,很多走马传统习俗尚未得到很好的传承和发扬,这对于走马赛事的长远发展十分不利。

3. 民族赛马的发展方向

在国际交流愈加频繁、国内赛事愈加多样的今天,如何传承民族赛马、开拓民族赛马的未来,是值得深思的问题。民族传统赛马要想在新的历史时期继续保持活力并焕发生机,必须立足于本土,从现实出发,从民族传统赛马产生的根源和土壤中寻求发展动力。只有充分尊重其特色,将民族独特风味与现实资源和条件紧密结合,才能走出民族赛马的特色发展之路。

(1)加强国产马在国内的主导地位

传承民族赛马,不仅是对民族传统赛马运动的发扬,更是对国内本土马种的保护。缺少了本土马的民族赛马赛事,只会使民族赛马运动走向灭亡。随着现代赛马运动的兴起,国内对竞技用马、速度赛马、长途耐力赛马和娱乐用马的需求量日益增加。目前,我国还没有专门的运动马品种,与国际竞技用马相比,国内马种的运动性能有限,因此很多机构以高价购买进口马,致使国内进口马数量激增,随之而来的是,竞技赛马领域进口马正在占据主流,针对进口马的竞技赛事也日渐火爆。当前,要围绕国产马的性能做文章,充分发挥国产马在长途耐力赛、民族传统赛、娱乐用马方面的作用,扩大国产马的市场空间,巩固好国产马的主导地位。

(2)建立国产马匹品种登记制度

开展马品种登记可以保证国产马品种的一致性和稳定性,并为马群体的遗传改良、规范育马业筑牢基础。积极开展马品种登记,不仅可以促进国产马品种保护,还可规范马匹的生产和流通市场,健全和完善马的繁育和管理体系,规范马的竞技比赛和评比。建议在国家行政部门统一领导下,由中国马业协会设立专门机构,成立马品种登记委员会,具体负责马品种登记的组织管理和品种登记审定等工作。

(3)加强对民族传统赛马运动的保护

对民族传统赛马运动来说,众多的赛事平台、本土马种的保护只是一种手段,关键在于民族传统的群众基础是否还在,运动项目是否受到人们喜

爱。对于备受游牧民族推崇的民族赛马来说,牧民就是运动项目的根基,因此要传承和发扬民族传统赛马,必须首先考虑牧民的切身利益。一方面,竞赛体制的设置要切合牧民实际;另一方面,发展民族传统赛马,要让牧民真正获利,从根本上提高牧民参加民族赛马的积极性,在推动民族赛马发展的同时,改善牧民的生活水平,带动当地经济发展。

(4)合理规划场地,保护草场生态

赛马场为大众提供了观看、参与赛马运动的专属场所,在固定场地举行民族赛马活动,避免了对广袤草原的破坏,更有利于保护草场生态。在内蒙古地区分布着很多大小不一的赛马场,随着赛马场地的完善,场地标准的提升,赛事规模的扩大,不仅会在当地形成很好的赛马效果和氛围,还利于创建品牌赛事。应以当地特色民族文化为依托,建设民族特色赛马场,开展民族传统赛马活动,打造本土品牌赛事。

四、马球

马球,又称马上曲棍球,其英文名 Polo 源于藏语 Pulu 的音译,意思是骑在马上用球杆击球入门的活动,我国古代称作"击鞠""击球"等。关于马球的起源,目前还没有十分准确的说法。业界普遍认为马球的历史可追溯到公元前600年左右的波斯,随后传入吐蕃、我国中原地区和印度等一些亚洲国家和地区。

1. 历史渊源

根据文献记载和考古资料证实,马球运动早在中国的东汉时期就已经流行于中原地区。马球所用的球拳头大小,用质轻而坚韧的木材制成,中间镂空,外部涂色且有雕饰。打马球的棍子叫作"球杖""鞠杖",有木制的,也有藤制的,外部用牛皮包裹。马球在唐代盛行一时,是当时影响最广、最受欢迎的运动项目。这与当时统治者的提倡,尤其是皇帝的爱好分不开。在唐王朝统治的300年间,共有22位皇帝执政,其中有18位是马球运动爱好者。由于统治者的大力提倡和带头参与,马球运动在民间也得到普及,甚至妇女也参与其中。"新调白马派鞭声,隔门摧进打球名"指的就是皇宫内宫女们的击球情景。"自教宫娥学打球,玉鞍初跨柳腰柔",也是描述女子优美、活泼的打球姿势。中国古代的马球运动从唐开始,一直到明,延续了一千多年,遗憾的是盛唐时的马球热,在进入清代后期以后,随着西方文化的东渐和传入的西方现代体育的冲击,已经逐渐销声匿迹了。

2. 现代发展

公元 13 世纪,马球传到印度。英国种植园主在印度的阿萨姆邦发现了这项运动,并引入了英格兰。在阿萨姆邦,马球比赛所用的马是当地的曼尼普尔小型马。波斯人把这种马叫作 chaugan(一种槌棒,美国马球球棒就是以此命名的);藏语称作 pulu,意思是一种根茎,木制马球即是用这种根茎制作的。后来马球在英国军队中流行开来,Cachar 地区首府 Silchar 成为现代马球的发源地。成立于 1859 年的 Sichar 俱乐部也成为世界上最古老的马球俱乐部。现代马球比赛的规则就是依据这个俱乐部当年的规则制定的。最早的比赛选手有 9 人,随着坐骑逐渐变大,速度也逐渐加快,人数慢慢减为 7人,最后变为 4 人。

1875 年英国出台了第一部马球规则,与此同时,印度马球协会也宣告成立。1876 年,马球传入美国,并于 1878 年举办了首届马球(军)团内锦标赛;1893 年,旨在推动马球用马繁殖的小型马协会也宣告成立。这项运动迅速蔓延到世界其他国家和地区,特别是英联邦各国、美国以及阿根廷,其中阿根廷已成为马球用马最大的培育国和出口国。20 世纪 20 年代和 30 年代是美国马球的"黄金时代",出现了汤米・希区柯克、塞西尔・史密斯等著名选手。1908 年、1920 年、1924 年、1936 年马球曾作为奥运会正式比赛项目。直到现在,英国、美国、阿根廷、印度、中东等国家和地区仍十分热爱这项运动。

中华人民共和国成立后,党和国家十分重视马球和马术运动,组建了多支马球队,还举办了马球训练班,并把马球作为第一届全运会的正式比赛项目,这大大推动了我国马球运动的发展和提高,无论其规模还是水平,都是原来无法比拟的。但是当时的马球比赛大部分以表演为主,即使是在全运

会上也是由几个少数的参赛队进行比赛,跟外界交流比赛极少。经历了"文化大革命",各省的马球队纷纷下马,连解放军马球队也未能幸免,这无疑是对中国马球运动的一次非常严重的打击。随着改革开放,人们的物质、文化生活水平不断提高,体育事业蓬勃发展,为马球运动的进一步发展创造了有利条件。被誉为"王者的运动""精英的运动"的马球,也逐渐吸引了越来越多的国内爱好者的参与。

3. 马球竞赛规则

简单来说,马球运动由两只球队参与,每队各 3~4 人参加,以攻球入对方球门为目的,和足球、曲棍球、冰球都有些相似之处,但自有其甚为独特的魅力。

(1)马球赛场

马球赛场场地情况分为土地、沙地、草地。

马球场地长 275 米,宽 183 米。两端线有白线和旗子做标志,各设一球门。门柱高 3 米,用布包裹,以确保安全。两柱间距为 7.3 米。球槌为木制,柄长 1.2~1.4 米,直径 1.9 厘米。槌头成雪茄状,长 22.8 厘米,直径 5.1 厘米。球为柳木制成。最大直径 8.3 厘米,重 120~135 克。马的身材和年龄不限,但需具备良好的速度、耐力和灵活性,脾气要温顺,否则易在激烈对抗中受惊、失控而引发事故。比赛设 2 名裁判员、1 名仲裁、1 名记录员。重大比赛在两个球门旁增设 2 名裁判员。

(2)比赛时限

马球比赛时间可以是 4、6 或是 8 巡(小节),除有受伤、犯规或不安全情况发生,每巡时间不得超过 7 分钟。现在一场比赛通常为 8 小节,每节 7 分钟。节间休息 3 分钟,半场间休息 5 分钟。

(3)赛事规则

由于马球比赛激烈程度与危险性相对较大,其规则大多是出于保护运动员和骑乘马匹的安全考虑。

运球路线指的是球被击后的运行轨迹,比赛中裁判主要依靠运球路线和球员进攻权来进行处罚。

参赛的马匹,每匹马球马最多可在一场比赛中参加两局。

在惩罚措施上,则根据蓄意程度的不同而有所不同,包括 30 码、40 码与 60 码点球,以及任意球。

关于比赛级别。马球等级平分赛也称让分赛,是由美国马球协会(USPA)第一届主席 H·L·Herbert 首次引入马球比赛中的一种记分体系,旨在使每队获胜的机会均等,冠军联赛多采用此体系进行比赛。到 1910 年,英国和印度也开始在比赛中采用此体系。赛前根据参赛球员的以往成绩排名而划分等级,分数从初次参赛者的 0 分到顶级球员的 10 分之间。然后,分别将每队球员的等级加起来,等级分数低的队可优先获得一定比赛分数,或者是使两队的等级分数和相等进行比赛。根据各队的等级分数和,马球比赛分为低、中、高三个级别。

只有两队参加者的级别之和相同,才能进行马球比赛。与高尔夫的级别不同的是,马球的级别并非指有多少进球,而是根据球员在比赛中的表现而评定。此外,马球手的级别只有在不断的比赛当中才能保持,如果很长时间没有参加专业的比赛,级别将会逐渐下降。

为了公平起见,马球比赛是围绕级别进行的,也就是说,比赛的双方的级数之和必须相等。如果双方级数不相等,那么就会先给级数较低的队一定的比赛分数,以确保公平。

4. 阿根廷马球

1875 年英国殖民者将马球带入南美,当时阿根廷有三分之一左右的人口是英国人,又因为阿根廷的国民运动"Pato"同样是在马背上进行的,规则也很类似,所以阿根廷人迅速适应了马球。发展到今天,对于阿根廷人来说,马球既是全民运动又是生活方式,更是一整套严密的产业以及竞争力的集中体现。阿根廷拥有 200 多个马球俱乐部,超过 3000 名马球选手,以及大量优质马匹。阿根廷马球队在 1924 年赢得了第一枚奥运金牌,迎来马球的黄金时代,并且从 1949 年以来,就几乎没有被击败过。

一个国家马球运动的兴衰,与该国科学文化和经济的发展程度以及政治的稳定与否有着密切的关联。这项古老的运动在我国经历了从风靡到衰

落,又从衰落到复苏的时期。马球,以其独有的魅力又重新吸引着越来越多的参与者,尤其是在中国这个有着悠久灿烂历史的文明古国里,越来越多的人正积极地投身于这项运动。马球,这枚神奇的瑰宝将在中国的土地上掀起新的浪潮。

世界马球运动当今风靡一时,不少国家把马球作为一项高尚的体育活动在全国开展。无论马球起源于何时何地,但是有一点是不容否认的,那就是马球运动已有非常悠久的历史,而且曾经有过辉煌灿烂的时期。现代马球运动在中国正处于起步阶段,无论是马匹的质量还是运动员的水平跟国外马球强国还是有很大差距的。我们不能只沉醉在历史的辉煌里,应该以崭新的姿态虚心学习,像先人一样把马球这项运动在中国再次推向顶峰。

第三章

内蒙古赛马产业环境
分析与发展瓶颈

第一节　内蒙古赛马产业环境分析

一、政策

赛马产业政策因素是影响内蒙古赛马产业的重要因素,对内蒙古赛马产业战略的实施推动与影响作用巨大。特别是"一带一路"的建设为内蒙古赛马产业战略的发展提供了千载难逢的机遇。内蒙古地区应该抓住难得的机会,以深厚的民族文化积淀为基础,借助良好的区位条件,发挥"文化先行"的优势,积极争取成为"一带一路"建设先行军。2012年8月内蒙古政府实施了《关于进一步促进赛马产业发展的若干政策意见》,文件从市场准入门槛、资金支持力度、土地使用办法、多元化融资等方面进行规划与设计,针对内蒙古赛马产业发展现阶段的问题进行分析,并从多个方面提出具体实施的政策。2014年,内蒙古政府又颁布了《关于促进外经贸和口岸发展的实施意见》,指出努力发展现代服务业,积极扶持文化服务产业发展,根据国内外市场需求特性不同,开发适销对路的文化产品与服务;"一带一路"的建设为内蒙古赛马产业对外贸易的发展提供了良好的契机,内蒙古政府颁布赛马产业发展相关政策为内蒙古赛马产业对外贸易的发展提供了良好的政策环境,赛马产业主管部门及赛马产业市场主体应该结合发展思路,用活国家及地方层面的政策支持。

内蒙古《关于促进现代马产业发展的若干意见》的出台,是自2016年新疆维吾尔自治区发布的《关于加快现代马产业发展的指导意见》之后,我国第二个省级政府发布的关于发展现代马产业的指导意见。2017年12月,内蒙古自治区人民政府发布《关于促进现代马产业发展的若干意见》,明确提到要将促进现代马产业发展纳入当地经济社会发展规划中,制定和落实支

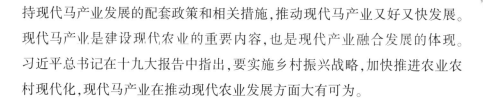

持现代马产业发展的配套政策和相关措施,推动现代马产业又好又快发展。现代马产业是建设现代农业的重要内容,也是现代产业融合发展的体现。习近平总书记在十九大报告中指出,要实施乡村振兴战略,加快推进农业农村现代化,现代马产业在推动现代农业发展方面大有可为。

二、经济

近年来,我国经济社会发展进入了新常态,在此背景下,内蒙古经济发展态势稳定,2014 年生产总值达 17769.5 亿元,与 2013 年相比增长 7.8 个百分点。常住居民人均可支配收入与 2013 年相比有较大提高,其中城镇居民人均可支配收入 28350 元,与 2013 年相比增长 9 个百分点;农牧区人均可支配收入 9976 元,与 2013 年相比增长 11 个百分点。

内蒙古马存栏量已达 84.8 万匹,居全国第一,"马背经济"正在成为内蒙古一、二、三产业融合发展的重要引擎。"随着人民生活水平的提高,马产业已经发生了诸多转变,我们要转变思维,洞悉产业发展趋势,做好马产品的开发利用,进行马产业的全产业链发展。"

在调整产业结构方面,内蒙古地区以"五大基地"为区域发展"极核",充分发挥其辐射带动作用,以提高绿色产业发展与循环经济发展为主攻方向,逐步形成创新性现代化产业发展体系;加快资源型产业的转型与升级,推进赛马产业发展,促进赛马产业向支柱型产业发展,积极研发文化产品,培育文化新经济增长点,促进赛马产业对外贸易发展,积极推进文化"走出去"战略。经济发展是赛马产业对外贸易的"核心"动力,没有积极的经济活动,就没有赛马产业的繁荣。2015 年 1 月,经国务院批复,将中蒙俄经济走廊的建设上升到国家战略层面;同年 3 月 28 日国务院下发《推动共建丝绸之路经济带和 21 世纪海上丝绸之路的愿景与行动》,将中蒙俄经济走廊形成背景、具体内容、巨大作用与意义进行详尽阐述与介绍。在此背景下,中蒙俄经济走廊的建设为内蒙古地区经济的发展提供了千载难逢的机遇,为内蒙古赛马产业的发展提供了更广阔的市场与机会,赛马产业的发展需要广阔的市场,

赛马产业需要更广阔的国际市场,赛马产业的国际市场的拓展对于内蒙古赛马产业发展、内蒙古民族传统文化的传播,增强周边地区与国家对内蒙古地区的认同感都具有重要的作用与意义。

三、社会

内蒙古传统马产业、现代马产业和大众创业三大板块,全方位、多角度地集中展示了马产品、马匹繁育及饲养技术、马医药与兽医服务、马运动用品、马术俱乐部、马艺术品及文化、马术赛事及旅游等方面的实物、影像、书籍资料,充分展示了传统马文化和现代马产业的发展成果。赛马是"男儿三技"中的一项,是真正考验"马背民族"的后代骑术如何的一种比赛项目。其主要项目有赛奔马、赛快马和马术三项。前两项是比赛项目,后一项是马上的竞技表演项目。这些通常是在祭敖包和那达慕大会时进行的,人数多少不限,少则二三人,多则百余人;性别、年龄不限,老幼均可报名,一般是少年居多。

内蒙古地区具有浓郁的民族风情,优越的地理区位,丰富的文化资源,但内蒙古文化消费市场发展却还处在较低水平,分析其原因主要有两方面,一方面是地区居民消费能力偏低,主要原因是地区人均收入较低,造成内蒙古地区城乡居民用于文化娱乐与服务的费用水平不及北京、上海、广州等发达地区的一半,和发展中地区的消费水平也有较大差距;另一方面是内蒙古地区居民对于文化消费娱乐和服务的消费观念还较弱,主要原因是该地区城乡居民文化水平较低,造成内蒙古地区文化产业市场发展较慢,文化产业对外贸易水平不高,据统计,2000—2012 年间,内蒙古地区城乡居民消费支出增长速率较快,但是用于文化产品消费与文化服务的支出却在底线徘徊,并且在近三年还有下降的趋势。还有重要的一个原因是内蒙古文化产业对外贸易存在"文化折扣现象"。文化折扣是指文化产品或服务出口国,由于对目标国或目标市场定位不准确,造成出口产品很难被当地接受,从而造成文化产业对外贸易吸引力与价值较少的现象。内蒙古地区文化产业对外贸

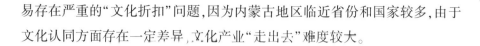

易存在严重的"文化折扣"问题,因为内蒙古地区临近省份和国家较多,由于文化认同方面存在一定差异,文化产业"走出去"难度较大。

四、科技

科学技术是第一生产力,它对内蒙古地区文化产业对外贸易的发展具有重要的作用,但在内蒙古地区文化产业运用的先进技术与其他国家和地区相比差距巨大。随着现代科技的进步,互联网成为人们获取信息的重要途径。一方面,现代媒体比传统媒体具备更新快、传播广的特点。互联网为赛马特色小镇的发展提供了广阔的平台,为赛马特色小镇的传播提供了便利,通过多次传播相关赛马的赛事信息,吸引了大量参赛者,同时也方便消费群体获得活动的第一手资料。另外,现代科技与体育项目相结合,渗透到现代生活的方方面面。

总之,从 PEST 外部环境分析来看,国家和自治区层面出台的一系列促进赛马产业发展的政策为内蒙古赛马产业"走出去"奠定了政策基础,提供了发展方向;态势喜人的经济增长趋势及产业结构调整为内蒙古赛马产业"走出去"提供了经济动力和增长空间;社会文化事业发展及社会消费市场的拓展为内蒙古赛马产业发展提供了市场空间,科技发展及进一步与赛马产业的融合催生了赛马产业转型。

第二节　赛马产业发展瓶颈

一、赛事体系不完善

对于发展赛马业没有统一的规划与统筹,缺少对于赛事的统一管理与监督,没有形成一个完善的赛事体系。目前赛事主要是采用国际接轨的方式举办纯血马赛事,没有形成具有我国特色的赛马赛事体系,并且没有体现民族传统赛马体系的建设,没有能够促进国内马匹品种的延续与国内马业的发展。

二、赛事人员缺乏

我国赛马产业是一个朝阳产业,从事赛马产业的人员较少,各类专业人才缺乏,在赛马赛事人员考核与管理方面,国内赛马赛事人员的培训与考核也缺乏专业权威机构进行组织与实施,同时缺乏连续性。国内很多赛马赛事人员的培训均由地方马术协会举办,缺乏国内权威机构的认定,在赛马赛事人员的调配与互认等方面均存在诸多问题。

三、赛事信息化程度较低

赛事信息化程度较低,在赛前报名、赛事的现场编排、赛事成绩信息的即时发布等方面没有形成一个完善的数据库,主要是采用原始的人工方式,不利于工作效率的提高。

四、赛事规划不科学

目前,国内存在赛马赛事规划不够完善,缺乏统一规划等问题,赛马的举办主要依据某个俱乐部根据自己喜好举办赛事,或某几个俱乐部之间相互协商举办俱乐部之间的赛事,这些现象均说明我国赛马赛事缺乏统一的管理与规划,容易出现各自为政的情况。

五、赛马俱乐部的寡头垄断

目前,国内几个大型俱乐部基本垄断了速度赛马行业,这种寡头现象有利有弊。垄断性俱乐部的好处是可以快速在俱乐部间达成一致,有利于赛事的快速开展,能够提高效率和赛事的执行速度。相反,寡头俱乐部也存在诸多弊端,由于寡头俱乐部的话语权较重,赛事活动在组织与执行等方面会受到诸多牵制,垄断性的寡头俱乐部还会导致其他弱小俱乐部缺乏话语权,不利于整个赛马赛事的正规发展。

第四章

国内外赛马产业发展现状

第一节　国外赛马产业现状

一、英国

1. 起源与发展历程

英国是纯血马诞生的摇篮,同时也是现代赛马运动的发源地。有着 300 多年历史的赛马运动,是英国仅次于足球的第二大运动,而赛马业也是英国国内的第十大产业。赛马之所以在英国被称为"国王的运动",可追溯到查理国王时代,他对育马和赛马具有浓厚的兴趣,后来英国皇家成员对育马和赛马的兴趣一直持续到现在。1195 年,英国国王查理一世在一次赛马会上将一袋黄金作为奖金赏给了获胜的骑士们,这是世界赛马史上第一次有确切记载的颁奖活动。1780 年,英国马会董事长德比伯爵以自己的名义举办了一场赛马锦标赛,成为有奖赛马活动的先河,此后有奖赛马活动在欧美各国广泛流行开来。

最早的赛马活动是用两匹马作为私人押注来进行比赛的,当时英国还没有正式的赛马场,赛马活动通常在全国的定期集市上举行,将教堂塔楼作为地标来代表比赛的起点和终点。1174 年,史密斯菲尔德赛马场在伦敦正式开业,成为英国第一个公开举办赛马活动的赛马场。18 世纪,赛马场已经遍布整个英格兰。19 世纪,伴随着英国猛烈的海外扩张,赛马运动也随之被带到了世界各地,发展到今天,赛马已经不再是专属于传统的贵族阶层参与的运动,而转变为社会各阶层、男女老少普遍都能参与的、休闲娱乐的大众社会活动。

2. 赛马产业规模

（1）赛马品种

纯血马属于热血马,是世界上中短距离速度最快的赛马品种,专门为了速度赛马而培育。17 世纪起源于英国,是由英国本地的母马和从东方引进的种公马进行杂交,经过好几代改良培育而成。纯血马不仅仅善于速度赛马,除此之外在三日赛、场地障碍赛以及盛装舞步等其他项目中也表现优异。由于其运动性能强,也被用作猎狐、越野赛、西部绕桶赛的参赛用马。纯血马还经常和其他品种的马匹杂交培育出新品种,用以改良原有马种的性能。

血统。现代纯种的纯血马,其血统大多源自于"达雷阿拉伯""培雷土耳其"以及"哥德尔芬巴布"这三匹祖公马,该品种具有纯净的血统。任何一匹真正的纯血品种马的系谱,上溯两百多年必定至少有一个祖先是三大祖公马之一。

体形外貌。体质干燥细致,骨骼细,腱的附着点突出,肌肉呈长条状隆起,四肢的杠杆长的有力,关节和腱的轮廓明显;头中等长,略显长而干燥;颈长直,斜向前方;尻长,呈正尻形;胸深而长,四肢高长;平均体高 165 厘米,体重 408~465 千克,毛色多为骝毛和栗毛,黑毛和青毛次之;头和四肢下部多有白章。

纯净的血缘。三百多年来赛马都以竞赛速度为主要选种依据,使得纯血马明显表现出快马的特征,神经系统高度敏锐灵活,反应极快却不狂躁;步法实步幅大、较快而有弹性。纯血马的所有器官、组织、系统甚至体液内分泌等生化反应类型都仿佛特意为竞技速度而生。据统计,纯血马的 1000 米最高纪录是 53 秒 7,1600 米为 1 分 31 秒 8,2400 米为 2 分 23 秒。纯血马还是跳高和跳远的世界纪录创造者,在骑手骑乘下跳远纪录为 8.30 米,跳高纪录为 2.47 米。并且该品种在遗传性上表现得相当稳定,不管是纯繁还是杂交都能将其特点遗传给后代,纯血马在速力等方面的卓越贡献是不磨灭的。

(2)赛马场

目前英国共有 58 家有营业执照的赛马场在运营中,这些赛马场遍布英国各地,各有特色,极负盛名,运营业务发展成熟。而且均建有全天候的先

进赛道,全年都可以举行平地赛马和障碍赛马。半数的赛马场都是由英国两大赛马场运营商 JCR(Jockey Club Racecourse)、ARC(Arena Racing Company)经营的,其余的为独立运营的赛马场。在这些马场中最著名四个平地赛赛马场分别是阿斯科特、艾普索姆、纽马克特和约克。至于速度障碍赛,无可争议的中心当是察汗和安特里。入场门票收入、餐饮、媒体赛事转播、赞助收入、赛马彩票收入以及其他支出是赛马场的主要盈利来源,其主要资金流出是赛马场的经营成本、雇员成本和赛事奖金。

利物浦安翠赛马场是世界最著名的赛马赛事之一的英国国家障碍赛马大赛的主赛场。障碍赛马于 1839 年开始在安翠赛马场举办,在此之前,平地赛马已经进行了很多年。英国国家大赛设计了 16 道障碍,其中最著名的高难度障碍为毕氏溪流、障碍椅和水池。安翠赛马场的圈道长 3600 米,国家大赛共跑两圈合计 7200 米,共 30 个障碍。

(3)赛马组织管理机构

在英国赛马历史上,骑士俱乐部是负责管理的重要组织,在 2006 年之前一直负责英国赛马的日常管理。骑士俱乐部成立于 1750 年,总部设在纽马克。该俱乐部由赛马业各界人士组成,但受历史原因限制,很长时期内骑士俱乐部是由具有相当社会影响力的贵族、绅士等上层社会成员构成。骑士俱乐部在英国赛马界所拥有的权威,是在英国赛马运动的普及和发展过程中,依靠自身逐渐获得的影响力,使其自然而然地发展成为英国赛马界普遍认可的管理者,而并非由政府赋予。

骑士俱乐部最初成立时,只在纽马克组织赛马。但由于骑士俱乐部成员大都具有较高的社会地位,而且在纽马克组织举办的赛马活动异常成功,使得该俱乐部在赛马业内颇具盛誉。19 世纪初,英国除了纽马克之外的其他地方举办赛马活动的相关事务也请骑士俱乐部进行裁定。到 19 世纪后期,由骑士俱乐部对赛马赛事进行指导和承认已成为英国赛马界约定俗成的规矩,得到了大众的普遍认可。

1866 年,骑士俱乐部协助成立了管理障碍赛的国家障碍赛俱乐部,1968 年这两个组织合并实现了英国赛马的统一管理。骑士俱乐部具备了赛场管理、赛马从业人员证书颁发、药检以及组织赛事等多种功能,事务内容十分繁杂。因此随着赛马业的不断发展壮大,骑士俱乐部也逐渐暴露出决策缓慢、政策执行不力等缺点。随后为解决这一问题,骑士俱乐部在1993年又成立了英国赛马委员会(简称BHB),BHB负责战略规划、培训、营销和组织赛事等。2006年,骑士俱乐部组建了赛马监管机构(简称HRA),主要负责实施赛马业的监管和组织规则的制定,该组织和骑士俱乐部在功能上彼此独立。2007年7月BHB和HRA合并形成现在的赛马权威机构——英国赛马管理局(简称BHA),BHA接管了赛马赛事的所有管理业务,成为赛马业至今最权威的非政府管理机构。而骑士俱乐部则仅保留了经营其所属的14个赛马场、地产以及国家马场和赛马业福利保障等业务。骑士俱乐部在当年完成了向公司运作方式的转型。在剥离了赛马管理功能后,骑士俱乐部可更名正言顺地以营利为目的进行运作。根据骑士俱乐部的规定,从经营赛马场和地产所赚取的利润,重新投入赛马业,以保障赛马业的可持续发展。由此可见,英国赛马业的管理长期由民间赛马行业机构负责。

(4)经济价值

英国作为赛马运动的发源地,也是纯血马诞生的摇篮。赛马业在英国拥有三百多年的历史,是仅次于足球的第二大体育行业,在英国的产业经济中占有举足轻重的位置,是英国的第十大产业。2004年英国赛马彩票投注额高达208.77亿美元,居世界第二位。2005年英国赛马场的收入总额为3.87亿英镑,英国赛马业对国民经济的整体贡献达到28.6亿英镑。根据BHS发布的《2013英国赛马经济报告》显示,2012年英国赛马行业对英国经济的贡献约为34.5亿英镑,特别是对就业贡献巨大,直接产生17400个工作岗位(如骑手、马工、驯马师等)和67800个外围产业工作岗位(如赛马场餐饮、马匹运输、兽医等)。英国赛马行业主要的经济贡献分为核心产业、其他直接支出、间接影响三个部分。其中核心产业包括赛马场、媒体、马主、育马支出、赛马彩票收益等赛马核心产业,其他直接支出主要是马场外支出,间接支出是包括B2B间接支出和消费者间接支出在内的支出。英国赛马业的间接支出规模庞大,周边产业兴旺,占赛马行业总经济贡献的六成以上。英

国赛马业在带动农畜牧业等相关产业的发展上也起到了积极的作用,并且随着赛马业的兴盛和发展,使得英国的生物工程学科、兽医学以及与赛马业相关的各项学科和技术上都取得了令世人瞩目的突破和进展。

(5)赛马文化

英国人爱马、养马、赛马、赌马,其马文化拥有三百多年的历史,是上层社会的贵族文化精神,也代表着骑士精神。骑士精神曾经是以个人身份的优越感为基础的道德与人格精神,同时也积淀着西欧民族远古尚武精神。传承到今天,马文化所象征的是绅士风范和全民参与的文明休闲高雅的大众活动,主要是对英国民族祖先凯尔特人擅长骑马狩猎的文化传承。时至今日,英国马业已经发展成为世界领先的产业。英国有独特的英纯血马检测机构,而且拥有最先进的训练设施和最优秀的驯马师、骑手及育马专家。1791年威热比斯公司首次出版了种马全书,用于登记英纯血马的系谱。英国一年到头都会举办赛马赛事活动,每年赛马均超过1100次,英国赛马者、爱马者不断增多,近几年每年到赛马场观看比赛的人数都超过500万人次。

在英国的马文化里,马的形象被描述成高大、威武、健壮、勇敢和俊美的。"在基督教国家里,马为勇气和宽容的象征,守护国家、地方、行业的圣人。如英国的守护圣人圣乔治(Saint George)常常以骑马的姿态出现。"在英国人的心目中马是他们的保护神,象征着平安与好运。英国人将胸针设计成马头的拱形形状,作为护身符随身佩戴。再如,英国人还有在家门口挂上马蹄铁的习俗,因为马蹄在他们看来是一种吉祥物,可以给人们带来好运,去除邪恶。到现在,"在英国的婚礼上还会有人送马蹄铁或马蹄铁形状的配饰给一对新人,表示对他们的祝福。还有设计师把建筑楼群设计成马蹄形,住在里面的居民就会平安好运。这也是典型的英美习俗"。

3. 运行机制

(1)赛事活动

英国每年从1月1日到12月31日都有赛马活动,每年赛马一般都超过1100次,近几年每年到赛马场观看比赛的人数超过500万人次。以下为英国部分赛马比赛介绍:

英国国家障碍赛马大赛,被公认为世界上难度最大的越野障碍赛马,在每年四月的第一个周末举行,其特点是既考验马的速度、耐力,同时也考验马的跳越障碍的能力,参赛马匹数多也是一个特点,世界吉尼斯纪录就是1929年66匹参加的该项比赛,后出于安全的考虑限制到40匹以内。

英国经典速度赛系列是指五项G1一级赛,全部都是三岁马参加的赛事,能在这些赛事中夺冠非常不易,冠军马都备受推崇。如果获得其中三场冠军,也就是英国三冠王,则足以载入史册。这五场比赛分别是:①2000坚尼锦标赛,创立于1809年,通常在每年四月底五月初的周末举办。途程一哩(1609米),限三岁马(公马和母马,不包括骟马)参加。2016年的奖金已高达50万英镑。②1000坚尼锦标赛,创立于1814年,通常在每年四月底五月初的周末举办。途程一哩(1609米),限三岁母马参加。2016年的奖金已高达50万英镑。③叶森橡树赛,创立于1779年,通常在每年六月初的周末举办。途程2423米,限三岁母马参加。2016年的奖金已高达45万英镑。④叶森打吡,堪称全球打吡赛的"始祖",是英国奖金最高的赛事,也是英国经典速度赛里最著名的赛事。创立于1780年,通常在每年六月初举办。途程2423米,限三岁马(公马和母马,不包括骟马)参赛。2016年的奖金已高达132.5万英镑。⑤英国圣烈治锦标赛,创立于1776年,通常在每年九月初举办。途程2937米,限三岁马(公马和母马,不包括骟马)参赛。2016年的奖金已高达69.43万英镑。

(2)赛马彩票

赛马彩票是联系赛马业和观众之间的纽带,也是赛马赛事的重要组成部分,是能够吸引观众对赛马运动产生兴趣的有力手段,同时赛马彩票收益也是赛马产业的重要经济来源。英国政府通过立法手段承认了赛马彩票赛马的合法地位,使赛马产业进入了良性发展的轨道。英国除了在赛马场赛事举办当天有遍布各个角落的投注小站之外,还在整个英国境内设有8800个投注商店,专门为不能亲自赶往赛马比赛现场的消费者提供投注服务。政府通过在赛马彩票总投注额中收取的税金来增加财政收入,根据英国赛马管理局(BHA)2014年发布的赛马彩票税务支出的数据报告显示,2010—

2014 年间的年赛马彩票赛马平均纳税达到 72.12 百万英镑,占赛马产业总纳税额的 50.29%,赛马彩票赛马不仅增加了国民经济总产值,还为社会就业做出了显著贡献,每年英国赛马彩票业可吸纳的就业人数超过 3 万人。

(3)赛马相关法律法规

英国赛马发展历史较长,在此过程中为促进、保障赛马运动的开展、推广等,制定了一系列的制度。

注册彩衣制度制定的起因是由于同场比赛参赛马匹数量急剧增加,不但提高了赌注计算的难度,而且由于许多骑师身着颜色相近的衣服参赛,马匹本身的毛色也十分相近会干扰裁判员,使得裁判员更加难以判断比赛的最终名次。所以在 1762 年 10 月 4 日,19 名英国赛马会成员齐聚咖啡室,在彼此商议下规定了骑师彩衣的颜色、图案注册在马主名下,并选出了自己的彩衣式样。最开始注册彩衣由英国赛马会负责,后来由一家叫韦瑟比的公司负责。这家公司建于 1770 年,创立者是詹姆斯·韦瑟比,曾在英国赛马会做过 20 多年秘书。然而这家公司最重要的工作是纯血马的登记,由于纯血马本身的价值,必须通过登记的方式来确保其血统的纯正。1791 年,第一本《纯血马族谱》出版,之后每四年更新一版。

英国赛马会制定的赛马规则还包括让磅赛和依年龄负重原则,简而言之就是为了让比赛更有悬念,人为地给更优秀的赛马增加负重,使大家都有机会获胜。这两项都是由英国赛马会的第三任会长、前海军上将劳斯设计的。劳斯通过观察发现 2 岁马和 3 岁马看起来相似,但 2 岁马的耐力不如 3 岁马。因此他做了多项实验,让不同年龄的马匹带着不同的重量不断试跑,最终做成了一个表格来依据不同性别、年龄、比赛距离、比赛月份等因素进行配重。这个表格制定之后改变甚少,并广泛用于众多比赛。这些规则的建立使纽马基特的马赛得以公平有序的进行,之后又被其他赛场乃至世界各国采用。

英国赛马会的其他大事包括:1879 年,规定骑师必须持证上岗;1920 年,规定马鞍上要披上标有数字的外衣(类似球衣背后的号码);1966 年,首次允许女骑师持证;1977 年,首次允许女性入会。

二、美国

1. 起源与发展历程

美国的赛马运动从美国内战时期才开始成为有组织的运动,在世界赛马史上似乎显得较为年轻和短暂。随着工业经济的迅速发展,赛马活动出现了爆发式的发展,到1890年美国范围内已建成314条赛马跑道。赛马至今已发展成为美国仅次于棒球的大众参与度最高的第二大运动,各大城市都配有专业化、自动化的赛马场,赛马产业的年投入经费在五十亿美元以上。商业赛马在各州都具有合法的地位,得到法律承认及保护。商业赛马在议会有专职席位,可直接参与议会相关法律的订立、修改和补充。美国还创建了具有自身特色的赛马赛事和赛马文化,迅速在国际赛马舞台上赢得了一席之地。

2. 赛马产业规模

（1）赛马品种

美国花马,起源于欧洲,自从1519年西班牙的探险家首次登陆新大陆之后,这些征服者与他们的随从带着很多西班牙马来探索广大的土地。根据当时跟着探险队一起旅行的西班牙历史学家Diaz del Castillo描述,有一匹被叫作Pinto的马脚上有白色的标识,另外还有有许多黑白杂色的马,在黑色的身上有一些白色斑块,这是美洲新大陆最早关于花马的描述。花马在美国隶属于美国Pinto花马协会（PtHA）和美国Paint花马协会（APHA）两大协会。根据美国Paint花马协会的统计,1962年至2007年期间,该协会共有92.84万匹花马登记在册。全美范围内德克萨斯州的花马数量最多,约有4138匹;加利福尼亚居第二位,约有1945匹。据统计,2007年世界范围内除美国外,加拿大的花马数量以2418匹居第二位,德国、法国、意大利的花马也比较多,德国登记数目为554匹,法国为349匹,意大利为322匹。

关于花马的称谓业内一直没有准确说法,作为术语主要有以下几种说法:①黑白花马,该称谓在以英式英语为母语的国家十分普遍,就是黑马全身分布有白花的意思。②彩色花马,这一称谓在以英式英语为母语的国家也接受度较高。马身体上的花色除了白花以外,还有其他颜色,但没有黑色。例如最为常见的,栗毛马身上有白花,就叫作栗白花。在彩色花马中,较少见的是银鬃白花、兔褐白花、沙白花等花色。③花马,这一称谓术语也用于以英式英语为母语的国家,而在以美式英语为母语的国家一般将花马称作"品脱(Pinto)"。"Pinto"是外来语,来自西班牙语"Pintado",意思是"绘画的",在西部牛仔的土话中就变成了"花的"的意思。美式英语中还有个词叫"Paint horse",也指"花马"。总而言之,花马就是指上述所说的"黑白花马"和"彩色花马"。④三彩花马,指毛色中有三种颜色。如骝色马本身就是红、黑两色,如果体躯有白花则就成了三种颜色,叫"骝白花",这种称谓术语也出现在以英式英语为母语的国家。

关于花色的样式主要有四种类型:①淘比亚诺,"花马"中最普遍的类型。白花略呈圆形,四条腿整体呈白色,白毛向上穿过鬐甲和尾根之间的背部,一般大都是垂直的样式,全身白色多于暗色,最理想的分配比例是1:1。马的头部一般呈暗色,如有白章则和正常单色马的一样。淘比亚诺样式由显性基因控制,其遗传规律是"如果小驹为淘比亚诺样式,则至少父母之一为淘比亚诺样式"。②奥维罗,白斑轮廓分明,呈不规则状,一般为水平走向,全身暗色毛大于白色,脸常为白色,有时为蓝眼睛(即玉石眼)。白毛很少穿过马背,四肢多为正常的暗色。样式由隐性基因控制,即两个单一毛色的父母,可能生成一匹奥维罗样式的后代,人们把这种现象叫"意外事件"。③萨比诺,特点是有范围较小的白斑,比如腿白过高(前肢过膝盖、后肢过飞节),腹部有白斑,脸部白斑向后延伸过眼,或有单独的一块沙毛,或在白斑的边缘呈现沙毛状。④淘维罗,白斑样式为淘比亚诺和奥维罗样式的混合体,即具有二者的特征。比如耳朵周围为暗色,这种暗色可能扩展到前额和眼睛,单眼或双眼为蓝色(即玉石眼)。前胸部有暗斑,可能向上延伸到颈部。胁部有暗斑,这种暗斑可能向前延伸到胸廓,向上延伸至腰。尾础也有暗斑。根据美国 Paint 花马协会按照毛色样式统计的结果显示:淘比亚诺占35.91%,奥维罗占23.62%,淘维罗占5.43%,单色(非花马)占35.04%。

美国夸特马,简称夸特马。移民美洲的英国种马和西班牙种马的混种,最初担任拖犁、赶牛群和拉车的工作。它的名字来自其比赛能力,此马种擅长短距离冲刺,远远超过其他马品种在四分之一英里或更短距离比赛中的能力;其持续奔跑速度可达 55 英里/小时(88.5 公里/小时),英语中夸特(Quarter)就是 1/4 的意思,因此得名。是美国最受欢迎的品种之一,也是世界马协会上最大的登记品种。

夸特马最早起源于 17 世纪初期,当时英国殖民者引进了在爱尔兰、苏格兰生产的哈比和盖洛威品系的公马,与美国奇卡索印第安当地的母马进行杂交。这些进口的马的共同特点是速度快、体格小,其中最著名的进口马当属 1746 年在英国诞生的伊阿诺斯,它是哥德芬·阿拉伯(纯血马三大系祖之一)的孙子,1752 年由 Mordecai Booth 引进到美国弗吉尼亚州。这些英国殖民定居者经常通过举办赛马活动来自娱自乐。但由于他们主要在所住的小镇进行赛马活动,其主要街道一般都是一段不平的直道,并且距离很短,通常只有 1/4 英里或者更短。因此英国殖民定居者就培育短程赛马,要求赛马起步速度要尽可能的快并在短程距离里保持爆发的状态。因为培育的马都善于短途赛跑,因此逐渐形成了"著名的 1/4 英里赛马"。

夸特马以强壮的体格、结实的外形、发达的肌肉而著称。主要分两个不同的类型:①老式类型,即喇叭狗型(奠定了夸特马的基础)。②赛马型,此种马更接近于肌肉发育良好的纯血马。夸特马的体高大致为 14~16 掌。一般毛色都是单色,其中以栗毛居多,极少有白斑;头短且宽,口吻短,耳小,鼻孔大,眼睛间距宽,颌骨宽而界限分明;颈部丰满、长度中等,颈脊薄,甲中等高度、界限分明,与深而倾斜的肩部结合良好,下腹线到肷部升起整齐;胸廓深而肋骨隆起良好;前肢有力肢势略宽,胸深而宽,后肢里外两侧肌肉丰满;后膝非常深,后躯重而富于肌肉;管骨短,系部中等长度,飞节距离宽、深而直,蹄圆形有深而开放的蹄踵。夸特马是非常快的马,平衡感好而机敏。起跑时,速度快,善于急转弯。头脑冷静、善良、稳健。

夸特马不但在赛马中表现出色,而且在西部牛仔运动马、役用牧牛马、马展等方面上也有不俗的表现。夸特马的特点非常适合于截牛、绕圈、绕桶

赛、套牛犊及其他的西部骑乘赛事。

(2)赛马场

美国各大城市都有赛马场,且多数都建在交通便利、场地开阔、绿草如茵的城郊。美国有154家持有商业投注执照的赛马场,约占全球总数的8%。其中最著名的有:纽约州的阿克维杜克、贝尔蒙特、萨拉托加赛马场;肯塔基州的肯兰德、教会山的黎明赛马场;伊利诺斯州有霍多伦和阿尔顿赛马场,该处一个赛季里能测验两千多匹马;马里兰州著名赛马场有彼姆里克和罗列尔,在那里举办华盛顿国际奖赛马;在加利福尼亚州,有圣阿尼塔赛马场;而在佛罗里达州,有哥里夫斯特里姆赛马场。同时,美国赛马场的服务组织也十分健全,1988年全美注册有168个马匹调教中心,对马匹进行预备调教、性能调教以及竞赛准备。有160个设备先进齐全的兽医院和康复中心为赛马场服务,70个专门公司对马匹血统进行严格检测,13个实验室设计营养物质、微量元素和维生素均衡马匹口粮,以及专业公司提供饲料、垫草,设计生产马厩、防护栏等。

美国的赛马场并不是专门为贵族所设的高消费会所,赛马场的门票价格非常低廉。赛事日的套票价格包括自助餐费、座席费和泊车费,仅仅售价25美元,零散客人座席门票售价2.5美元,有的赛马场位置稍微偏远,甚至不要门票。素有"蓝草马都"美誉的肯塔基州是肯塔基和林肯的故乡,但是爱马人士开始了解它却是因为蓝草。四月伊始,草地上蓝紫相间的新生蓓蕾在太阳光的照射下呈现出鲜亮的蓝色,就是神奇的蓝绿茎牧草。据说,由于地质原因,这里的土壤含有一种天然的钙质元素,非常适合草的生长,也非常适合饲养马匹。赛马是这里最吸引人的传统体育活动之一,发达的赛马文化,使这里几乎每月都有赛事甚至贯穿全年。每年四月底至五月初是最重要的赛马日,特别是五月的第一个星期六,在路易斯维尔的丘吉尔丘陵草地举行的肯塔基赛马会更是肯塔基的大赛事。赛马业带动了当地马业各个链条的发展,历史最悠久的Mercer Country赛马交易会、莱克星顿初级马展示会和全美知名的Shelbyville马展,都吸引着全球的爱马人士蜂拥而至。除了牧草,肯塔基州最有名的就是马。美国历史有多长,肯塔基州有关马的历史就有多长。这里是全球良马的故乡,历来盛产拥有超凡耐力的纯血赛马和美国精英马种温血马等脚底生辉、奔跑神速的赛马,赛马场更是比比皆是。著名的肯塔基骏马公园是 2010 世界马术大赛的举办地,拥有 55 个品种的马匹,几乎每天都在进行不同的马术表演和比赛,还有骑马观光以及各种令人兴奋的马上项目。这个公园拥有各种各样的马术场地、马球场地等,每年一届的肯塔基劳力士马术三项赛也在这里举行。

(3)赛马组织管理机构

美国的赛马活动有门类齐全的联邦行业组织:即美国赛马会,美国马术协会,美国纯血马赛马协会,第三州政府设有专门的赛马管理机构。马里兰州设有"马里兰马业董事会",隶属于马里兰州农业部。肯塔基州设有"肯塔基赛马委员会",隶属于肯塔基州环境和公众保护委员会,该委员会的董事由州长任命。每个赛马场还设有赛马执事委员会,承担着相当于裁判的任务。这类机构或由政府出面组成,职务由公职人员担任;或机构独立于赛马场,职务由社会名流贤达组成,以确保赛事的公开性、公平性和公正性。

(4)经济价值

美国的赛马业是一个非常多元化的产业,发展至今已成为美国国家、州、地方经济中十分重要的组成部分。其特点表现为形式多样、范围广,且与农业、工业、体育产业、休闲娱乐业等多个产业领域相关联。因此,各州对赛马业都非常重视。例如,马里兰州农业部为了促进国际合作,增大马匹、马产品的出口,每年都会邀请很多国家的同行前来观摩赛马、考察交流。

以 2005 年为具体例证,美国赛马业贡献达到 261 亿美元,展览马业贡献 287 亿美元,休闲娱乐马业 319 亿美元,赛马带动的其他产业 146 亿美元,整个马产业对美国的国内生产总值贡献总计为 1015.8 亿美元。2005 年美国马业提供了超过 140 万个全职工作岗位,数量要多于铁路、广播电视、石油和煤炭生产业以及烟草制造业等行业。

(5)赛马文化

美国赛马产业发达的同时,马教育、马科研、马出版、马媒体和马艺术等与马业相关的文化产业也随之发展壮大起来。在美国养马业发达地带的各

个地区,很多大学开设了马术运动、赛马场经营管理等与赛马相关的专业,并设有非专业的可获得学分的"马骑乘"等选修课程。多所学校和培训班提供养马业专业技术人员和马匹管理人员的专业培训。可以说马文化在美国根深蒂固、高度普及。

著名的马电影节,由 Lisa Diersen 于 2013 年在美国伊利诺斯州的圣查尔斯创立,是世界上首个以马为主题的电影节。展出作品包括国内外以马为主题的故事片、纪录片、短片、MV、广告、培训教材、文学和艺术作品等。主办方表示:"我们相信电影能够以一种最引人入胜的方式讲述故事,所以我们让故事的叙述者们来分享他们独特的故事并制作成电影。将电影节搬到纽约这个世界的中心来,也是为了让各行各业的人们了解到这些振奋人心的故事。"

3. 运行机制

(1)赛事活动

美国的赛马赛事非常多,数量居全球第一,每年能够达到 10 万多场次,是第二位澳大利亚的 3 倍。平均每个赛马场每年举办赛事达 710 多场,即便是在并不富裕的西弗吉尼业州,一个小型的 Charlestown 赛马场在 2007 年就举办了 235 场赛事,并向全美和加拿大进行了直播。

美国最流行的赛马形式是在距离 3/4 英里到 2 英里的平地场上进行的纯种马比赛。其他的主要赛马形式还包括:障碍赛马、驾驭赛马、1/4 英里的速度赛马。在众多赛事中,一些赛事甚至成功办成了城市的名片。例如肯塔基路易威尔市的赛马,每年都吸引无数旅客以及各界名人前来观看。美国历史上曾经有多位总统到现场观看肯塔基赛马会,好莱坞著名演员帕米拉•安德森、篮球明星飞人麦克尔•乔丹都是肯塔基赛马的常客。2007 年 5 月,英国女王伊丽莎白二世 16 年来首次访问美国。在与布什总统会晤之前,伊丽莎白二世夫妇去观看了举世闻名的肯塔基赛马会。肯塔基赛马会的新奇吸引了众多名流,而名流们的蜂拥而至则为肯塔基赛马会吸引了更多的观众。

著名的赛事还有美国赛马三冠王大赛,每年的五月至六月举办,三岁马须在短短五个星期内赢得包括肯塔基打吡（2000 米）、必利时锦标赛（1900米）以及贝尔蒙特锦标赛（2400 米）共三项国际一级赛。1930 年在美国赛马报纸上首次使用 Triple Crown 称呼当年胜出肯塔基打吡、必利时锦标赛以及贝蒙锦标赛的三冠马王 Gallant Fox。1935 年再次出现胜出此三项大赛的马匹时，各方媒体正式称当年三冠马王 Omaha 为三冠王 Triple Crown，此称呼快速普及至全球各赛马大国，正式成为竞赛马界夺得该国三岁马经典三项重要赛事冠军的马匹的尊称。

（2）赛马彩票

美国的赛马彩票市场规模巨大，是仅次于日本的第二大赛马彩票大国。全美有 154 家持有商业投注执照的赛马场，年平均投注总额超过 100 亿美元。美国大部分赛马场采用一星期五天的竞赛制度，并且一整年都有竞猜赌马活动。2015 年美国赛马彩票投注额超 106 亿美元，其中场外投注额达95.5 亿美元，占投注总额的 90%，场外投注已经成为最主要的投注方式。美国的赛马与马彩采取合营模式，以州为单位进行，但竞猜赛事可以跨州，甚至可以跨国。各个州的赛马管理体制不尽相同，由州政府负责颁发经营赛马彩票业的许可证。投注类型主要有三大类，分别为单场单马投注类型、单场多马投注类型和多场投注类型，三种投注类型的难度依次递增。美国大众参与投注的比例非常高，投注的筹码却比较小，投注额起点仅为 1 美元，十多万人入场参与的大赛马活动每场投注额大约为 30 万美元。市内投注站也为不能亲临现场的人们参加赛马活动提供了极大的方便。美国大众参与马赛马彩票活动的气氛轻松休闲，并没有中彩之后的狂欢，也没有输红了眼、气急败坏的赌徒。从全美投注总额、人口总数和人均国内生产总值水平来看，公众对马赛、马彩票的热情主要源于对赛马活动的传统以及文化的精神愉悦享受。

（3）赛马相关法律法规

美国是联邦制国家，赛马及彩票由各州管理。商业赛马在各个州都具有合法的地位，受到地方法律的承认和保护。美国国会和联邦政府不参与商业赛马的立法和行政管理，美国全国性赛马、育马协会一般也不直接干涉

美国各个州的赛马相关活动,而是通过各个州的对口机构间接发挥作用。赛马产业在州议会有自己的代表和专职议会游说师,直接参与赛马相关法律的订立、修改和补充。美国赛马业业内有着规范严谨的赛马规则,由亚利桑那大学制定的赛马规则具有广泛的代表性和参考意义。

三、澳大利亚

1. 起源与发展历程

澳大利亚人爱马的传统来自于一段关于勇气、关于澳大利亚立国根基的往事。20 世纪初战争乌云遍布全球的时候,同盟国与协约国两大阵营摩拳擦掌,而澳大利亚的政坛也十分动荡。1914 年 8 月 4 日,协约国首领英国正式对德国宣战。澳大利亚宣布给母国(英国)无条件援助,并准备派遣 2 万远征军参战。当时随远征军出战的还有 12 万匹战马,那是全国人民,包括八十多个大庄园主捐出来的。澳大利亚的战马是纯种马、阿拉伯马、开普马、蒂汶小马的混种,名字叫"Waler",最早是从新南威尔士州培育出来,所以也叫"New South Walers"。这种马的特点是非常善解人意,适合在极端艰苦的条件下作战。当时的装甲坦克数量不多,且设计简陋,在复杂的地形条件下,远没有"Waler"好使。很多大农场的子弟,更是带着自己心爱的战马出战。战马对远征军的帮助被证实非常巨大,不仅冲锋陷阵,搬运粮食武器也是以马为主。有些主人在战场上受了伤,昏倒在马背上,是马把他们驮回营地得到了救治,最终迎来了战争的胜利。在此之前的一百多年,澳大利亚是没有参加过任何战争的,在这之后,澳大利亚真正有了国际地位。但由于当时政府太穷,承受不了运回战马的费用,而且据说也怕它们带回病毒,12万匹战马除了一匹叫"Sandy"的战马被带回墨尔本,其余全部被屠杀,有不少是主人亲手把它们杀死,就算下不了手也会有军代表代劳。这一幕非常惨痛,澳大利亚人从此觉得亏欠马太多。2014 年,导演 Russek Vines 翻出很多历史资料拍成了一部名叫《The Waler:Australia's Great War Horse》的电影。看过这部电影的人表示:"任何言语都无法表达作为澳洲人的骄傲,如果你是澳洲人,建议一定要看看这部不可思议的电影。特别是我们现在还在享受当时打下来的一切。"

2. 赛马产业规模

(1) 赛马品种

澳大利亚没有自己的马品种资源,现有的马匹都是殖民者带来的马匹繁育而来。作为赛马业的新兴国家,澳大利亚马业近年发展势头很足。

澳大利亚放牧骑乘马,它的祖先可以追溯到第一批从欧洲、非洲和亚洲到澳大利亚的马。澳大利亚放牧骑乘马在整个澳大利亚的牧场都被广泛使用,战争期间它是世界上最受欢迎的骑兵马。第一次世界大战中尤其是对土耳其的战役,使得它作为世界上最优秀的骑兵马而闻名。阿拉伯马和纯血马对于澳大利亚放牧骑乘马的影响很大,后来随着佩尔什马和夸特马血统的加入,使得它成为拥有多功能的一个品种。由于澳大利亚放牧骑乘马的多功能性,在许多竞技训练中都有使用,包括马球、马球、盛装舞步、野营/露营(澳大利亚的一种运动,类似于美国的西部骑术)、表演跳跃、马术比赛和耐力骑术。澳大利亚放牧骑乘马的身高一般是 14~16.2 手(56~66 英寸,142~168 厘米)。马的颜色也是多种多样,所有的颜色都可以被接受。澳大利亚放牧骑乘马具有纯血马头部的特征,表情丰富,眼睛大、前额宽阔;脖子很长,拱起;倾斜的肩膀,背部强壮有力,强壮的后驱,蹄子很硬。这种品种非常耐寒,强壮健康,很少有跛足或足部问题。这种马以耐力强、动作敏捷和良好的性情而著称。

(2) 赛马场

澳大利亚早在 2003 年就有二百万的座席和 379 个赛马场。其中著名的澳大利亚皇家兰德威克赛马场位于新南威尔士州,距离悉尼市中心商业区约 6 公里,在兰德威克郊区,由澳大利亚赛马俱乐部运营,是悉尼赛马爱好者的常去之地,被认为是澳大利亚,乃至世界范围内的最佳赛马场之一。兰德威克赛马场非常广阔,周围一系列颇具历史和传统特点的建筑与现代化的高级餐厅和酒吧相互映衬,视野极佳。马场覆盖面积达 202 英亩,由 8 条赛道组成,最多可容纳 600 匹马。其中,肯辛顿赛道周长达 2100 米,经常用来

比赛、训练和漫步,这是悉尼第二大赛道,那些沙道则主要用来训练,而科林德赛道和 B 级草道通常用做热身赛。在 150 多年的时间里,宏伟壮丽的兰德威克赛马场一直都是悉尼最棒的纯种马比赛场地,这种被认为"国王的运动"的顶级赛事经常在这里举行。除了赛马,兰德威克赛马场也被用来作为举办音乐会和宗教活动的场地。马场最早的历史可以追溯至 1833 年,最初被称为"悉尼赛马场",1838 年迁移至霍姆布什,1842 年在此建立澳大利亚赛马俱乐部之后,1860 年又重新迁回到这里,1992 年伊丽莎白女王批准这里成为皇家兰德威克赛马场。兰德威克赛马场也被用来作为新南威尔士大学进行相关考试的比赛地点。此外,每年的未来音乐节也在这个赛马场举行。

(3)赛马管理组织机构

澳大利亚赛马由澳大利亚赛马部掌管,由澳大利亚各州的主要赛马协会协助管理。马术联合会有 500 个登记在册的俱乐部,13800 位会员以及 28500 匹登记在册的赛马。

澳大利亚维多利亚赛马俱乐部成立于 1864 年,由维多利亚赛马俱乐部(1852 年创办)和维多利亚赛马会(1857 年创办)演变而来的,有着悠久而光荣的历史。澳大利亚维多利亚赛马俱乐部位于澳大利亚最著名的赛马场——富雷明顿赛马场,自创立以来一直坚持优秀的赛马传统,是澳大利亚首屈一指的赛马俱乐部。目前,维多利亚赛马俱乐部有 170 名员工。此外,俱乐部雇用了一个规模相当大的专业团队运行每赛季 23 场大型比赛,其中包括世界著名的"墨尔本杯"。

(4)经济价值

澳大利亚的赛马业仅次于羊毛和煤炭,成为国家第三大产业,其雇用的职工人数居全国各个行业中的第五位。多年来,澳大利亚的赛马业对经济发展发挥了重大的作用,为整个健康和体育事业筹集了大量资金。促进了相关产品的发展,促进了经济繁荣。

纯种赛马是澳大利亚第三大特色运动,排名在澳式足球和板球之后。以赛事为核心的赛马运动,所带来的赛马彩票收入、版权收入、门票收入、赞助收入等直接收入惊人,同时也带动了上游马业全产业链的发展。澳大利亚马业提供了 25 万个全职或半职的工作岗位,大约 30 万人直接拥有或作为参股,在澳大利亚投资 31000 头赛马用以训练。

(5)赛马文化

赛马是澳大利亚文化的一部分,大部分澳大利亚人尝试过各种马术项目。在澳大利亚,40% 的骑手从事场地障碍、盛装舞步、三项赛、牧人竞技、耐力赛、马球、休闲骑乘,而 60% 马界从业者都和赛马相关。澳大利亚的赛马场比世界上任何一个国家的都多,基本上每个城市的市中心都建有大型的赛马场,甚至在各个州和乡村都建有许多中小型赛马场。对于澳大利亚人来说,公众对赛马尤其是墨尔本春季赛马节、秋季赛马节,以及墨尔本杯、维省橡树大赛、考菲尔德杯和爵士盾也具有浓厚的兴趣。

澳大利亚人喜欢赛马,富豪们除了豪宅、高尔夫、游艇、私人飞机之外,买个农庄,养几匹名马也是标配。每个周末到大赛场去看速度赛马,是他们最高档的社交方式。每年的墨尔本杯是国际知名的赛事,也是澳大利亚的全民节日,门票早早售罄,如果能有幸出席,即使你没买彩票赌两把,也是很有面子的事。赛马是与财富、房产紧密相连的一种活动,赛马在澳大利亚人心中的意义已远远超过了体育竞技。它更成为各个阶级、不同领域的人交流和融合的方式,一场时尚的盛宴,一次酣畅淋漓的狂欢。关于马的文化,对于马的热情,早就扎根在澳大利亚人的骨髓里。

3. 运行机制

(1)赛事活动

根据澳大利亚赛马官方信息和数据表明,澳大利亚拥有世界上数量最多的赛马,是举办赛马赛事数量第二的国家,仅次于美国,形成了一批具有特色且影响力巨大的品牌赛事。

澳大利亚打吡赛马比赛,每年四月在悉尼皇家兰德威克赛马场举行,比赛距离 2400 米,目前单场比赛总奖金是 200 万美元,只允许三岁马参赛。澳大利亚打吡大赛最初的比赛距离是 1.5 英里,1972 年改为 2400 米,以符合指标体系。历史上第一场澳大利亚打吡赛马是在 1861 举行的,Kyogle 获得了冠军,当时比赛被称为"兰德威克打吡大赛"。1865 年比赛的名字改为澳

大利亚 AJC 打吡锦标赛（AJC 即 Australian Jockey Club），然后从 1873 年到
1993 年它被称为"AJC 打吡大赛"。真正一直沿用现在的赛事名称是从 1994
年开始的。阉马在 1932 年至 1956 年期间禁止参赛。澳大利亚打吡赛马最
初是悉尼春季赛马嘉年华的一部分，1979 年改到当地时间的秋季进行，是澳
大利亚首屈一指的赛马比赛。

墨尔本杯赛马节是目前世界上最知名、历史最悠久的国际性赛马节。
一年一度的墨尔本赛马节于每年 11 月的第一个星期二开幕，这是一个与赛
马相结合的地域性节日，已有近 150 年历史。1861 年活动开办之初，有 17
匹马参加，路程是 786 公里，4000 人观看。而现在已发展到有数十万人次来
到弗莱明顿跑马场观看，并吸引了来自 120 个国家的 7 亿电视观众收看现场
直播。墨尔本赛马节不仅成为让全澳州人的社会和文化传统，也成为最负
盛名的国际赛马节之一。节日前后会举办持续 8 天的嘉年华会，这是一个与
赛马相结合的包括美食和时装秀在内的娱乐性极强的社交活动。期间，最
主要的活动是四次赛马大赛，其中墨尔本杯赛当日被定为维多利亚州公共
假日。第一天的比赛包括男士传统赛马时装比赛；第二天就是墨尔本杯赛，
还有女士的时装帽子比赛，这一天也俨然成为一年中最重要的社交活动之
一；第三天也叫"女人们的节日"，包括女士时装的决赛；第四天是全家放松、
共同欢庆的日子，包括儿童时装表演。墨尔本人对于这个节日的感情是相
当深厚的。由于墨尔本杯的巨大影响力，凡在赛上夺冠的赛马，就成为全澳
大利亚人的宠物。节日当天，澳大利亚人通常不是去弗莱明顿赛马场就是
去各地的酒吧。这些酒吧都有专门赌马的卫星频道，一边喝酒一边聊赛马
是当地男士的标准活动。女士们则大多选择进马场，不光是去看马的，也是
为了马场里的"时装比赛"。

澳大利亚赛马蓝宝石锦标赛是供 3 岁及以上母马参加的国际二级赛，路
程为 1200 米，在悉尼皇家兰德威克赛马场举办，是澳大利亚赛马锦标赛系列
赛事之一，总奖金 30 万澳币。蓝宝石锦标赛的首届赛事是从 1998 年开始举
办的。在 2010 年的时候，该项赛事曾更名"Lady Sonia McMahon Memorial
Stakes"，因为当年 4 月澳大利亚第 20 任总理 Sir William McMahon 的遗孀

Lady Sonia McMahon 逝世,赛事为了纪念她特意更名。

澳大利亚橡树大赛是供三岁母马参加的,路程为 2400 米的国际一级赛,总奖金为 100 万澳元,赛事从 1885 年就开始举办。每年在澳大利亚赛马锦标赛期间举行。

澳大利亚赛马珀斯薛基锦标赛,是作为 2 岁母马参加的 G3 纯血马赛事(国际三级赛),比赛路程为 1200 米,总奖金 50 万澳币,在悉尼皇家兰德威克赛马场举办。同时,这也是澳大利亚每年秋季盛大的澳大利亚赛马锦标赛系列赛事之一,通常会与"悉尼杯赛"同日进行。珀斯薛基锦标赛最早是为了纪念澳大利亚赛马会前主席 Keith Mackay 而设立的,从 1960 年赛事举办起,一直到 2013 年赛事名称都叫作"Keith Mackay Handicap"。在 2014 年,澳大利亚赛马会提升了该赛事的奖金,并且正式作为澳大利亚赛马锦标赛系列赛事之一。

澳大利亚赛马草上女皇锦标赛是供三岁及以上雌马参加的 1600 米国际一级赛,总奖金 100 万澳元,赛事自 1972 年开始举办,一直在玫瑰岗赛马场(Rosehill Racecourse)举行,2008 年短暂在 Canterbury Park Racecourse 举办。自 2014 年起,每年作为澳大利亚赛马锦标赛系列赛事之一在悉尼皇家兰德威克赛马场举行。

(2)赛马彩票

澳大利亚是世界第五大赛马彩票国家,其赛马业起步较弱但发展壮大到现在已经成国民经济的重要组成部分。澳大利亚《金融评论》在一篇专文中写道,赛马业是澳大利亚的第三大产业,仅次于羊毛和煤炭业,它所雇用的职工人数在全国列第五位,即赛马及相关领域可以提供 13 万余个专职工作。由此不难看出,赛马业在增加就业岗位上的贡献是巨大的。就 2004 年来说,澳大利亚全年的大小速度赛马日共有 33901 个,赛事超过 20000 场,参赛的马匹逾 20 万匹次,仅依靠赛马活动生存的家庭粗略估计已达 16 万,可见赛马在澳大利亚民生中所占的地位。

(3)赛马相关法律法规

澳大利亚对赛马入境检验检疫有着严格的规章制度。要求马匹在入境

前必须在澳大利亚检验检疫局(AQIS)兽医顾问团和其他官员的监督下进行隔离检疫。隔离前还要对赛马马匹注射马流感疫苗加强免疫,进行马传染性贫血、焦虫病检测,并进行蜱的检查和处理。马匹抵达机场后,需要在机场的临时马厩内观察12~24个小时之后才能够乘飞机离开,马匹运载栏在设计上保证了良好的空气流通,随同的兽医和检疫官在飞行途中和到达后,每一个小时就要对赛马进行一次检查。赛马到达后的第5天晚上,检验检疫局官员检查马具、装备和兽医用卡车,以保证其符合进口要求。在隔离期间,对所有进出车辆实行严格的防疫消毒,隔离区饲养员须穿专用的工作服。此外,隔离区内配备有训练场地,骑手等训练人员须在当地检疫官员的监督下确保各项防疫措施均得到落实,并更换衣服后方可接触马匹,其他无关人员一律不准进入隔离区。澳大利亚为大多数疫病的非疫区,故在制定政策时更加注重防止他国赛马入境时携带外来疫病,导致疫病在本土的传播。因此澳大利亚针对赛马入境采用的标准更加严格、细致,对马匹来源和检测要求也较高。

四、德国

1. 起源与发展历程

自古以来马匹就是德国国家实力强弱的最主要的指标之一,拥有马匹的数量直接反映了国家的实力。骑士时代,一匹血统纯正的军马,其价值甚至可以是一个骑士封地数年的产值。曾经有人做过统计,如果用当时的货币价格折算,再联系各时期的购买力,在骑士时代一匹高级军马的价值约等于今天二三辆顶级跑车。在早期的德国,马的贡献更多的是体现在耕作与运输上。在相当长的时间里,马都是运输的绝对主力,德国的马车行业甚至形成了类似于今天出租车的运营方式。而在耕作方面,德国的本土马本来是不适合耕作的,但德国人通过引进优秀的农用马品种对当地马匹进行了改良。但实际上战争才是马最出彩的舞台,在第一、二次世界大战时,德国对马的使用达到了巅峰。1940年到1943年间,德国从其本土和各占领区征集了约120万匹马,由于德国原油产量的巨大限制,马队的运输就成为前线补给的绝对主力。在机械化程度极高的二战过程中,德国陆军却依旧以19世纪的战术补给方式来进行这场战争。战争时期马匹的大量死亡,导致德国农业生产力急剧下降,这也是德国战后的饥荒的直接原因之一。后来德国的马业在20世纪60年代得到了恢复。目前德国马匹的数量是40年前的4倍,超过了100万匹。政府在过去近二百年的时间里,大力扶持德国马的育种。建立了属于联邦州的国有马场,直到现在,这些马场中还有许多品质优良的混血马和纯血马。实际上,德国的公马由政府统一管理,以保证马匹的血统纯正,而母马则是马主私人拥有的。

2. 赛马产业规模

(1)赛马品种

德国在马术竞技领域对于马的甄选是全欧洲最严格的,德国的马匹从幼驹开始,要分别经过6个月龄和2岁的体质以及运动性能的检测、马术运动及跳跃性能的测试、公马的性能测试等多个环节的测定。如果要参加世界性赛事,比赛马更是万里挑一。

汉诺威马是德国最优秀的温血马,彻彻底底的德国马,起源于德国北部的下萨克森地区,那里已经有超过400年的育马历史。汉诺威马突出的运动天赋使其在世界各大比赛中屡屡夺魁,塑造了战无不胜的王者形象。既可以作为跳跃表演马,也可作为花式骑术表演马,不仅如此,汉诺威马在盛装舞步和障碍赛比赛中也有着丰硕的战绩。在可以繁殖后代之前,每一匹马都经历了严格的筛选,有一点点问题都会被淘汰。

外形特征:汉诺威马从外观上看起来像是中到重型的纯血马或是杂种的猎马。三百年来汉诺威马逐渐因为市场的需求而被改变,可以说是世界上最复杂的混合血统的马。汉诺威马有中等大小的头,挺直或有一点凸起的侧面,表现着沉着的天性与气质,有的会有一点纯血马的长相;耳朵长度中等,外形与指向良好;眼睛大,表情丰富;颈部的长度从中等到略长,发展良好、优美;胸部富有肌肉,胸线深;鬐甲相当明显,倾斜角度良好;背有一点长,但是强壮;腰与后驱的肌肉发达。汉诺威马的腿特别好,能走出长且有

弹性的步幅,这也是它出名的特点。它的脚很大、轮廓清晰,上肢较长、下肢较短,所以步伐比较坚定。汉诺威马通常有较多的白色标识。汉诺威马多半是一致的金黄骝色,脸上与脚上会有白色标识。身高通常介于154～173厘米,平均在163厘米左右。

特雷克纳马是华丽的表演用马,因其天生的优雅与平衡能力使特雷克纳马在做各种马术动作时能走出轻盈的快步。它的后驱肌肉发达,强壮有力,使得它们在障碍跳跃上同样表现优异,擅长花式骑术和跳跃。特雷克纳马最出色的特质应该是它的性格,亲切温顺,头脑冷静,且聪明伶俐学习东西极快。它集合了所有高级骑乘马所需要的品质,却没有纯血马那么难以驾驭。

特雷克纳马是温血马,但它们掺杂有纯血马与阿拉伯马的血统,又有重型马与小型马的血统。这样的混血创造出飞快的速度与极强的跳跃能力,敏捷流畅的体态。它的耳朵中等略长,指向良好、机动;胸部中等略宽,胸线深,富有肌肉;鬐甲中等略高,背部挺直、短、强壮;肌腱轮廓分明,在膝盖与飞节上方有发达的肌肉。特雷克纳马的毛色有棕色、骝色、栗色与黑色,白色很少见,没有花色或混色。它的身高通常在163～173厘米之间,平均约165厘米。

荷尔斯泰因马(霍士丹马)起源于德国最北部的史尼斯·荷尔斯泰因省,这个地区是德国培育马匹最成功的地区之一,而荷尔斯泰因马也是温血马培育过程中最成功的典范,更是德国的骄傲。为了保障优质的品种,荷尔斯泰因马年产育种量只有五千匹左右,占德国总马匹养殖数量的6%,是欧洲最小的血统簿,但却天生具备优秀的运动才华,是马术界中公认的最具运动表现特色的代表品种,在世界范围内重大的马术赛事中都有它的优美姿态和傲人成绩。

荷尔斯泰因马身高大致为165～175厘米,中等体形,弯曲的颈部长在角度适当的肩上,头部大,喉咙的轮廓鲜明,使得它的呼吸顺畅,项部机动。耳朵很长,指向良好;眼睛很大,看起来很亲切。这样的外形很容易做到"自我承载",这是现代马术运动必要的优美表现。荷尔斯泰因马可说是世界上最好的马术运动马之一。

奥尔登堡马,也叫奥登堡马,是德国温血马中最高和最重的,有着良好的步态和跳跃能力。它起源于德国奥尔登堡,是世界盛装舞步中的佼佼者,在各大马术赛场享誉盛名展示着优雅之姿。17世纪,奥尔登堡地区的马小而普通,但较为强壮,用来在弗里西亚海岸的沉重土壤上工作。这些马是奥尔登堡马的基础。1820年在国家监管下,对种马进行强制性的检查。这些过程使育种者能够迅速地根据市场需求对马进行塑模。奥尔登堡马成为时尚的、高抬腿步伐的马车马,被出口到很远的地区。伴随着机械化进程,奥尔登堡马的角色从马车马、火炮马、农场马转变为休闲娱乐马,饲养者们开始转变方向,像生产马车一样生产奥尔登堡马。大量的纯良种马被用来改良奥尔登堡马的血系。奥尔登堡育种协会接受各种各样血统和颜色的种马,他们唯一标准是种公母马必须拥有盛装舞步和障碍跳跃马的质量。因此,奥尔登堡马在盛装舞步和跳跃式的训练中表现非常出色。

现代奥尔登堡马的特征可以通过左臀部的"O"和"皇冠"品牌来识别。在标志下面是马的编号的最后两个数字。官方烙印只能在2岁之前被放在奥尔登堡马身上。在颈部的顶部植入一个数字芯片是另一种识别方法。奥尔登堡马的理想身高在16~17.2手之间(64~70英寸,163~178厘米)。大多数是黑色、棕色、红褐色或灰色,也有栗色、奶油色,但是比较罕见。通常会有白斑,甚至也会有花色的。基因的突变使得几年前曾有几乎是白色的奥尔登堡马出现。

巴伐利亚马(Bavarian Warmblood),是德国南部的一种古老而纯正的温血马,它是由一种叫"罗特拉(Rottaler)"的古老的重型马培育而来的。德国所有温血马的培育最终目的都是将原本农耕所需的马匹转化为为奥林匹克运动和休闲骑马所需。巴伐利亚马的身影在国际马运动的竞赛中随处可见,包括三日赛、障碍赛和盛装舞步。除此之外,它也是综合驾驶运动中的良将,曾屡次跻身世界杯参赛队伍。

巴伐利亚马的血统中,汉诺威、特拉肯纳种马等都对其起到了一定的影响,当然还有其他纯种马(例如阿拉伯马),所以今天的巴伐利亚马的血系可

以说是由所有德国温血马共同组成的。这个品种有各种颜色,最受欢迎的是深色、纯色。它比较理想的身高在 15.2~16.2 手之间(62~66 英寸,157~168 厘米)。巴伐利亚马在形态、结构、动作、跳跃能力等多方面和其他德国的温血马品种都十分相似,步态有节奏充满活力,步幅优雅,膝盖的动作自然而富有弹性。

（2）赛马管理组织机构

德国马术协会(FN)是德国管理马术运动与马匹繁育的全国性组织。成立于 1905 年,至今已有一百多年的历史。1913 年德国马术协会成为国家奥委会马术项目成员。1927 年加入国际马术联合会(FEI)。德国马术协会是德国奥委会旗下排名第八的运动组织,有八大项马术项目(如:盛装舞步、场地障碍、三日赛、驾车、马背体操、绕桶、残疾人马术和越野)在德国马术协会的统一管理之下。在德国马术协会注册的 7560 家骑术俱乐部中有大约 69 万名会员,其中女性会员和年轻骑手的比例很高。

（3）赛马文化

德国学习马术的孩子从很小就开始体验和马在一起的快乐,对于孩子们的教育,德国人更看重他们是否在这个过程中享受到了乐趣。野骑和俱乐部教学相结合被视为一种较为平衡的教育方式,德国的马术教育体系为各种骑术水平的小骑手提供参赛的机会。这些小骑手来自各式各样的家庭,父母会花时间陪伴孩子学习骑马、参加比赛、带孩子挑选更高水平的马术教练。父母之所以鼓励孩子成为一名骑手,很重要的一个原因就是在这个过程中,有马匹的相伴,孩子能养成很多积极健康的品质,除了锻炼核心力量、平衡、增进整体身体健康水平外,还能教会小孩子很多人生技能,比如做决策、思考、交流、设定目标、解决问题的能力。和马匹一起并肩作战也能教会孩子学会照料他人、分享、为他人着想,这个他人包括参与到比赛过程中所有的人员,如马工、马房管理者、教练、家人和朋友,自己的同伴亦竞争对手,当然还包括与孩子们并肩作战的马匹。

五、日本

1. 起源与发展历程

日本的赛马始于大宝元年(701年),最早是一种庆祝端午节的仪式活动。1093年,在京都的贺茂神社举行了首次祭典赛马随后逐渐繁荣起来,发展到全国规模,最后成为几乎所有的主要神社佛寺都要举办的仪式。1862年,由居住在横滨的外国人组织了所谓"西洋赛马",这种"西洋赛马"被认为是现在日本赛马的原型。1882年,日本人自己的第一次正式赛马活动在东京举行(明治三年)。1877年,日本第一家马匹养殖机构——三田育种场成立了,标志着繁育优良资质马匹新时期的到来。到了1906年,日本政府开始采取以"马彩销售的默认时代"为象征的政策。经过其后的所谓"政府扶植赛马"的时代,日本的赛马走过了一段"片面发展"的时期。但是在这期间,实力派国会议员、企业家和马产者开始以颠覆禁止法律为目的的积极努力。受此影响,日本政府做出了"日本的情况已经改善到可以承认赌博合法化的程度"的判断。1923年《赛马法》颁布后,"日本的公认赛马"时代开始,此后赛马比赛在日本得以繁荣发展。

2. 赛马产业规模

(1)赛马品种

日本国土面积狭窄,优质牧草匮乏,理念和管理制度落后,且无优良马种,近代以前只有木曾马、宫古马等7种本土矮马,诸多原因导致日本马业发展非常缓慢。历史上,日本曾多次引进蒙古马和高丽马,改良本土马。但蒙古马和高丽马平均体高仅120厘米左右,体重270千克左右,在世界范围内只能算轻型马。而古代日本也未能掌握培育马种的科学方法,因此这些马种改良的计划最终都以失败收场。到了德川幕府时代,日本本土矮马的平均体高刚刚达到100厘米。

明治维新之后,政府非常重视马政,利用当时法国拿破仑三世赠送给日本的阿拉伯马改良本土矮马。经过近10年的改良,日本在册军马的平均体

高为135~138厘米。由于优秀马种种群数量过少,导致严重的近亲繁殖,改良效果并不显著。吸取了经验教训后,1877年,日本成立了第一家近代化的马匹育种机构——三田育种场。通过对西欧先进技术进行学习研究,同时从世界各地引进不同类型的良种马,系统全面地改良本土马。到1923年,日本国内共设立6个马政管区,负责管区内马匹改良的监督和指导,增加了国有种马牧场3个,种马所15个,遍布全国各地,每个种马所配备100匹国有种公马,免费给民间的雌马进行配种。

日本政府每年都从欧洲进口一定数量的种马,来提高马种改良成效,并有针对性地进行分类,建立专门的乘马、小型挽马、轻挽马、重挽马产地。通过大量引进欧洲的优良马种,改良后的日本马在各个方面都有了明显的提升。不同类型的欧洲良种马配出来的混血后代都根据其各自的特点,充作特定用途。例如,顿河马的混血后代被广泛用在日本陆军的步兵、炮兵、辎重兵以及宪兵队中;盎格鲁·诺尔曼马的混血后代主要用作骑兵战马;盎格鲁·阿拉伯马的混血后代主要用作马术和赛马,也有少数作为日军高级军官及传令兵的坐骑。到1939年,日本军马的平均体高已经提高到160厘米。这些军马随着侵华日军大批来到中国,因为其体形较中国马大,而被中国军民称为"东洋大马"。

(2)赛马场

日本中央赛马协会(JRA)拥有10个设施齐全的赛马场,其中东京、中山、京都、阪神、中京五个大型赛马场包揽了日本所有的G1赛事。JRA的赛马场设施完善,且致力于为赛马爱好者提供最好的服务,硬件、软件设施都十分齐全。JRA将一部分旧赛马跑道改建成为游乐设施,并在运营正规赛事的同时提供休闲娱乐的赛马练习场地,吸烟和禁烟观赛区域分开,进一步提升媒体转播硬件设备,全方位构建休闲娱乐的硬件设施。在软件服务方面,提高信息服务质量,优化赛事转播系统,为赛马初学者提供基础课程、贵宾服务等一系列客户服务。

中山竞马场位于日本千叶县船桥市,属于日本中央竞马会,1920年(大正九年)建成,是日本四大马场之一。草地跑道共分为三个,分别是A、B、C

三个跑道，A 跑道阔度为 20～32 米，一圈长 1667 米（内弯）或 1840 米（外弯）；B 跑道阔度为 17～29 米，一圈长 1686 米（内弯）、1859 米（外弯）；C 跑道阔度为 14～26 米，一圈长 1705 米（内弯）或 1877 米（外弯），最后直路长 310 米。泥地跑道周长 1493 米、阔度为 25 米，最后直路长 308 米。跳栏跑道主要是草地，不过部分跑道与泥地重叠，因此部分在泥地进行。

京都竞马场是位于日本京都府京都市伏见区的竞马场，由日本中央竞马会管理，是日本四大马场之一，1925 年 12 月 1 日开始启用。草地共分为四个跑道，并有内弯及外弯之分，A 跑道阔度为 27～38 米，周长 1783 米（内）或 1894 米（外）；B 跑道阔度为 27～38 米，周长 1802 米（内）或 1912 米（外）；C 跑道阔度为 24～35 米，周长 1821 米（内）或 1932 米（外）；D 跑道阔度为 18～29 米，周长 1840 米（内）或 1951 米（外）。泥地跑道全长 1608 米，阔度为 25 米。跳栏跑道分为两类：一般障碍全长 1414 米，阔度为 23 米；大障碍全长 1400 米，阔度为 20 米。

阪神竞马场位于日本兵库县宝冢市（部分地区位于西宫市内），1949 年建成，1955 年起交由日本中央竞马会管理，是日本四大马场之一。此马场的前身是 1907 年设立的鸣尾竞马场，1910 年日本政府禁止赛马赌博，而中止了运作。1923 年日本实行竞马法，再一次举行赛马比赛，1937 年日本赛马组织大合并，日本竞马会取代阪神竞马俱乐部，将鸣尾竞马场改为名阪神竞马场。1943 年被军方接收，成为飞机场。第二次世界大战后，曾成为高尔夫球场。1949 年在仁川军用工场遗址上建设马场，成为新的阪神竞马场。1950 年雌马三冠大赛第一关樱花赏首次在阪神竞马场举行。1955 年起，由日本中央竞马会管理。1960 年，首次举行后来成为一级赛的宝冢纪念赛。1995 年发生阪神大地震，马匹亮相圈受到严重破坏，而相安无事的马房成为灾民的避难所。其赛事由京都竞马场及中京竞马场代替举行。相隔大半年，终于在 12 月 2 日再次举办赛事。2005 年开始改建马场的内弯及外弯，2006 年 6 月至 9 月将赛事由其他马场代办。2006 年 12 月完成，新设多项赛事。日本重要国际邀请赛事日本杯泥地大赛于 2008 年 12 月 在阪神竞马场举办。

（3）赛马管理组织机构

日本赛马会是一个由多家赛马俱乐部联合组成的、独霸日本赛马比赛运营的组织。解散后,公认赛马转变为政府直辖的国营赛马。此后,在1954年,根据《中央竞马会法》,政府设立了涉及所有赛马运营的特殊(半官方)法人——日本中央竞马会。日本中央竞马会(英语简称为JRA)总部位于东京都港区,在农林生产省管辖监督之下,全权负责运营日本的中央赛马。

随着1962年《赛马法》的修正,日本设立了地方赛马的法定统辖机构——地方赛马全国协会(NAR)。该协会成立的主要目标是为了发展日本全国地方赛马事业,将此前由各个地方自治团体执行的赛马和马主的登记以及骑手和驯马师执照的发放等职能统一收归NAR;促进赛马比赛公正和公平的运营;将赛马比赛收益的一部分用于振兴畜产发展。NAR的成立使日本地方赛马事业有了统一的经营管理。

(4)赛马文化

为了积极拓展赛马周边产业,推广赛马文化。日本中央竞马协会于1982年在白井市建立了JRA赛马学院,所有想要获得骑师资格的赛马爱好者都必须在这里学习。日本中央竞马会还将历史悠久的赛马场打造成了JRA赛马公园,通过举办各种赛马表演活动来加深人们对于赛马的认识、推广赛马文化。除此以外,日本中央竞马会还设立了JRA赛马研究机构、训练农场、赛马化学实验室和赛马博物馆。

3. 运行机制

(1)赛事活动

中央竞马会组织的赛事活动分为平地赛和障碍赛,由纯血马和纯血系马参加。每年可举办288个重要比赛日(原则上仅限于星期六、星期日以及节假日进行),超过3600次赛马比赛。

(2)赛马彩票

日本赛马彩票业高居世界第一,场外投注日渐兴起。从20世纪90年代开始到现在,日本始终牢牢占据着世界赛马彩票年销售量第一的宝座,更在1997年创下年销售443亿美元的历史记录。根据国际赛马联合会(IFHA)数据显示,2005年日本赛马场入场人数达到810万人,2007年日本赛马迷共下注 310 亿美元,几乎是美国的两倍。日本赛马彩票以场外投注为主,投注渠道多样化。随着技术进步,电话投注成为新趋势,目前日本的电话投注有四个会员系统,分别为 A-PAT 基础会员系统、ARS 自动回复系统(针对按键式电话)、PAT 个人终端、IPAT 互联网投注系统。

日本发行赛马彩票的主要是为了"谋求赛马事业的健康发展,为马匹的改良繁殖以及振兴畜产做贡献"。为此,中央赛马实行了国库缴纳金制度。《日本中央竞马会法》规定,政府有义务将国库缴纳金的四分之三用于畜产振兴事业,剩余四分之一用于社会福利事业。另外,根据 1991 年 5 月修改的法律,为了使中央赛马的收益得到更有效的利用,以日本中央竞马会所保留的部分盈余为财源,设立了特别振兴资金,特别振兴资金用于有助于赛马健康发展的事业以及促进畜产振兴的事业。

(3)赛马相关法律法规

1923 年,《日本赛马法》(以下简称《赛马法》)颁布,11 家赛马俱乐部应运而生,马彩复活。随后不久作为 11 家赛马俱乐部的统括性中央组织——中央竞马会成立,担负起制定各赛马俱乐部需要遵循的章程范本的责任。中央竞马会除了负责马主的注册、练马师的训练及骑师执照的考核颁发,还从事其他与赛马相关的业务。1936 年,《赛马法》经过一次修正,明确提出权利与义务的合并,政府特许制度的建立,使马匹的改良增殖和马术思想的普及共熔一炉。

《赛马法》总则中规定了竞马的单位,包括中央赛马、都道府县和指定市町村。其中市町村主要是遇到严重灾害或在其区域内有地方赛马场,并且是处于财政上的特殊需要,在经总务大臣与农林水产大臣协商后指定的,可在指定之日起至其被指定的该特殊需要结束之日止的期间内,依据此法举办赛马。除此以外的任何单位与个人均不得发售胜马投注券及类似商品,不得举行赛马。

中央赛马的内容包括:中央赛马举办的场地、全年举办赛马的次数、每个赛马场全年举办的次数、每次举办的天数、每天举办的场数等内容均由农林水产省选定和制定。任何未经允许超越规定举办赛马均属违法。日本中

央竞马会在举办赛马时,必须从入场人处征收以农林水产省令规定金额以上的入场费。规定了胜马投注券及胜马投注法分为独赢式、位置、连赢单式、连赢复式以及重赢式 5 种。对马主、调教师、骑师、马匹、彩衣的注册也有明确的规定。

地方赛马的基本内容与中央赛马相同,不同之处在于:关于收益的用途方面,都道府县应将其举办赛马活动的收益,用于振兴畜产,增进社会福利,普及医疗,发展教育文化,振兴体育活动及灾害后复兴所必要的经费的财源。全国地方赛马协会,在努力促进地方赛马公正顺利实施的同时,以促进马匹的改良增殖等振兴畜产的发展为目的。协会具备法人资格,有办公地点,按规定进行注册,有自己的名称、章程、机构及运营委员会委员、委员长、董事、评议员等。

细则是为了保障赛马的公平、公正、公开地顺利进行而制定的与赛马相关事物的法律法规。主要包括用于维护赛马秩序的法律规定,用于终止赛马运行的情况规定,用于保障赛马顺利进行的监督规定,用于对赛马财务审计的规定,用于违法制裁的规定,用于投注的相关规定,等等。

处罚条例主要规定与赛马事业相关的违法、违规行为的经济罚款与刑事处罚,根据违法行为的轻重可对违法者处以最高 100 万日元的经济处罚和最高 5 年的有期徒刑。处罚条例是保障日本赛马事业顺利开展的重要保障,对整个行业的发展起着重要的作用。

六、越南

1. 起源与发展历程

越南的赛马历史可追溯到 19 世纪晚期的法国殖民地时代,当时的竞赛马匹全部由法国运来,在越南繁殖。1975 年越南统一后,政府认为赛马是赌博,资本主义色彩浓重,因此赛马活动被禁止。20 世纪 80 年代初期,一群热心赛马的越南人在龙安省开办了一个马术场,组织赛马活动。1987 年越南开始执行改革开放政策,经济情况好转,百姓手中有了余钱,希望有更多的娱乐体育活动场所。在此情况下,一些华人和越南人向政府申请重开提岸赛马场,开始曾受到强烈反对,后来经过努力,终于在1989年3月举行了赛马活动。自恢复赛马活动至今,每逢星期六、日举行赛事,遇上重大节日还会开特别赛马日,每逢赛马日,活动场所都会挤得水泄不通。赛马活动为政府带来了可观的收入,也为广大群众所喜爱。在越南,骑师也成为深受人们尊敬的职业。

2. 赛马产业规模

(1)赛马品种

赛马品种是越南发展赛马产业的制约因素之一,当地马品种体格较小,体重一般在250千克左右,因此就要求骑手的体重不超过38千克,赛马才能取得好的比赛成绩。为取得好成绩,马主们纷纷雇用年龄较小的未成年人骑手,但这种行为遭到了大众的批评。另一方面,体格较小的马匹在观赏性上也略有遗憾。因此,近年来越南为加速赛马业的发展,也从澳大利亚等地引进纯血马。

(2)赛马场

富寿赛马场是越南最主要的赛马场,于1989年正式开放,管理权归政府所有,具体由胡志明市体育部门负责。赛事主要是以当地马品种为主,比赛在星期六、日举办,每天共10场赛事。近年来富寿赛马场有了较大发展,现有马匹大约900匹,拥有少量纯血马。2004年引进计算机投注系统和监控赛事的全自动摄像机。马场内设有贵宾区、餐厅、高级看台等基础设施,一应俱全,且达到国际标准。

3. 赛马彩票

1975年越南统一以后,政府认为赛马具有赌博性质,是资本主义产物,予以取缔,于是赛马活动被禁止,赛马场也被迫关闭。20世纪80年代初期,一些热爱赛马的越南人在龙安省创办了一个马术俱乐部,建成小型赛马场,举办一些规模较小的赛马活动。1986年越南开始实施改革开放,对赛马的发展起到了极大的促进作用。但对于是否解禁赛马彩票,进行了激烈的讨论。最终经过政府的综合研判,决定开放赛马,实现赛马彩票、赛马合法化。

赛事投注采用巴黎共利法,投注方式为猜头马、前两名、第三名、第四名、第六名五种方法,最小投注额为 10000 越南盾(折合人民币约 3.5 元)。

七、中亚地区

1. 土库曼斯坦

(1)起源与发展历史

世界马文化的发祥地是中亚地区,土库曼斯坦的阿姆河宝藏就是最好的证明。著名学者 B. N. 萨里安尼季教授在穆尔加布河谷三角洲马尔谷什谷国都城贡努尔城皇陵中考古发现了篜马车的青铜环、马鞍、石雕马,用于指挥骑兵的信号仗,这就证明了公元前 3000 到 2000 年,马尔谷什谷国居民已经开始驯养和役用马匹。公元前 100 年的文献资料中将土库曼马称为"圣马""神马"。8—10 世纪,土库曼骑兵组成了巴格达哈里发的私人卫队,后来大量土库曼战士加入埃及苏丹的禁卫军和其他酋长国的骑兵部队。可以说,没有强大的战马,就不会有塞尔柱人的远征和小亚细亚的统一,也不会有土库曼—奥斯曼苏丹王国的建立。

(2)赛马产业规模

①赛马品种

阿哈尔捷金马被中国史学家司马迁称为"汗血宝马",产于土库曼斯坦科佩特山脉和卡拉库姆沙漠间的阿哈尔绿洲,是世界上最古老的马种之一,是历时 3000 多年培育出的。在世界上仅有的三种纯种马(汗血马、阿拉伯马和英国马)中,汗血马是血统最纯正的马种,而阿拉伯马和英国马都有汗血马的血统和基因。阿哈尔捷金马从古至今繁衍生息,从未断过血脉,大多产自土库曼斯坦,俄罗斯、哈萨克斯坦、乌兹别克斯坦也有阿哈尔捷金马。

阿哈尔捷金马躯干呈管状,胸部窄、背部长、肋骨架浅,趾骨区长而不显,后区略窄但强健有力,臀部略长,肌肉发达,呈正常倾斜角度;耆甲高、长且肌肉发达,肩部长,弧度良好;毛皮亮泽且皮薄。一般体高在 150 厘米左右,体形饱满优美、头细颈高、四肢修长、皮薄毛细,步伐轻巧优雅。

在古代文学著作中,经常有汗血宝马"日行千里,夜行八百"的描述。一般来说,马的极速是150公里/天,最多也不超过200公里。而汗血宝马的最快速度记录为84天内跑完4300公里。经测算,汗血宝马在平地上跑1000米仅需要1′07″。阿哈尔捷金马由于耐渴性超强,特别适合长途跋涉,即便是在50℃的高温下,一天也只需饮一次水。而它之所以被称作"汗血宝马",是因为它的皮肤薄,奔跑时血管中流动的血液容易被看到;其次马的肩部和颈部汗腺发达,马出汗时往往先潮后湿,对于枣红色或栗色毛的马,出汗后局部颜色会显得更加鲜艳,给人一种"流血"的错觉。

②马术综合体

土库曼斯坦的每个州都建立了大型的马术综合体,功能健全,设施一流,是世界马术运动专业人士向往的殿堂。其中位于首都的国家阿哈尔捷金马中心占地100多公顷,赛马场可容纳7000名左右的观众,还配有博物馆、兽医中心及实验室。

③赛马文化

马术特技是土库曼斯坦珍贵的民族文化瑰宝。"复兴"马术特技队成立于2011年,曾于2014年携十匹阿哈尔捷金马乘专机来北京,在世界汗血马协会特别大会暨中国马文化节上表演其独有的马背艺术。保留节目有杂技主题剧《阿哈尔捷金马传奇》、民族舞《马鞭舞》等等。特技表演已成为土库曼斯坦的一张国家名片,曾多次在国际大赛上获得金奖。

(3)运行机制

①赛马节

早在1992年土库曼斯坦时任总统将每年四月的最后一个周日定为赛马节。2011年成立了世界阿哈尔捷金马协会之后,代表大会与赛马节两项活动同期举办。期间会举办马展、马主题艺术品大赛等丰富多彩的活动以及阿哈尔捷金马速度赛、障碍赛、耐力赛、选美等比赛,是世界性的阿哈尔捷金马盛会。

②法律法规:《土库曼斯坦马业与马术运动法》

土库曼斯坦为发展马业、马术,保护地方纯种马基因,管理马匹繁育、饲

养以及解决这过程中可能出现的各种问题而制定的。《土库曼斯坦马业与马术运动法》共八章,51条,包括总则,对基本术语进行解释规定、土库曼斯坦马业与马术运动法、目标、基本原则,国家对于马业与马术运动的管理,马业,马业科研和人才培养,马术运动,结论。

2. 乌兹别克斯坦

(1)赛马品种

乌兹别克斯坦是卡拉巴依尔马的故乡,著名的马品种有卡拉巴依尔马和阿哈尔捷金马。根据乌兹别克斯坦马业与马术协会数据统计,截止到2017年初,乌兹别克斯坦境内马匹数量为22.1万匹。

卡拉巴依尔马属于骑乘马-驮马品种。其体质干燥,颈宽、中等长度,耆甲高,背直腰短,稍显斜尻,尾椎高,胸宽强壮、胸廓深,尻部肌肉发达。公马肩高148厘米,母马肩高146厘米。毛色有花马、栗色、黑色,少有青色。该马适应性强,可承受夏季45℃的高温和长途跋涉、缺水等情况。该马种形成于300多年前,其血液由蒙古马和吉尔吉斯马混合而成,之后受阿哈尔捷金马和阿拉伯马的影响。现在卡拉巴依尔马被乌兹别克斯坦和塔吉克斯坦列为重点马匹保护品种。乌兹别克斯坦的阿哈尔捷金马品质非常高,被广泛用于速度赛、耐力赛。

(2)赛马场

1913年10月在乌兹别克斯坦首都塔什干建成了塔什干赛马场,1971年赛马场修建了现代化赛道、看台、马厩、障碍赛场地。后来该赛马场成为该国最大的自由贸易市场,直至2010年,乌兹别克斯坦国务院办公厅发布了《关于进一步发展马业基地——马凯斯赛马场股份有限公司》的决议,根据决议赛马场90%的股份归国家所有,后与法国专家合作对赛马场进行了改建,既可以举办传统民族马术比赛,也可以举办奥运项目马术赛事。

(3)赛马俱乐部

乌兹别克斯坦第一家俱乐部名为达萨尔姆(意为:辅助军队的志愿者组织)创建于1930年,主要用于培训红军骑兵部队指战员。卫国战争之后,随着民间马术运动的发展,该俱乐部开始举办古典马术运动赛事。1953年更名为达萨福马术俱乐部,开始承办苏联俱乐部马术联赛。1960 年以前该国重要马术比赛都集中在该俱乐部进行。1960 年至 1971 年间,先后在纳曼干、塔什干等多地建立了马术俱乐部。

(4)法律法规

2017 年 6 月 15 日乌兹别克斯坦总统签署了 3057 号《乌兹别克斯坦马业和马术运动发展法》。为了发展乌兹别克斯坦马业和马术运动,提高资金、技术保障水平,培训和教育新一代马业人才,提高本国马术运动的国际知名度,在国民尤其是青少年中积极宣传和普及马术运动而颁布,共有 17 条具体规定。规定包括对马业协会的主要任务和业务范围进行明确,学习借鉴国外经验,采用先进技术增加繁育马、运动马工作、马福利等内容。

2017 年 8 月中旬制定了《到 2021 年的马业与马术运动发展规划》。该法免除协会会员 5 年内的各种经营收入税收;若进口马匹,则除关税以外的所有费用都可以免除。该法还规定速度赛将定期举行,马凯斯赛马场于 2017—2019 年进行改建,所有设施赛道按照国际马联标准改造,积极备战 2020 年东京奥运会马术比赛。该法还要求乌兹别克斯坦保健部与旅游管理委员会一起大力发展骑乘旅游和骑乘康复。

3. 哈萨克斯坦

(1)起源与发展历程

迄今为止,考古发现的世界上最早驯化的马匹是在哈萨克斯坦境内。大致在 5500 年前当地人就开始驯化马匹、放牧饲养,人与马的关系紧密相连,马成为当地人生产生活中的重要组成部分。

(2)赛马品种:哈萨克马

哈萨克马具有群牧马的生态特征,骨骼粗实、皮厚毛密,鬃、鬣、尾毛浓密,体形较粗重;外貌匀称,有良好的兼用型结构,头中等大,略长,显粗重。下颚发达,颚凹宽度适中;颈长短适中或略长,粗厚多直颈,颈肩结合良好;鬐甲中等高或略低;胸部发育良好,肩胛适中或稍直,背腰平直,肋骨开张良好;腹部圆大,尻宽而斜,四肢结实,后肢肢势刀状,部分马有外向肢势;蹄中等大小,蹄质坚实。哈萨克马以前躯发育良好、背腰肌肉丰满、四肢关节结

实为其优点,缺点是后躯发育较差、肷稍大。哈萨克马毛色以骝色、栗色、黑色为主,青色次之,其他毛色更少。分为阿达耶夫马、木古扎马、扎比马、库舒姆马、库斯塔奈马等七个品系。

(3)组织管理机构:哈萨克斯坦国家马术协会

成立于1993年,至今仍致力于发展本国的马术工作,根据国际马联数据显示,2014年该国在国际马联登记注册了21名裁判员和技术官员、52名马术运动员、63匹运动马,协会还注重加强与周边国家的合作。

4. 吉尔吉斯斯坦

(1)起源与发展历程

吉尔吉斯斯坦养马历史悠久,马被誉为吉尔吉斯的翅膀,在当地人民生产生活中占有重要地位,该国有大面积的草场资源,牧民们普遍骑马放牧,同时也进行养殖并加工马肉、马奶等,所以马业是该国传统畜牧业之一。

(2)赛马品种:新吉尔吉斯马

经过大规模地方品种改良繁育的品种,由纯血骑乘马、顿河马、奥尔洛夫快步马以及其他品种育成。改良后的马,身高显著增加,1954年确定为新的马匹种,定名为新吉尔吉斯马。该品种体重平均为450~550公千克,分为轻型、普通型、重型品系。毛色以枣红色和栗色居多,有时掺杂金色斑点。

(3)赛马场

吉尔吉斯斯坦共有7个赛马场,包括位于首都的比什凯克赛马场以及位于普洱日瓦里、奥什、那伦、恰尔班-阿特等地的地方赛马场。除比什凯克赛马场和伊塞克赛马场外,其余条件设施还较为落后。伊塞克赛马场于2016年建成,马场看台可容纳约一万名观众,基础设施齐全。

(4)赛马文化

吉尔吉斯斯坦非常重视马文化的传承,在各种节日里都会举办民族传统赛马比赛。虽然该国资源有限,但充分发挥自己的优势,积极参与、举办国际性赛马比赛。

(5)赛事活动

吉尔吉斯民族马术运动种类繁多,古汉赛程15公里,托普21~22公里;

阿拉曼赛程 35 公里;扎尔科走马比赛,赛程 15 公里;阿特—恰贝什耐力赛,赛程为 4~50 公里不等。另外还有卡克巴尔,类似于我国的叼羊比赛,由两队骑手参赛,每队 6~10 人,队员们抢夺羊然后扔到对方的圈子里或者抢夺到羊后,带着羊到达指定地点即为获胜。1958 年叼羊比赛正式成为苏联民族马术比赛项目之一,2001 年 11 月 9 日,国际卡克巴尔(叼羊运动)协会在吉尔吉斯斯坦首都比什凯克成立,并在成立大会上表决通过了比赛规则。

5. 塔吉克斯坦

(1)赛马品种

胡塔利马生长在塔吉克斯坦中部和南部的瓦赫什和喷赤河流域,几个世纪以来胡塔利马的优秀品质都被人所歌颂。该马外形十分美丽,头部小、干燥、脸稍长、耳朵竖起、眼大鼻宽,有特有的拱形颈部、肌肉发达、胸部深度适中、身体强壮有力、体形较大。

塔吉克骑乘马是通过对纯种拉卡伊马改良而来,结构协调,偏东方型,体质干燥结实。头部中等大小、干燥、脸颊宽、后脑干长,颈长且直,颈肌位高,肌肉发达,中等体长、较宽,胸深且宽,四肢强壮。

(2)赛马场

2011 年杜尚别赛马场举办了纳弗鲁兹节,从此赛马场也被命名为纳弗鲁兹赛马场。该赛马场可容纳 8000 名观众,设有贵宾区、马厩、马匹亮相圈、宾馆、餐厅等基础设施,该马场还承担马匹测试的工作。

(3)组织管理机构

塔吉克斯坦马术与叼羊运动协会是该国的行业管理机构,主要集中在鲁达基州和哈特隆州。

第二节　中国赛马产业发展现状

一、香港

1. 起源与发展历程

既有紧张刺激的氛围,又有丰厚的奖金,赛马令许多香港人乐此不疲,成为大多数香港人日常生活中必不可少的重要组成部分。香港赛马是具有极高国际知名度的赛事,前来香港观光的游客也绝不会错过亲眼观赏这一壮观赛事的机会,赛马场也成为赴港游客的打卡圣地。1884年香港跑马地马场风靡一时,香港赛马会成立,最早的赛马活动属于业余活动。1971年以后,香港赛马正式转型为职业活动。发展到今天,香港赛马会每年会举办700多场赛事,主要举办地设在沙田马场以及跑马地马场。赛马活动是香港唯一官方允许进行赛马彩票投注的本地运动项目,马迷们除了可以在马场内进行投注外,也可以在场外、电话及自助终端机投注。香港现在有100多家场外投注站,还有超过100万个电话投注户口。2005年7月8日,经国际马联同意,北京奥运会和残奥会马术比赛移师香港,香港人的自豪感再一次被赛马点燃。

2. 赛马产业规模

(1)赛马品种

由于香港地方狭小,难以发展马匹的配种业。目前在香港服役的马匹全部由外地训练及运入,主要来自于英国、美国、澳大利亚、新西兰、法国等赛马及育马事业成熟的国家。近几年也陆续从南非、阿根廷及日本等地方引进马匹。香港竞赛马匹大部分为已阉雄马,即骟马,因阉割后马匹较易驯服,较少引入雌马。目前于香港参赛的马匹,类别一般分为四类:

①国际拍卖会新马，马会每年会购入一定的数量，并在每年举办的香港国际马匹拍卖会上供马主竞投的马匹。②自购马 PPH（Privately Purchased Horse）由马主自行购买在外地曾出赛、有赛绩的马匹，但受条件限制。③自购新马 PPG（Privately Purchased Griffins）由马主自行购买，但从未出赛的马匹。④访港马，即非香港练马师训练，来港参赛的外地马匹，通常出现在香港国际赛事当中。在特殊情况下，部分到香港受训赛驹也能够以此名义再次来港。

（2）赛马场

跑马地赛马场：香港岛心脏跑马地位于香港湾仔和铜锣湾之间，是世界上少有的位于市区内的马场，可容纳 55000 位观众，景色十分迷人。跑马地赛马场是香港的第一个马场，最初由一片沼泽地填平而来，日军占领期间曾经被更名为"青叶峡竞马场"。香港开埠初期，由于英国人对赛马活动有着狂热喜爱，于是从英国引入英式赛马活动，香港于 1844 年在这里举行第一次正式赛马比赛，很快赛马及赛马彩票活动就在香港华人社区风行起来。1931 年马场建成两座三层高的永久看台，其后于 1957 年，将看台改建为两座七层的。跑马地马场的赛事，除特殊情况外，通常在星期三晚上举行，日间赛事通常每年马季只有一次在该马场举行，其余则移往沙田马场举行。

跑马地赛马场还是世界上为数不多的达到先进水平的赛马场之一。经过多年来不断地发展与建设，跑马地赛马场的现代化装备一应俱全，马场内设有巨型屏幕，比赛期间能够不间断地播放赛事实况和各种赛马彩票信息，让每位在现场的观众都能够一目了然。二楼看台开设了香港赛马博物馆，陈列了香港绝大部分有关赛马的历史资料，同时还展出了赛马和骑师的资料。每年 9 月到第二年 6 月是香港的赛马季节，每次赛事都会吸引数万名马迷前来观看。旅客们可以参加香港旅游协会组织的赛马观光团，亲睹骏马奔腾的英姿、万人喝彩的盛况并一试运气。

沙田马场：1971 年，香港马会受政府批准，在新界区沙田新市镇兴建了新马场，即沙田马场，于 1978 年 10 月 7 日正式开幕。多年来经过不断地扩建与发展，沙田马场是现今世界上设施最完善的马场之一，是香港第二大的

马场,被誉为全球最佳的赛马场之一,时至今日香港大部分主要赛事都安排在沙田马场进行。沙田马场可容纳超过 85000 名观众,巨大的赛事报告板详尽地显示每场赛马赛事的资料和结果,使马迷们不会错过每匹马的比赛。各项投注通过精密的全电脑化终端系统进行处理,简洁方便。全香港范围内还有大约 125 个场外投注站,协助将投注资料接驳至赛马会的电脑网络。在赛道上有一个全球马场最大的电视屏幕,马迷们可以一边观赏马匹竞赛,一边参考赛马彩票的各项赔率变化,清楚掌握最新的形势变化。

沙田马场也是到香港观光的旅客的必到之处。进入马季以后,每周都会有赛马赛事在沙田马场和跑马地马场举行,一般是周六或周日下午以及周三的晚上。观众可以自行购票入场,也可以参加旅协组织的赛马观光团。就算是对赛马没有很大兴趣的旅客,也可以参观马场内的彭福公园,这是香港最大的公园之一,占地 8 公顷,位于赛马场跑道圈中央,有雀鸟栖息之所和优美的园林,除了周一、赛马日外均对外开放。

粉岭军地马场:新界北部粉岭有军营和大草场,所以马场被称为粉岭军地马场。1918 年,香港赛马会租赁军地大草场作放牧场,快活谷马匹在夏天被送到那里休息。1926 年军地举办首届跨栏赛马。1927 年沙头角道军地以灌木建立马场。冬季星期日举行的赛马很受欢迎,包括跨栏赛和障碍赛。1931 年办平地赛马,1932 年办女骑师赛马,至 20 世纪 50 年代,军地赛马场关闭。

(3)赛马组织管理机构

香港赛马总会由香港特区政府唯一授权特许经营,是世界上独一无二的非营利性单项组织,它从事赛马活动所得的一切盈余都用于支付派彩、奖金、经营费用和税项,以及扣除为改善赛马及投注设施而做出的投资后,余下的款项均悉数拨捐慈善及社区计划。香港赛马会由董事局掌管,日常运作则由管理委员会负责统筹管理。董事局以主席为首,共有 12 位成员,他们都属于义务任职,并不收取酬金。管理委员会则由行政总裁领导,成员包括 8 位执行总监。香港赛马总会是香港最尊贵的会所之一,实行会员制,会员需要申请才可入会,须由遴选会员推荐,赛马总会现在有超过 24000 名会员,

其中的 200 位遴选会员拥有推荐人选加入马会成为会员的权利,每年推荐的会员人数均有限额。

1845 年,香港开始举办周末大赛马活动。到 1884 年 10 月,由于赛马次数增多,于是正式成立香港赛马会。1884 香港赛马会成立之后,赛马活动在香港的基础更加牢固。当时的分工是,由马会负责组织主办香港所有的赛马活动,私人会所负责经营投注业务,马会仅从中抽取一定的佣金。马会的第一次筹备会议在香港大会堂举行,成员包括来自德国会所、美国会所、西洋会所及各国洋行的外国人。当时的马会不准华人入会,只可以当来宾。第一次世界大战后,马会才广泛吸收会员,富有的华人也可以成为会员和马主。1960 年马会改名为英皇御准香港赛马会。马会既为香港人提供世界级的赛马娱乐活动,也一直积极支持内地马术运动的发展。从 1986 年开始,马会便开始向北京、上海、内蒙古、深圳、广州及解放军体育队赠送退役纯血马。有 500 多匹退役马在征得马主的同意后被送往北京、内蒙古、新疆等地,这些马有的被用作骑警坐骑,有的则转型用于马术表演。从 1998 年开始,马会就到内地举办全国马房管理技术培训班,同时也邀请国内的骑师、兽医、马房管理人员等到香港培训。马会还为中国纯血马登记管理协会提供顾问支持,并争取国际有关机构的许可,促进中国马业与国际体坛、世界马业接轨。

(4)经济价值

香港赛马会是香港最大的单一纳税机构,2011—2012 年缴纳的税款,约占税务局总税收的 6.8%。香港赛马亦为香港最大的雇主之一,聘用了约 4400 名全职及 20000 名兼职员工。除此之外,香港赛马会也是香港第三大慈善机构,2011—2012 年度马会共为慈善捐款 17.3 亿港元,仅次于东华三院和公益金。2002—2003 年度赛马总投额为 710 亿港元,除掉 580 亿派彩、95 亿赛马彩票税,马会收益约为 39 亿港元。马会缴纳的赛马彩票税占香港税收的 11.7%。马会收益扣除营运开支后所得盈余,交由下属的香港赛马会慈善信托基金管理,主要用作体育、文娱、教育、社会服务、医疗等方面。

(5)赛马文化

香港的"马文化"追根溯源,最初由英国人引入。从香港被英国殖民统治以来,就有赛马。1882年,香港只有5000左右的居民,却成立了"英皇御准赛马会",这是香港最早成立的机构之一。赛马活动长期以来与香港人的生活关系密切,港人在日常交往中产生了许多与赛马相关的口头语,如造马、马主、外围马、铺草皮等。除此之外,香港的城市还有许多以"马"字命名的街道和街区地名,比如位于港岛的马师道、跑马地、马宝道和宝马山道,位于九龙半岛的马头角、马头围、马头围道、马头角道、马头围村、马头涌道和金马伦道等。

在香港,对赛马活动采取电视、广播、报刊等全媒体形式加以报道和宣传。据不完全统计,全港各种赛马报纸大约有20种,除此之外其他报纸也设有专门的马经版。各个电台、电视台都聘用了高水平马评家,为马迷进行专业讲解,分析马匹状态和胜出概率。在全港新闻媒体的宣传下,香港形成了特有的马文化。

赌马被认为是香港的"三驾马车"之一。在香港回归前,有这样一种说法:香港由三种力量统治,一是马会,二是汇丰银行,三是港督。统治香港的"三驾马车"中,马会居于首位,且不论这样的说法和如此排列是否过于夸张,但可以看出马会在香港社会的重要地位,几乎无可置疑。曾有一位名叫昆克尔的德国人,在香港对赌马活动进行了一番明察暗访后,得出结论:香港人对待赌马,有着不输股票那般全情投入的热情,而香港的马迷,也可以称得上是世界上"赌马专业知识最丰富"的马迷,对于赌马的痴迷程度,世界范围内也是难寻对手。每到马季、赛马日,地铁、轮渡、巴士、的士、私家车上,随处可见马迷们人手一份专业马报,全神贯注地研究分析当天赛事形势。赛马日当天,不论是烈日当空还是风雨交加,马场总是座无虚席,马迷们屏息凝气和闸厢内的出赛马匹一起等待起跑的信号发出。随着屏幕上显示的赔率不断地变动,观众们有的在欢呼,有的在跳跃,还有的在挥动手臂或是跺脚、叹息,表情千奇百怪,仿佛自己的生命全压在这一场赛马上。

3. 运行机制

(1)赛事活动

香港赛马实行评分制,设立精英班、第一至五班以及新马。让磅赛为大部分赛事的比赛形式,马会评磅员对每匹马进行评分,为保障各参赛马匹取胜机会的均衡,实力突出的马匹需要根据评分负一定的负磅。每场赛事过后,评磅员会依据各马匹的表现进行加分或减分。初来香港的自购新马多以 52 分或 57 分(第四班)为起步,而具有海外赛绩的自购马多被评为 80 分以上(第三班或以上),每场赛事以 1 分负 1 磅计算,每场赛事负磅的最高上限为 133 磅。

香港赛马会的赛季(称为马季),在 20 世纪 70 年代时,一般是从前一年的十月份开锣到第二年的五月末结束。随着政府批准的跑马日数逐渐增多,近几年已改为从前一年的九月初开锣到第二年七月中旬结束。全部是纯种马速度赛马,按照赛程(比赛距离)分为短距离(1000 米、1200 米、1400 米)、中距离(1600 米、1650 米)、长距离(1800 米、2000 米、2200 米、2400 米)等不同类别。赛马日通常于星期三及星期日(或星期六)举行,星期三为夜间赛马,多数在跑马地马场举行,一般有八个场次。星期日(或星期六)举行日间赛马,多数在沙田马场举行,一般会有十到十一个场次。奖金根据不同比例分给优胜马的马主、骑师和练马师。

香港赛马赛事在巨额奖金的刺激下不断打造出精品,在国际上的排名也拾级而上。2000 年,为了将香港赛事提升到国际水平,马会调整奖金额度后,平均每场奖金额度可以达到 130 万港币,这让香港成为全球赛马奖金最高的地区。除此之外,到 2016 年香港所有的赛事都接受海外马匹参赛,香港赛马赛事全面国际化。香港著名的赛马赛事有以下几个:

香港杯邀请赛,20 世纪 80 年代末,香港的赛马水平已经接近世界先进国家。1988 年创办了香港杯邀请赛,邀请新加坡马匹来香港参赛。随后,香港的赛马赛事渐渐发展成为世界级的赛事,无论赛事水平还是奖金金额都达到世界顶级水平。国际赛马每年都会举办,吸引着来自全球不同地方的马匹、骑手奔赴香港参加。

香港特区行政长官杯,通常传媒简称作"特首杯",是在香港沙田马场举行的赛马比赛,由香港赛马会主办,在马季开锣日举行,近年设定的途程为

第一班 1200 米赛事,并供香港评分为 95～120 分的马匹角逐。自香港回归后,新设这项赛事,取代港英殖民地时代原有的港督杯,成为新的赛事。此外亦取代了原有的广东让赛杯,成为香港赛马马季第一项杯赛。每年的香港特区行政长官杯均由香港特区行政长官颁发,目前香港特区行政长官杯已经成为马季开锣的重点赛事。

赛马彩票

赛马活动是香港唯一得到政府允许进行赛马彩票投注的本地运动项目。1973 年,为了解决非法外围投注严重的问题,香港政府批准香港赛马会开办场外投注服务。马会一直以来倡导有节制的赛马彩票,凭借一流的赛马彩票和奖券服务满足大众需求。香港赛马会的赛马彩票收入主要有赛马彩票、六合彩奖券和足球彩票三部分。一切投注和兑奖程序全部交由电脑完成,不但准确、快捷,而且一定程度上保证了公平、公正和诚信。为了避嫌,马会规定马会的职员一律不允许参与赌马,还特别规定未满十八周岁的青少年禁止入场观看以及参与赌马。2006—2007 年度、2015—2016 年度,即使在全球赛马活动整体略微下行的形势下,马会赛马彩票的总投注额仍然不断增长,2015—2016 年度马会的赛马投注额达到 1074 亿港元,且开始趋于稳定。

(3)赛马相关法律法规

香港赛马赛事有着十分严格的组织管理机制,香港赛马会赛事规例包括序言、规例,以及适用范围、相关定义、马会董事局的权力、董事的管辖权、牌照申请、牌照委员会、有关牌照上诉、违例处分等内容,对规例的管理、职权等都有明确的说明,对于赛事的组织运作有全面的规范,致力于维护香港赛马的公平公正以及各项权益的保障。

规例在骑师准入制度上规定,只有拥有牌照才能够进行相关赛事的策骑,以此来提高参赛人员的职业素质,一定程度上避免或降低了赛马赛事中的不安全因素。其次,对马匹的注册进行了严格的要求。规例要求居留在香港以外的马匹申请注册,只需提供一份血统证明书,列明马匹的名字、血统、性别、年龄和毛色,以及任何能够辨别该马的印记,并由马匹出生国家的马匹血统记录册管理当局签署。如马匹出生国家没有正式的马匹血统记录册,马会董事局将接纳马匹护照或一份由认可赛马管辖机构的主管当局签发的证明书;已经永久进口香港特区的马匹,除了以上资料之外,还需要提供马匹的进一步相关数据,如果马匹的父系或母系的名字没有注册或者不详,则须申明该项事实,并提供可辨认该马的印记的进一步数据,如何购入该马的信息,以及一份证明有关马匹在其出口国并无被禁事项的证明书,这些材料必须送呈秘书处备案后,才可以进行注册。此外,规例对参赛主体的行为也进行了严格的规定。对于骑师、马主、马匹在赛事中违反赛事规则的行为,干事以及赛马董事局将按照赛马赛事规则进行处罚。

二、内地

早在商周时期,"御"(驾驭车马)即六艺之一,到了春秋时期赛马在民间已十分盛行。据《史记·孙子吴起列传》记载,战国时期齐国大将田忌常与齐王赛马。这一典故表明我国是世界上最早进行赛马活动的国家之一,到唐代已达到较高水平。元朝时期,赛马与兵制相结合,和摔跤、射箭并称为"男子三项竞技",每年都会举行盛大的赛马会。清代由于禁止异族养马和开展军事体育活动,马术运动逐渐由盛转衰。据《汉书》记载,汉武帝刘彻为了培养一支能够与匈奴骑兵长久抗衡的军队,曾派使者远赴西域大宛国求购汗血宝马,未曾料到大宛国不仅拒绝售马,还杀害了汉使。被激怒的汉武帝连续发起两次"天马之战",最终得到了千余匹宝马。得到宝马后,汉武帝立即设置牧师苑,在祁连山下驯养军马,遂成著名的"山丹军马场"。

在我国历史上,长久以来赛马都是许多民族喜爱的传统体育项目,尤其是在内蒙古、新疆、西藏、贵州、四川等地区更为风行。但因为各少数民族的风俗习惯各异,所以在赛马的内容与形式上也不尽相同。比如,内蒙古地区的赛马多为直线赛马,男女老少都可以参加,且人数多少不限。一直以来赛马都是蒙古族"男儿三技"中的重要一项,是真正考验"马背民族"骑术的一种比赛项目。比赛项目主要有赛奔马、赛快马,以及竞技表演项目马术三

项。每年祭敖包和那达慕大会时都会举办赛马活动,牧民们会选出最优秀的马匹来进行比赛。赛马当日,以最先到达敖包的为头马,头马不但会得到白银作为赏赐,有的地方还会赐名给头马,而最先到达的骑士被誉为草原健儿。西藏人民同样也以赛马为休闲娱乐的主要内容,藏族一年之中的赛马活动不计其数,所有大型的节庆活动上都会举办赛马。赛马是藏族历史最悠久、群众参与度最高的休闲娱乐活动,从选马、驯马再到赛马,都积累了丰富的经验。西藏地区的赛马形式和种类很多,有按照骑乘距离来划分的里程赛,有按照参赛马匹来划分的骏马赛、马驹赛、母马赛,也有按照骑手来划分的成人赛、孩子赛、姑娘赛。有时也有展现高超骑术的马上竞技表演项目,例如马上拾哈达、马上敬青稞酒、马上射击射箭、马上拔旗杆等项目。新疆地区的维吾尔族、哈萨克族、蒙古族、塔吉克族等民族也都十分热爱赛马运动,且竞赛技艺高超,令人称奇。近年来,新疆地区的赛马运动又增添了许多新项目,比如障碍赛马、越野赛马、马上劈刺、盛装舞步赛以及马车驾驭赛等,十分惊险精彩。

中华人民共和国成立以后,我国马术运动得到重视。1952年的"八一"建军节运动大会上,举行了赛马比赛。1959年第一届全国运动会上,来自13个省市的226名选手就赛马项目进行了角逐。1960年举行了全国马术锦标赛。1979年中国马术协会成立。由于社会经济发展问题以及经费短缺等原因,自此之后到1982年之前,我国再也没有举行过赛马比赛。1982年我国加入了国际马术联合会,从那一年开始每年都会举办一届全国马术锦标赛。1983年起恢复了全国性马术竞赛活动和奥运会三项赛(盛装舞步赛、越野障碍赛和三日赛)以及民间民族马术运动。20世纪90年代,西安率先开始了现代赛马进程。1991年4月,新中国第一个赛马俱乐部在深圳诞生,并于第二年组织举办了"猜头马"平地赛。1992年4月26日,"金马杯中国马王广东邀请赛"在广州黄村开锣。从此以后,全国各地的赛马活动如雨后春笋般此起彼伏,中国的赛马运动开始升温。发展到现在,我国开展较为普遍的是平地赛马,随着休闲体育的多元化发展,赛马被越来越多的中国人所接受和喜爱。

根据 2011 年出版的由国家畜禽遗传资源委员会编撰的《中国畜禽遗传资源志·马驴驼志》中记载:中国已有的马品种共 29 个,近现代培育品种有 15 个,引进品种有 10 余个,遗传资源和经济利用种群共 10 个。品种数量约占世界马品种的 22% 左右。中国的马种资源有着独特的、巨大的研究价值和经济价值。特别是地方品种,如蒙古马的耐力、持久力,藏马的耐低氧性,未经人工选育的中国矮马的遗传稳定性,伊犁马、三河马的竞技性、适应性、兼用性等,都是世界马种中最珍贵的遗传特征。最有代表性的蒙古马与新疆伊犁马是世界马种的两大体系。根据中国马种资源状况调查显示,中国马品种遗传资源近几十年来发生了较大变化。目前鄂伦春马、铁岭挽马和金州马这三个地方马品种被确认为有面临灭绝的危险。

20 世纪 30 年代,除了香港的赛马业迅速发展外,上海有 2 个跑马厅,天津有 3 个跑马场,全国的赛马场逐步发展到 20 多个。上海跑马厅在中华人民共和国成立前曾一度成为亚洲最大的赛马场。其中,武汉、成都、广州、济南、南京等地,修建了万人以上的超大型赛马场,近年来全国各地的马术赛马运动也逐渐兴起。国内地区的大型赛马场有以下几个:

武汉东方马城,位于湖北省武汉市东西湖区,2003 年正式投入使用,由香港东方神马集团控股的东方神马实业(武汉)有限公司运营。按照国际标准建造的国际赛马场是东方马城的核心项目,外圈是沙地跑道,内圈是草地跑道。

南京国际赛马场,该马场位于江苏省南京市栖霞区,占地 78.7 万平方米,共分为马厩区、赛道区、看台区等。赛道区是亚洲少见的集马术和速度赛马等四大比赛项目于同一赛场的综合设施。看台区总建筑面积 5.3 万平方米,可同时容纳近万人观看马术比赛。赛马场由南京赛马置业有限公司运营,2005 年全运会结束后,再未举行过正规赛马活动。为解决该赛马场每年用于草场绿化、基础设施的维修与维护、马匹的驯养与医疗等的巨额开销,降低亏损,已将沙道暂时租借出去,当作物流场所,停放车辆。

济南国际赛马场位于山东省济南市,地处济南市东部经济发展圈,距市区 10 公里,占地面积 1066 亩,约等于 120 个足球场,拥有 1800 米国际标准

赛道。共设有速度赛马区、盛装舞步赛马区、场地及障碍赛马区、马匹服务区、配套服务设施区五大区域，是符合国际标准的赛马场，同时也是一座集运动、生态、休闲于一体的马术主题公园。

广州赛马场位于珠江新城东北部，其规模居亚洲第二位，仅次于香港沙田马场。1993 年建成，占地 33 公顷，共设有 4 个跑道，建成后基本保持每周两次赛事活动。2003 年 8 月 6 日，广州市政府宣布正式批准广州赛马娱乐总公司将广州市赛马场 21 万平方米的场地对外出租，并将其改建为汽车交易市场，即现在广州人熟知的"广州赛马场汽车城"。2014 年，广州赛马场重新恢复体育用地。

根据中国马术协会官方合作媒体《马术》杂志发布的《中国马术行业发展状况调查报告》显示，截止到 2018 年，全国有注册马术俱乐部 1802 家。马术俱乐部的数量近三年来呈逐年增加的趋势，区域分布主要集中在华东、华北及中西部地区。其中北京有 241 家，占总数据的 12.86%，为全国城市之首。华东地区马术俱乐部总数 623 家，占全国马术俱乐部的 33.24%。华北地区马术俱乐部总数 552 家，占全国马术俱乐部的 29.46%。其中北京地区有 241 家，全国占比 12.86% 中部、西部地区马术俱乐部总数 383 家，占全国总数的 20.444%。东北地区马术俱乐部总数 157 家，占全国马术俱乐部的 8.83%。华南地区马术俱乐部总数 159 家，占全国马术俱乐部的 8.48%。从全国 1802 家马术俱乐部中随机抽样 374 家进行多项数据分类调查，然后在已有数据的基础上统计分析，推断马术行业的现状。237 家俱乐部总占地面积 37090.4 亩，平均值为 156.5 亩。2017 年平均值为 103.76 亩。199 家俱乐部中 94 家俱乐部有室内馆。188 家俱乐部总会员人数 56934 人，平均值为 303 人。

目前国内俱乐部服务项目以马术基础教学为主，由专业教练对初次骑马的消费者进行技术指导，以便快速入门和安全骑行。服务项目中还包括马匹寄养，即马主将马匹寄存在俱乐部，由专业人员代替饲养；马匹交易，包括俱乐部自己饲养的马匹，也包括一些代销售的马匹；马匹繁育；户外野骑；马术用品买卖；举办赛事，通过定期举办马术赛事和马术表演收取门票；进行夏令营活动;场地租赁等。近几年随着我国马术俱乐部总数的持续增加,也出现了一些新的发展趋势:投资规模扩大;马匹数量增多,纯血马、温血马和阿拉伯马的比例明显上升;经营项目多元化;青少年和儿童成为会员的重要组成部分,女性会员数量已超过男性;赛事显著增多。

2011年1月,中国马术协会推出"中国马术俱乐部专业考试与评级系统"(英文简称:CHS-2010)。这标志着国内马术俱乐部产业的评级标准得以统一,马术人才的培养标准得以树立,马术考试培训机构的进入标准得以确定,国内马术俱乐部产业开始步入标准化与规范化,是中国马术运动发展的里程碑。国家级以上马术赛事及马术节活动举办地遍布20个省份(直辖市/自治区)赛事举办时间主要集中在5—11月。主要赛事形式包括场地障碍、速度赛马、耐力赛、盛装舞步、马球比赛、青少年比赛、马术节以及其他一站型赛事。

1. 北京

北京养马的历史十分悠久,明清时期有很多胡同、街庙的名字与马相关,如马相胡同、观马胡同、兵马司胡同、骡马市大街、亮马河南路、前马厂胡同、后马厂胡同、东马尾帽胡同、马家堡、南养马营胡同、北养马营胡同、平谷有马坊、望马台等地。北京传统的赛马活动非常注重马的步伐,一般有走马、跑马、颠马三种。走马主要是看马在奔跑时马步的稳健与美观,跑马看重的是比赛速度和耐力,颠马强调的是比赛时马的颠簸姿势要优美、有花样。北京赛马最早有记载的是清末民初在京城郊外开展的赛马活动,最初只在春秋两季开赛,每季为期三周,春季大赛在五月初,第一周赛三天,第二周赛二天,第三周赛一天。当时的北京赛马日期集中,观众较多,可见北京赛马场从社交考虑多于营利考虑。

最早有纪录的赛马日,是1876年西便门跑马场举行的一英里赛马,当时的跑马场主要是各国使馆用于社交的场所,会员、马主、骑师和组织者也大多是使馆人员与旅外归侨。庚子前蒙古马是赛马场上的主力,后来慢慢也有阿拉伯马参赛。据意大利公使塞尔瓦戈·拉吉日记载:1900年6月9日义和团焚烧跑马场的看台。"庚子事变"后洋人重建西便门外跑马场。清末

民初各国使馆聚集在北京,他们在东交民巷台基厂建筑使馆俱乐部称为北京西绅总会。由于使馆人员身处异国,业余生活贫乏,为满足休闲娱乐需求,常常举办赛艇、赛马、野餐等活动。清宣统末年,顺天府划给西绅约200多亩土地新建西便门跑马场,大致位于今西便门外莲花池附近。新建的跑马场占地300多亩,跑道长度为一英里。此外跑马场还建有马厩、餐厅楼、咖啡厅、骑手休息室及票房,观众可以在票房购买马票进场观看赛马。北京西绅跑马场与天津、上海的外国马场性质上有所不同,马场董事和会员以大使馆官员为主,马主人和骑马师也大部分是大使馆官员们,该马场是供大使馆官员娱乐和交际的场所。

北京马场的赛马日如同节日一样热闹非凡,中外知名人士纷纷前来参加。平汉铁路专为跑马活动在西便门跑马场设车站,早晨从老北京前门西站开出专列经西便门到跑马场,下午赛马结束后由跑马场开回前门西站。跑马竞赛时间较短,春秋两季共十二天。清朝末年为压制民众的反抗力量,朝廷严禁百姓养马,传统的马球活动日渐衰微。二十世纪三四十年代,洋式越野赛马与马球渐兴,与赛马成为当时北京马术运动的主流。越野赛马的前身是源于欧洲的猎狐运动,属于冬季马术运动,随后演变为类似三日赛越野阶段的形式。洋式马球则属于集体项目,对马匹要求较高,而且一个马球队往往需要大量的马匹(大约30~40匹马),花费较大。北京的马球运动是由西方殖民势力带来的,最早在北京守军中和赛马会的会员中开展。1934年,组织了第一次中外马球比赛。1937年抗日战争爆发,马球队解散。1937年底,在北京举行过几场规模较大的越野赛马活动,其中包括京津越野拉力赛和圣诞杯越野赛马。在圣诞杯比赛上中国骑手王士斌获得冠军,这是北京国际赛马赛事中国人的首次胜利。"七七事变"前居住在北京的很多外国人,每天早晚沿着东单和东交民巷内骑马道上跑马来锻炼身体。冬天参加越野障碍赛马,春夏秋参加打马球活动。

中华人民共和国成立前北京已经成立了北京赛马会、北京越野赛马会、北京马球会三个马术组织,对北京地区马术运动的发展起到了推动作用。随着国际性交往的日渐增加,美国的卓尼根中校、俄裔华人聂保、法国公使马德等人对北京的马术运动有相当大的影响。解放初期,北京的马术运动基本上是作为军事体育项目来看待,结合农业生产的马匹改良。1950年中国从苏联引进1100匹良种马,其中大部分是轻型马,品种有顿河马、阿哈马、苏纯血马、卡巴金马、布琼尼马、卡拉巴伊马、奥尔罗夫马等。这些良种马在北京郊区的种马场中都能见到,一方面做纯种繁殖,另一方面大量推广杂交改良。一直到20世纪80年代中期,北京的改良马达到相当可观的数量,为20世纪90年代初期的乘马俱乐部的出现提供了足够多的马匹。直到今天,这些良种马的遗传因基还体现在北京的运动用马身上。1985年,北京出现了国内第一家马术俱乐部,发展至今北京已经聚集了全国近一半的马术俱乐部,北京也被称为中国马术俱乐部的集中营。

中联骑士联盟(北京)成立于2003年,是国内最早专业推广马场马术的企业,致力于推动马术运动的普及和发展,为马术爱好者们提供专业马匹,同时提供专业的骑术训练课程。在全国不同位置建设了不同风格的联盟马场,推出了含装备、教学、野外骑乘等一条龙的产品服务。联盟还从欧洲引进世界先进马术教学课程,为初学马术者提供系统全面的教学保障,并结合国内实际情况摸索总结了俱乐部的一系列经营管理条例,目前在国内多家俱乐部内实行推广。

北京西坞乡村马术俱乐部始建于2004年,占地面积约400亩,于2006年3月获得了由英国安德鲁王子亲自颁发的、中英马术俱乐部认证体系授予的四星级俱乐部证书,此证书为目前此行业国内最高级别证书。同时俱乐部被中国马协和英国哈特伯瑞马术学院指定为中国的认证考试中心。北京西坞乡村马术俱乐部拥有国际标准的室内、室外的训练场、比赛场,自1998年起成功地举办过多次国际国内专业马术比赛。成功举办了2006、2007、2008、2009、2010、2011年全国专业马术场地障碍精英赛总决赛,中日韩青少年马术挑战寒,北京冠军杯挑战赛。

北京骏威国际马术俱乐部位于北京市新城滨河森林公园,占地面积70亩,室内标准纤维地1800平方米,室外标准纤维场地4400平方米,训练场地3100平方米;俱乐部拥有宽敞明亮的对排马房45间,马房内设有鞍具房、

钉掌间、洗马区、烤电室、马匹按摩室等;五星级赛事标准障碍 2 套,标准舞步围栏及进口马匹跑步机。骏威国际马术队由俱乐部会员和俱乐部马主组成,每年都积极参与国际马联(场地障碍)挑战赛、全国马术(场地障碍)锦标赛、精英赛、冠军赛等国内外大、中型赛事,是多项国内外马术赛事的参与者,并积极成为组织者。俱乐部也会定期举行不同级别的青少年舞步及障碍赛。

2. 新疆

新疆维吾尔自治区是我国传统的养马大区,有着悠久的养马历史、浓厚的马文化底蕴和广泛的群众基础,年均拥有马匹的数量 80 多万匹,其传统马业在全国均占有重要地位。随着经济社会的发展,传统马业正在向现代马产业转型,发展前景十分广阔。

表 4-1　新疆维吾尔自治区马品种

品种	数量(万匹)	主要分布地区
哈萨克马	55	天山北坡、准噶尔西部山区、阿尔泰山西段
焉耆马	3.3	巴州的和静县、和硕县
巴里坤马	0.58	哈密地区巴里坤县
柯尔克牧马	2.7	帕米尔高原
伊犁马	12	伊犁州昭苏、尼勒克、特克斯、新源、巩留县
伊吾马	0.04	哈密地区的巴里坤、伊吾县、伊吾军马场

目前新疆的马种资源,占全国马种资源的 14.3%,是我国马种资源最丰富的省区之一,地方原始品种有哈萨克马、焉耆马、巴里坤马和柯尔克牧马,培育马种有伊犁马和伊吾马。近年来,为加快马品种改良,新疆还从国外引进了顿河马、新吉尔吉斯马、奥尔洛夫马、俄罗斯速步马、库兹塔乃衣马、阿拉伯马、吉尔吉斯乳用马、阿尔登马、贝尔修伦马、美国速步马、霍士丹马、汉诺威马、英纯血马、阿哈尔捷金马等超过 10 种马。

截至 2014 年底,新疆存栏马 89.4 万匹,占全国的 14.79%;其中生产母马 44.8 万匹,出栏马 41.88 万匹,占全国的 31.3%;马肉产量达 5.59 万吨,占全国的 25.32%。新疆现有五个大型国营马场,三家自治区级种马场。马的品质迅速提升,市场价格从 2000 年的每匹四五千元涨到目前数万元甚至十万元以上。伊犁马已成为国产运动马第一品牌,约占国产运动马市场的 60%。

1985 年,北京成立了我国第一家马术俱乐部,新疆作为传统的马术活动地区也很快参与其中的活动,并在 20 世纪 90 年代初期也成立了一些当地的马术俱乐部,例如龙骧马术俱乐部、西域马术俱乐部、天山国际马术俱乐部、神木园马术俱乐部等,目前马术俱乐部的数量已经增加到 20 多个。就俱乐部的经营性质来看,全部为个人投资兴建的私营俱乐部。现有马术俱乐部种类繁多,各具特色。目前业界主要把马术俱乐部分为 4 种类型,分别为度假型俱乐部、表演型俱乐部、专享型俱乐部和赛事型俱乐部,不同类型的俱乐部其主要的经营项目也不同。新疆地区的俱乐部还处在初级发展阶段,经营项目较多,不能简单地归到上述任何一种具体类型的俱乐部当中。目前新疆马术俱乐部的经营项目中,初级马术培训和休闲骑乘所占的比例最高,其次是马车婚礼的租赁和马具用品的销售,不仅面向会员也吸引其他消费者,但不难发现目前经营的项目未能够深度挖掘,大都简便易行、便于开展。马术俱乐部的经营者是马术运动的忠实爱好者,在经营过程中,马术服务活动并不是主要盈利项目,而把餐饮业作为主业。

新疆是多民族地区,目前共有包括维吾尔族、哈萨克族、蒙古族、柯尔克孜族在内的 47 个民族。这些草原民族对马有着非比寻常的感情,马在他们的生活中既充当了生产、放牧工具,同时也是重要的交通工具。各民族在日常的生产生活中同马建立了密切的关系,因此在民族文化、艺术、绘画、音乐、舞蹈中马都占据了重要地位。独具特色的草原马文化、马上体育文化在各民族的生产生活中逐渐形成起来,有着丰富的内涵和悠久的历史,是中华民族文化中的瑰宝。各民族的民间马休闲娱乐活动蓬勃发展,哈萨克族在古尔邦节、肉孜节、纳吾鲁孜节以及婚庆、割礼等节日和重大庆典上,举办赛马、叼羊、姑娘追、走马赛、马上角力、骑马拾银、跃马比武等马上活动;蒙古族在塔克恩节、那达慕大会等节日上,举办赛马、骑马射箭等活动;柯尔克孜族在古尔邦节、肉孜节、掉罗勃右节、诸多孜节等节日上,会举办赛马、叼羊、姑娘追、马上对刺、马上角力、飞马拾银、飞马射元宝、马上技艺等活动。目前新疆已创办了一批自治区、地州、县市级的影响较大的马文化旅游节庆活动。如:伊犁国际天马节、裕民国际赛马大会、中国天山论马、博州那达慕大会、木垒马术节等,大大增强了新疆文化旅游的吸引力。

新疆地区的赛马以民族赛马为平台,融入当地本土文化,例如"库尔勒香梨文化旅游节""丝绸之路·中国"及"木垒哈萨克自治县民俗旅游文化展示节"等,着力打造新疆赛马地方视觉识别,以"城市+赛马""文化+赛马""旅游+赛马"的融合方式,激活新疆民族民间赛马。新疆现在已经举办了多项分级赛事,在昭苏县创办了"育马者杯""天马杯",在巴音布鲁克创办了"环天鹅湖耐力赛"等赛事品牌。2015年,伊犁州马业协会启动了每两周举办一次的伊犁马常态化赛事,提升了伊犁马、焉耆马的赛事影响力。同时,在昭苏县、霍城县、裕民县、巩留县、塔城市等县(市),民间自发赛马赛事较为普遍,已形成规模和定式。赛马运动已经慢慢向第三产业靠拢,骑马与观赛成为现代都市人休闲放松的生活方式之一,新疆赛马的发展,从俱乐部建立到赛马场地设计,再到赛马与文化节的结合,在体会赛马乐趣的同时,还能体验当地特色的文化与风土人情。新疆民族民间赛马,正在积极地将地方特色、地域文化、城市特质与赛马运动相融合,使新疆赛马文化在社会中的认同感越来越强。

3. 广东

在广州,赛马是最受市民们喜爱的休闲娱乐方式之一,每年一到赛马季节,各大媒体分析评论赛马的内容多达十几种,谈马、论马之声在街头巷尾不绝于耳。赛马场内、场外人头攒动,成千上万的人们一同为场上十余匹飞奔的骏马而声嘶力竭,赛马已逐渐成为广州人文化生活的一个组成部分。广东本地并不产马,马在当地广受欢迎的一个重要原因是赛马给广东人民带来的自豪感。从20世纪90年代起,广东一直在全运上包揽马术运动的金牌。由于投入较早,且抓得好,广东马术在历届全运会都有不俗的成绩。同

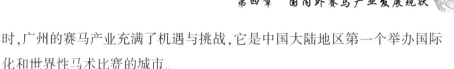

时,广州的赛马产业充满了机遇与挑战,它是中国大陆地区第一个举办国际化和世界性马术比赛的城市。

广州赛马场于1993年建成,占地33公顷,共设有4个跑道,位居亚洲第二,规模仅次于香港的沙田马场,投入使用后每周举办两次赛事活动。2003年开始广州市政府将赛马场部分场地出租,改建为汽车交易市场。2014年广州市政府宣布赛马场重新恢复体育用地,汽车企业也将限期迁出,沉寂十余年的广州赛马场终于重新启用。

2010年11月12日—27日第16届亚运会在广州举行,继北京之后广州成为中国第二个取得亚运会主办权的城市,在此背景下广州建设了广东奥林匹克中心马术场。马术场位于广州从化温泉养生谷良口镇高沙村,通过对原有的第八届全国少数民族传统运动会马术比赛场进行改造扩建而成,总占地面积约148.56公顷。马术场建设充分借鉴香港马会举办奥运会马术项目的成功经验,聘请专业设计团队打造了具有国际水准的马术比赛场地,为了能够全方位地满足国际马术比赛的各项要求,还聘请了由亚马联委任的马术比赛场地路线设计师进行马术比赛路线的设计,为参加第16届亚运会的世界各国运动健儿提供一个国际化、高水准的比赛场地,同时也为广大马术观众提供一个赏心悦目的国际性马术比赛。

广州亚运马术场规划分为五大功能区,分别为场地赛马厩及相关附属设施、物流综合区、中心赛场及训练场地区、观众广场区、赛马场入口区。其中,中心赛场区包含一个120×108米的主赛场;一个80×60米的热身赛场;一个80×80米的盛装舞步训练场,其可划分为3个奥林匹克标准的60×20米的盛装舞步场地;一个80×60米的障碍赛训练场以及遛马道及降温房。中心赛场的南、北及西侧设置了观众看台,可同时容纳约6000位观众、贵宾及媒体观看比赛。马术场设置了免疫区和隔离区,同时还设置了部分辅助设施,如:为运动员设置的有盖训练场,运动员餐厅及休息厅,运动员可在此休憩并观看有盖训练场内的活动;用于比赛马匹使用的马厩;为所有参赛马提供就医的马诊所,提供24小时兽医服务;还设计了为赛时观众服务的医疗设施,以保证赛时完善的医疗服务。

除了赛马场地,广东也创建了一批具有一定影响力的赛马俱乐部。广东东莞金伯乐马术学府成立于 2007 年,位于闻名国际的中国马术之乡——广东省东莞市长安镇环珑山,占地面积 200 多万平方米,集马术、骑术、餐饮、酒店、康体、娱乐休闲于一体。金伯乐开设了广东省唯一具备国际级马术证书的课程,同时还是国家马术队的训练基地,拥有国际顶级室内外全天候马术练习场地,专业教练团队,还从世界各地引入优质纯种马匹,并附设高级会所设施,为各界爱马人士提供理想的环境和条件。

广州四海标卓马术俱乐部(四海标卓马术会)位于广州番禺四海一方庄园内,前身是标卓骑士乡村俱乐部(原位于仙湖度假村)。四海标卓马术会占地面积约 200 亩,设有 3200 平方米室外表演场、800 平方米室内训练场、跑道训练场、练马圈、观光休闲马道及马厩等会所设施,具有得天独厚的自然环境、国际化马术设施以及专业的服务团队。会所提供马术表演、休闲沙龙、私人派对、商务会议、特色主题摄影等服务项目。四海标卓马术会有着国内、外资深专业的教练,提供从一对一的基础教学至障碍、舞步的马场马术,多种不同水平的专业课程。同时,为私人马主提供马匹寄养、马匹调教、骑术训练。除此之外,还不定期地邀请国际著名马球/马术高手亲临指导,或组团参加国际性的马术赛事或交流活动,让会员亲身体验国际水准的马术文化。

在 1992 年,广州赛马会就制定了《赛马规则条例》,共 10 章 41 条。后又进行了多次的补充和修改,现在条例内容详尽,包括了总则、组织机构、比赛办法、场地器材、奖励办法等方面。《赛马规则条例》的制定,使人们在进行赛马活动时有章可循,从而极大地减少了随机性事件的发生。《赛马规则条例》第一章第三条中规定:"赛马活动要有组织,有领导的开展,做到公正、平等、准确地进行竞赛。"同时,赛马会中还专门设立了监察组织,及时对赛马中可能出现的各种问题进行监察和处理,这就保障了赛马活动可以在公平的条件下进行。

2014 年 9 月 19 日,广东省马业协会成立暨第一次会员大会在广州市黄埔军校同学会旧址召开。中国马业协会秘书长岳高峰在致辞中表示中国马业形势目前一片大好,正在迎接一个伟大的机遇,但同时中国马业还肩负着更伟大的使命,面对伟大的机遇,中国马业需要有更伟大的坚持,才能完成最伟大的使命。会上还审议并通过《广东省马业协会章程(草案)》、管理制度、会员收费标准及选举办法。

广东开展赛马活动以来,每年要从牧区购入大量的马匹,价格从最初的每匹2000元左右上升到7000元左右,价格的飙升直接刺激了牧区养马业的发展,一定程度上带动了当地经济发展。在成立的七年以来,广州赛马会不仅平衡了自身的经济,还以包揽全部费用赞助了两届全国速度赛马比赛和中国马术训练基地,除此之外还赞助了在广州举行的第八届全国运动会、第五届全国少数民族运动会、第67届世界男子举重锦标赛。给中华慈善总会、希望工程、扶贫、救灾等捐款3亿多元。既有优美的环境,又有综合齐全的文体设施,使得广州赛马场成为广州市的一个新旅游景点,不仅带动促进了广州旅游业的发展,同时为广大市民、境内外人士提供了一个集体育竞技、休闲娱乐以及社交活动为一体的文明场所。吸引了众多中外工商企业人士、社会名流聚集到赛马场,观看赛马的同时,加强彼此间的交流。因此,赛马场也有"中外企业家活动中心"的称号。同时也带动了周边地区第三产业的发展。据统计,七年来广州赛马会为3000个下岗工人的提供了工作岗位,解决了700名转业军人以及1000多个大学毕业生的工作问题,创造了很多的就业机会。这不仅减轻了社会的就业压力,也减轻了很多企业、事业单位的财政压力,创造了无形的经济价值和社会价值。

4. 湖北

湖北作为荆楚文化的发祥地,其赛马的历史也十分悠久,最早可追溯到商周时期的驭马器,中原地区也开始调教马匹和驾驭马车。20世纪初帝国主义国家入侵中国后,英国在汉口英租界建立了马道子、球场等。1902年,英国人从当时人称"汉口地皮大王"的刘歆生手中低价收购了汉口西北角的800亩荒地,耗时三年建成西商跑马场,这是武汉最早的赛马赌博场。因为赛马场由洋人创建,所以会员基本都由高级外侨组成。1906年,刘歆生将大片土地提供出来,兴建了属于国人自己的华商跑马场。这个跑马场与洋人

创办的不同,不仅不收门票而且中外观众都可以入场参观。1926 年,武汉商人王植夫、吴春生等人又修建了武汉的第二座跑马场——万国跑马场。1907 年,最早由华人发行的赛马彩票就在武汉诞生。在清末后的近五十年间,武汉的赛马文化在民间广为传播,产生了大批"马迷",塑造了良好的城市赛马印象与名片,那时的武汉就享有"赛马之都"的美誉。到了现代,湖北赛马主要是由社会资本推动,地方政府策应,以赛马基础设施建设和举办赛事为基础,在土地以及资本等要素方面进行了初期准备,处于起步阶段。2005 年以后,地方政府开始从产业政策的层面介入。除了继续开展赛马赛事活动外,还开始发展研究赛马文化产业,"赛马产业发展"专业在高校落地生根,开始实行人才培养。制定相关标准,规范行业发展,通过全国政协提案引起更高层面的关注,特别是得到了国务院关注。

武汉东方马城赛马场位于武汉金银湖,占地面积 100 多万平方米,核心项目国际赛马场是华中地区唯一的国际标准赛马场,也是国家体育总局中国马术协会唯一的马术与速度马训练基地,已于 2003 年正式投入使用。赛马场是按照国际标准建造的,设施全国领先。马场建有 12 万多平方米的多功能广场和周长 1620 米,宽 28 米的国际标准沙地跑道,可同时进行障碍马术比赛和马上技巧表演;建有能容纳 250 匹马的五排马厩。马场可同时容纳 4500 名观众观看比赛,亮马圈四周设有观马看台和全国面积最大的 LED 显示屏,观众能够清晰地查看赛马的排位情况、详细信息以及马主彩衣图案,13 个机位可全方位观看赛事,赛道内安装有 20 多个摄像头。因此,武汉国际赛马节的赛马、场地、监控、安保系统等硬件,在全国范围内首屈一指。

自 2003 年东方马城国际赛马场建成以来每年都主办"中国武汉国际赛马节",赛马赛事不断,且赛事规模不断扩大。赛马节的组织机制与组织制度日趋成熟,参赛办法和比赛规则逐渐接轨世界四大赛马节。赛马节确定在每年 10 月的最后一个星期六下午开幕,比赛时间由最初的一周缩短到 4 天再到现在固定为 2 天。政府对赛马节重视程度极高,每届赛事结束后都会对下一届赛事做出详细的研究和分工部署,以确保下届赛事的成功举办。从第一届赛马节开始,全国共有 9 支代表队、100 多匹赛马参加 7 个项目的角逐,赛事持续了 6 天,进行 70 场表演。第四届赛马节,举行了国际骑师速度赛马邀请赛、香港评马同业促进会杯赛、澳门赛马会杯速度赛马邀请赛等赛事。第五届赛马节上,组委会推出国内首个以城市冠名的"武汉杯"速度赛马比赛,并努力将其打造成国内赛马的第一赛事。第八届赛马节是一个标志性的转折,这届赛马节集中了包括中国金牌骑师大奖赛、"武汉杯"国际骑师大奖赛、中国速度赛马公开赛(武汉)、全国速度赛马锦标赛等在内的全国数项顶级速度赛马赛事。第十二届赛马节上的全国速度赛马锦标赛,参赛骑师的数量达到历届之最,70 余名国内外骑手同场竞技,参赛的纯血马匹也创纪录的达到了 207 匹。武汉市成为中国马术赛事的中心,赛马已逐渐成为武汉市的一张名片,影响力、号召力也越来越强,进一步奠定了武汉作为中国"赛马之都"的地位。

2008 年,在与赛马相关的市场人才饱和度仅为 10% 的背景下,武汉商业服务学院与东方马城合作办学,率先创办赛马产业相关的专业,培养具备赛马产业的基本知识与技能,从事赛马赛事组织与管理、骑师、娱乐竞猜指导等工作的高素质技能型人才。2009 年,武汉商业服务学院与武汉赛马俱乐部有限公司合作,建起全国高校中的第一个马术学院。2010 年 4 月,武汉商业服务学院又成立赛马经济研究所,致力于搜集整理赛马领域的研究资料,建立相关文献资料档案。2011 年,学院建起马匹解剖生理实验室、马匹运动能力检测室、电子模拟马实训室、赛事模拟实训室、马文化展示室等机构,还建立了全国高校第一个标准练马场。武汉商业服务学院针对武汉赛马产业发展的需求,主动与政府、社会合作,开展赛马赛事研究、赛马经济与产业研究、赛马人才培养研究等,为武汉乃至全国赛马赛事提供相关技术分析与保障,为武汉市赛马产业的发展提供智力支持;积极开展校企合作,主动承接专业培训,协助做好赛马经济类专业的人才培养工作,积极与国内外赛马界开展学术交流与合作。

随着湖北以武汉市为代表的赛马运动快速发展和人们消费水平的提升,以及各大赛马赛事的成功举办,国内外大量的游客纷纷慕名而来观看赛马比赛和旅游观光。大大刺激了餐饮、住宿、乘车、运输等领域的市场需求

量,这不仅保障了赛事的观众数量确保赛事成功举办,也推动了湖北地区旅游、餐饮、交通、运输一体化建设和发展。未来湖北地区将以东方马城为核心,发展成为一个真正的马城商圈,并在强大的"马"力牵引下,实现巨大的"赛马效益"。

2003 年年底,湖北省开始申办"中国竞猜型赛马彩票"项目,开创了申办赛马体育彩票的先河。2005 年春天,由湖北武汉政协委员牵头,联合了全国将近 40 个大城市的政协委员,联名提议开禁"马彩"。2006 年 10 月,有媒体称国家体彩中心有消息传出,称竞猜型赛马彩票正在酝酿推出,预计 2008 年之前可在部分省市试点销售。2008 年 1 月 10 日,新华社正式发布消息指出,虽证实武汉获国家体育总局批准开展速度赛马赛事运作平台试点,但强调获批试点并不意味着赛马彩票"开猜"了,而是需要按照国际标准建设配置场地、马匹、骑师等。虽然赛马彩票到今天也没有开放,但赛马彩票研究课题组落户武汉,毋庸置疑是对武汉赛马产业发展态势和地位的认可,同时该研究课题的分析、探讨,也将更有助于武汉赛马产业认清发展的方向。

5. 四川温江

成都温江金马国际赛马场是国内面积最大、设施最完善的赛马场,赛马跑道由三条环形赛道组成,分别是最外环的草地赛道、中间的沙地赛道和位于最内侧的救护车道。成都国际马术体育公园项目是金马国际体育城的核心项目,计划总投资约 15 亿元,将按国际标准建设成"亚洲一流,国内领先"的国际速度赛马比赛场,初期能满足 5 万人观看比赛,远期能容纳 8 万人。该赛马场拥有长 2000 米、宽 25 米的草道,可容纳 16 匹马同场竞技;初期看台便可为观众提供 5 万个室内外座位;三座上下两层的马厩参照香港专业马术场馆建设,总面积达到 6389 平方米,可同时容纳 240 匹马入住。在这里,曾举办了五届"成都·迪拜国际杯——温江·迈丹赛马经典赛",因其作为国内最规范、竞争最激烈、奖金最高的速度赛马运动,已成为国内赛马产业乃至体育产业最知名的几个品牌之一,为温江乃至成都收到了良好的社会效益。"成都·迪拜国际杯——温江·迈丹赛马经典赛"共吸引国内外超百位知名马主及近万赛马爱好者到现场观赛,成功擦亮了成都温江的马文化名片,成为国外知名速度赛事,让温江占领了国内赛马高地,带动了温江的体育文化发展,也带动了成都乃至四川地区的马术运动的普及。

　　随着"成都·迪拜国际杯"的落地,一大批在国外生活并接触过马术的年轻人心中泛起了开办马术俱乐部的想法。随着各种条件的成熟和涉马产业的不断发展,成都及周边马术俱乐部如雨后春笋一般拔地而起,渐渐成为一个产业。成都不少市民不再是马术的旁观者,他们开始接触马匹,接触马术,学习其中蕴含的各种理念和技术,进而影响他们周围的人。在他们之中,有一批先行者,已经不再满足于马术作为一种运动而存在,他们成立协会,推广马术公益,使成都成为国内最先利用马术运动治疗自闭症及智障儿童的城市之一。

第五章

内蒙古赛马产业发展现状

第一节　起源与发展历程

根据《史集》记载:"勤劳、智慧、强悍的蒙古族劳动人民,早在五六千年前就已驯养马。"因此可以看出,马是蒙古族历史上最早被驯化的动物之一,现在世界上许多名马的祖先,都可以追溯到亚洲的两大名马系,即蒙古马和阿拉伯马。蒙古族历经数千年精心培育出的蒙古马是马匹中的优良品种,有着极强的生命力,良好的适应性,抗病能力优秀,群马合群性强,并且听觉和嗅觉敏锐,是世界上最优秀的作战良马之一,成吉思汗能够驰骋沙场、所向披靡,离不开蒙古马。马是蒙古族生活、生产中必不可少的工具,在蒙古族的发展历程中有着极为重要的地位,因此蒙古族普遍擅长骑马。在古代战争中马还发挥了极大的军事作用,用于疾袭或者速退,能够代替人力运输粮草和器械,提供给军队极强的机动能力。根据史料记载,公元13世纪初,正是依靠了蒙古马成吉思汗横扫欧亚大陆,那是一个属于蒙古马的时代,矮小粗壮的蒙古马以其超强的耐力,在战争中发挥出了不可替代的优势。

蒙古族赛马起源于蒙古汗国建立初期,早在1206年,成吉思汗被推举为蒙古大汗,极力推崇骑术来满足政治、军事的需要,在军队和上层社会中赛马活动普遍盛行。成吉思汗为了检阅部队,维护和分配草场,每年一月间,将各个部落的首领召集在一起,举行"忽里勒台"大会,促进彼此间的团结友谊和祈庆丰收。期间除了进行官员的任免、奖惩之外,大会的主要活动内容就包括赛马。成吉思汗时期,上到大将军,下到普通士兵都要通过练习赛马、博克摔跤、射箭达到强身练兵的目的,而且蒙古军队几乎不离开马背,因此,提高士兵的马术水平也是当时的军事需要。同时民间的赛马运动也得到了一定程度的普及与发展。当时的蒙古社会将赛马作为评价部落首领甚至是能否继承皇位的重要条件之一,可见其重视程度。《蒙古秘史》中曾对那一时期有这样的记载:"铁木真有三万名骑兵射手,因此,他所向无敌。"成吉思汗之所以创造震惊欧亚大陆的奇迹,蒙古马功不可没。

1271年忽必烈建立元朝,制定了一套国家制度。按十户、百户、千户、万户将牧民们进行编制,实行"上马则备战斗""下马则屯聚牧养"的制度。在此背景下,蒙古族中的适龄男子都接受了系统的骑射训练,不但打造出一支强硬的骑兵部队,而且进一步普及和发展了蒙古族的骑马运动。元、明时期,赛马、射箭、摔跤比赛结合到一起,成为固定形式。元朝统治者规定,蒙古族男子必须具备摔跤、骑马、射箭这三项基本技能。即蒙古族"男子三项竞技",后又发展成为"那达慕"。"那达慕"是蒙古语的译音,是"娱乐""游戏"的意思,用来表达庆祝丰收的喜悦之情。每年农历六月初四草原上都会举办那达慕,吸引无数人前来参加,是蒙古族人民一年一度的传统盛会。而赛马不仅是蒙古族人民十分热爱的一种传统体育活动形式,也是极具鲜明民族特色的传统活动。

到了清代,赛马更为盛行。根据《清稗类钞·技勇类》的记载,蒙古族"不论男女孩老幼,未有不能骑马者,其男女孩童自五岁即能骑马,驰驱于野"。清代那达慕逐步发展成了由官方定期举行的有组织、有目的的游艺活动,以苏木(相当于乡)为单位,一年或三年举行一次。古代蒙古族骑马运动的产生与发展,增强了人民体质,丰富了休闲文化生活,同时在扩大祖国的疆域方面,也起了重大的作用。因此蒙古族的骑马运动,也是中华民族璀璨文化宝库中的一颗明珠。

20世纪30年代,现代赛马运动传入内蒙古地区。1930年在归绥市(今呼和浩特市)修建了塞外草原第一个赛马场,并于当年8月举办了"全省蒙古马运动会",共有跑马和走马两个比赛项目,后因日本帝国主义侵华战争而终止。中华人民共和国成立后,赛马运动在党的民族区域自治政府以及各级政府的大力支持和倡导下,如雨后春笋般蓬勃发展起来。据不完全统计,从20世纪50年代初至20世纪末,内蒙古马术健儿在国内外马术和速度赛马比赛中共获得金牌118枚,银牌91枚、铜牌80枚。多年来,内蒙古表演马术队以其精湛的技艺,行云流水般的马上动作,让各地的观众大为惊叹,得到高度评价。1998年8月,曾应香港马会的邀请在新马季开锣仪式上做

了精彩表演;1998年10月,应广州马会邀请为"中国杯"全国速度赛马公开赛做开幕式表演,并获得表演项目一等奖;1999年9月为第六届少数民族运动会主会场做精彩马术表演,获表演一等奖;1999年10月为中国第一届速度赛马锦标赛马开幕式做表演,受到了观众一致好评。

爱马和善骑是蒙古族的传统,蒙古族素有"马背民族"的美称。从古至今,骑马运动都是蒙古族男女老少最喜爱的传统体育项目之一。长期生活在内蒙古地区的各族人民都十分喜爱速度赛马这一运动项目,95%以上的骑手都是蒙古族选手。1959年第一届全国运动会上,内蒙古马术队分别以118分和82分的成绩囊括了男、女赛马团体总分第一名。之后的内蒙古马术队在总体上,尤其是在长距离项目上都在全国各地留有优势,占据了一席之地。除了速度赛马,赛马本身也是普遍受到蒙古族人民喜爱的休闲娱乐活动。受生产生活条件的影响,牧区人民从小就养成了善于骑马和喜爱马匹的优良传统。不但在"敖包会""那达慕"等重大传统节庆活动上都会进行赛马,平日里蒙古族也喜欢骑马跑上几里,赛一赛谁的马儿更快,比一比谁的骑术更高。蒙古民族的赛马形式多样,且不分男女老少都可以参加,人数上也没有限制,少则几十人,多则数百人。每年举行那达慕大会时,无论远近,周边的牧民们都要驱车乘马赶来聚会,参加赛马活动,共同庆祝丰收。虽然大会上有众多的比赛项目,但赛马运动一直是最受牧民们喜爱,且最为隆重、最引人入胜的项目。

第二节　赛马产业规模

一、赛马品种

内蒙古是我国乃至世界马品种资源丰富的地区之一,是马品种的主要发源地,尤其是蒙古马以耐力强、抗病等优点享誉海内外。全区马存栏 10 万匹以上的盟市有呼伦贝尔市、锡林郭勒盟、通辽市和赤峰市,马存栏 1 万匹以上的旗县区有 31 个。近年来,内蒙古持续开展蒙古马遗传资源保护工作,通过积极争取把地方品种蒙古马、阿巴嘎黑马、鄂伦春马、锡尼河马和培育品种三河马、科尔沁马和锡林郭勒马 7 个品种列入《中国畜禽遗传资源志》,将蒙古马、鄂伦春马两个品种纳入《国家级遗传资源保护名录》,先后在锡林郭勒盟、呼伦贝尔市、鄂尔多斯市建立不同类群的蒙古马保种基地,初步建立以保种场为主、保护区为辅的蒙古马遗传资源保种体系。

此外,内蒙古还加强马匹良种繁育和品种培育工作,有计划、有组织地开展杂交改良和育种工作。悠久的马文化让内蒙古人积累了丰富的马匹繁育、饲养、训练和驾驭经验。他们对马匹的驾驭能力奠定了内蒙古民族传统的长久优势。多年来内蒙古先后引进英纯血、苏纯血、澳纯血等优良品种,并同当地蒙古马进行杂交改良,繁育出了独具内蒙古特色的半血马,改良后的马匹即具备了纯血马的速度,又兼具了蒙古马的良好耐力。内蒙古马匹改良育种基础较好,曾培育出三河马和科尔沁马等乘挽兼用马。内蒙古具有繁育马匹的有利气候、地理环境,马匹资源丰富,基础母马数量多,充分发挥这一优势,以内蒙古的竞技马新品种系培育基地——巴音锡勒草原马场为平台,引进国外优良运动马种,运用当代遗传育种理论,以蒙古马为母本,培育运动用马的新品种。

蒙古族人民历经数千年,精心培育出了蒙古马这一优良品种。它的身体结实粗糙、头重额宽、四肢粗壮、蹄质结实。蒙古马属于跑马,具有极强的生命力,能够在极端恶劣的条件下生存,是世界上最优秀的作战良马之一。蒙古马具有极强的适应性,在牧区常会遇到暴风雪侵袭等恶劣的自然气候和饲料和饮水不足等粗放的饲养条件,蒙古马也能较好的适应,抓膘迅速,掉膘缓慢;能够识别牧场上的毒草,很少中毒;具有很强的抗病能力,基本除寄生虫病和外伤,很少患内科病;听觉和嗅觉十分敏锐,群马合群性强,而且公马护群性强,性情暴烈、好斗,能控制母马小群,防止受到侵害。蒙古马是中国乃至全世界较为古老的马种之一,主要产于内蒙古草原,是典型的草原马种。主要有:1. 乌珠穆沁马,产于内蒙古锡林郭勒盟乌珠穆沁草原。体形结构较好,体格较大,多走马,是蒙古马中的最好类群。2. 百岔铁蹄马,产于内蒙古赤峰市的百岔沟,产地多山,马匹善走山路,步伐敏捷,蹄质坚硬,有

图 5-1　内蒙古马品种分布

"铁蹄"之称。3. 乌审马,产于内蒙古乌审旗沙漠,体质干燥,体格小,善于在沙漠中驰骋。4. 三河马,产自内蒙古呼伦贝尔市,已有100多年的驯养史。主要由当地蒙古马同俄罗斯的贝加尔马、奥尔洛夫和比秋克血统的改良马综合杂交培育,后期又相继引进盎格鲁诺尔曼、盎格鲁阿拉伯、英纯血等种马,进一步杂交改良的后培育而成。在外形上,三河马比蒙古马高大,毛色主要为骝毛和粟毛,兼具力量和速度,耐力好,属于挽乘兼用型,部分马匹偏乘或偏挽。三河马的体态特征为头大小适中,直头;眼大明亮;耳大小适中,直立;鼻孔开张良好;颌凹宽;颈长短适中,呈直颈和斜颈,高低适中;颈肩结合良好;鬐甲明显,肩倾斜适度;背腰平直而宽广,尻部丰满,略斜;胸部深宽,肋骨拱园;腹部大小适中;四肢干燥,骨量充实;关节明显,飞节发育良好,腱和韧带坚实,管部较长,系长中等;蹄大小适中,蹄质坚实,多为正肢势。严酷的气候条件形成了三河马一些可贵的品种特征:繁殖性能高,代谢机能旺盛,血液氧化能力较强;体质结实紧凑、骨骼坚实、结构匀称、外貌骏美、性情温驯;有悍威、耐寒、耐粗饲、恋膘性强、增膘快、掉膘慢、抗病力强、适应性良好。

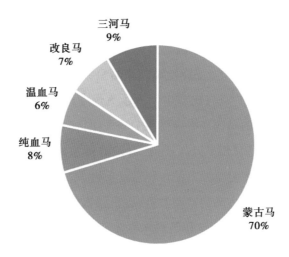

图 5-2　2017 年内蒙古自治区马匹种类分布

20世纪30年代,三河马曾在上海马会与外国马一战成名,其速度劲力居领先地位。三河马作为国产名马,不仅在民用生产、交通运输等方面表现突出,而且用于国防和体育方面也是十分优秀。在好几次战役和军事行动中较好地完成了战备运输任务。三河马也曾作为内蒙古马球队的比赛用马,在各大比赛中多次获得了优异的成绩。在全国赛马比赛中,三河马更是多次打破全国纪录。1986年,中国发布了三河马的国家标准,三河马被内蒙古自治区人民政府正式验收命名为"内蒙古三河马"。

科尔沁蒙古马,是世界上较为古老的马的品种之一,原产于内蒙古自治区科尔沁草原。1950年开始,先后引入三河马、顿河马、阿尔登马等种公马,对本地的蒙古马采取级进杂交和复杂杂交的方式进行改良,培育出的品种。科尔沁马的头比较大,多数为直头,有少数呈微半兔头。额较窄,眼睛大,斜颈,颈肌丰满,鬐甲高而厚,胸深膨肋,背腰平直,尻宽稍斜而短,少数有复夙,一般表现前躯发育良好,后躯较差,蹄质坚实。毛色整齐,以骆毛、栗毛为主。科尔沁马的体形较小,躯干匀称,体质健壮,不择食,极耐寒冷和劳苦是最具耐力的马种之一。一般从两岁起即可用于骑乘,四岁即可劳役,五六岁发育完全。科尔沁地区将马视为财富,更当成伙伴,十分注重对马匹的管理和饲养。通辽市被称作"中国马王之乡",科尔沁马更是名扬海内外。历史上,科尔沁马曾被作为贡品献给清朝皇帝皇太极。近几年,科尔沁马异军突起,在各种全国性的赛马比赛中创下了辉煌业绩,甚至在全国民运会上,科尔沁骑手和他们的马曾一举夺得多个赛马项目的金牌。"哲里木赛马节"的场面壮观,每次都有几十万匹矫健、善跑的科尔沁马参与其中,激动人心的赛马早已成为科尔沁草原上的传统运动项目。

乌珠穆沁马是蒙古马的草原类群,也是蒙古马的典型代表,原产自内蒙古锡林郭勒盟东乌珠穆沁旗和西乌珠穆沁旗。该马种外形特点是鼻孔大,眼睛明亮,胸部发达,四肢短,鬃、鬣、尾毛特别发达,青毛最多,尻较宽而斜,后肢微呈刀状和外弧肢势;毛色主要为骝毛、黑毛和栗毛。乌珠穆沁马适应性很强,发病率低,繁殖性能好;力速兼备,耐力极好,短距离爆发力好,长距离则持久性强,在那达慕大会赛马比赛中经常夺魁。相传三国时期,曹操的坐骑就是乌珠穆沁马,因此该马种具有悠久的历史。成吉思汗著名的近卫军——怯薛军,征战千里也是乘此马。乌珠穆沁马还曾被选用为清代皇帝的御用马和侍卫骑兵用马,也称后山马。2005年,西乌珠穆沁旗举办了"阿吉奈"(公马)大赛,有800位骑手和800匹蒙古马参加,这次大赛创造了在一次赛马比赛中马匹参加数量最多的吉尼斯世界纪录。乌珠穆沁马在众多的蒙古马品种中,是最具代表性的主力品种,堪称中国,乃至世界级的名马。

铁蹄马,属于蒙古马的一种,因蹄质坚硬而得名,传说曾是成吉思汗禁卫军的专用马匹,和乌珠穆沁马、上都河马并称蒙古马的三大名马。铁蹄马最初出现在内蒙古白岔沟。在一篇专门介绍铁蹄马的资料里,曾有着这样的记载:"内蒙古赤峰市克什克腾旗有一条白岔沟,沟长300余里,沟内小山环抱,乱石遍布,道路崎岖。但白岔沟里水草丰美,气候宜人,正是这样得天独厚的环境培育出了白岔铁蹄马。铁蹄马的特点是蹄质坚硬,不易裂缝,在乱石遍布的崎岖山路上也如履平地,不但可以供人骑乘,拉车用挽也是一把好手,因此得了'白岔铁蹄马'的美称。"铁蹄马身材短小,耳尖颈曲,鹿腹斜尻,后腿奇长,是典型的蒙古走马型;蹄小而立,敦厚而圆,色如墨玉,无论在什么道路上行走都无须装蹄铁,特别适应在石头较多的山道上行走,爬坡下梁不纵不跳,平稳行走,是其他马所不具备的优点。

鄂伦春马,原产于大小兴安岭山区,主要产于内蒙古自治区鄂伦春自治旗。鄂伦春马属乘驮兼用型,体质粗糙,体格不大,头长中等,呈直头,颈长中等,颈础较低,呈水平颈;胸廓深宽,假肋较长,背腰平直,腰部坚实;四肢较短,蹄质坚硬;毛色以青毛最多,然后是骝毛,较少有其他毛色;性情温顺,步伐稳健,行动敏捷,在山地乘驮能力较好。由于长期生活在严寒的山区,鄂伦春马对自然条件适应性很强,不畏惧寒冷恶劣的天气。登山能力强,能迅速攀登陡坡,穿林越沟,十分灵敏。特别是冬季在深雪陡坡下山时,背负骑手,采取犬坐姿势,可一滑而下;遇到沼泽地,可跳踏草墩子而过,还可以通过独木桥;常能忍饥耐渴,合群性好,公马护群、母马护驹能力很强,能与野兽搏斗。

锡林郭勒马,在草原群牧条件下培育而成,保留了蒙古马适宜终年大群

放牧、恋群和恋膘性强的特点。开始以蒙古马为母本,以苏高血、卡巴金和顿河马为父本,采用育成杂交。在杂交改良初期还引用过少量苏纯血、阿哈和三河马品种公马。1965 年开始试行横交固定,要求培育成乘挽兼用型马。此马种毛色以骝、栗毛为主,杂毛极少。成年公马的平均体高为 149.9 厘米,体长 154.6 厘米。据 1963 年五一种畜场进行骑乘测验,1000 米为 1′8″。由于骑乘速度快,在历次赛马会上成绩优良,而且在育成中导入有纯血马和阿哈马的血液,为满足马术运动的需要,可培育部分竞赛用马。

二、赛马场

内蒙古赛马场于 1959 年为庆祝中华人民共和国成立 10 周年而建,位于呼和浩特市北部,是中国目前最大的赛马场之一。赛马场东西长 750 米,南北长 405 米,跑道呈椭圆形,宽 18 米,周长为 2000 米。赛马场的主体是一座综合性建筑,占地 1300 平方米。正面的主席台可容纳 500 位观众,两侧的观众台可同时容纳 7000 人观看比赛。主楼顶部建有极具蒙古族特色的可供观光娱乐的四座蒙古包,以大青山为背景,天空白云罩顶,充满了鲜明的民族色彩。1959 年第一届全国运动会的赛马、马球等项目和 1982 年全国少数民族运动会的赛马、赛蛇等项目都是在这里举行的,吸引了众多国内外的游客来到呼和浩特市的内蒙古赛马场,观看内蒙古马术队表演的精彩的马上体操、马上射击、射箭、马上技巧、轻骑赛马等蒙古族的传统体育节目。

博王府赛马场坐落于通辽市科尔沁左翼后旗,因科尔沁左后旗博王府而得名。赛马场占地面积约 50 万平方米,跑道宽 30 米,周长 1300 米,主席台面积 3000 平方米,可容纳 600 多人,观礼台可同时容纳 6000 名观众观看比赛。马厩占地面积 5000 平方米,共有 80 间马舍。2005 年,科尔沁左翼后旗通过招商引资在原赛马场基础上开发建设"科尔沁马术培训中心",将重点项目工程放在育马基地、马术训练、培训骑手、影视拍摄基地、旅游基地建设等内容上。通过改建的新博王赛马场成为一座设施齐全、功能多样、管理规范的育马、驯马、赛马基地。2012 年 6 月初还被内蒙古自治区命名为"全区少数民族体育示范基地"。

珠日河赛马场坐落在距离通辽市 101 公里的科尔沁草原中心地带,国家 2A 级景区"珠日河草原旅游区"。赛马场位于旅游区的正南方,比赛跑道宽 30 米,周长 1000 米,设有 12 门马闸。一年一度的哲里木赛马节都在珠日河赛马场举办,因此该赛马场被多数人所熟知。第一届"8·18 哲里木赛马节"于 1995 年 8 月 18 日在珠日河赛马会的基础上成功举办,此后确定了每年的 8 月 18 日举办哲里木赛马节。2011 年国家旅游局将哲里木赛马节确定为内蒙古自治区三大旅游节庆之一。通辽市通过举办赛马节这一重要节庆活动,不仅传承了民族文化、丰富了群众的文化生活,同时也达到了对外开放、招商引资的目的。

图什业图赛马场坐落在科尔沁草原腹地、草原古镇巴彦呼舒郊外 111 国道旁,总占地面积 44 万平方米,主体建筑面积 13.7 万平方米,是国内第一座拥有沙地及草地跑道的赛马场。赛马场设有 10 栋马房、马匹游泳馆、马匹医疗中心,1600 米草地跑道和 1400 米双沙地跑道;拥有完整的配套设施,1 个宴会大厅、10 个包房、250 间客房;主席台的整体造型为具有民族特色的蒙古包,提供 240 个座位并建有 200 平方米的贵宾休息室,主席台两侧是建有 6600 个座位的观礼台,还有能够同时容纳 8 万名观众观看比赛的看台。

呼和塔拉,蒙古语翻译为"青色的草原"。呼和塔拉位于内蒙古自治区呼和浩特市保合少镇野马图村,占地面积 10389 亩,以种植天然牧草为主,进行生态修复建设,将打造成体现草原文化、独具北疆特色的自然草原观光区,是距呼和浩特市区最近的观赏草原景观之地,也叫万亩草场,也有人称它为青城的"后花园",是内蒙古自治区成立 70 周年大庆的主会场。这里不仅有碧草如茵的草原,而且全国最大的蒙古包呼和塔拉会议中心也坐落在这里。萨仁湖的西侧是作为自治区成立 70 周年大庆主会场的内蒙古少数民族群众文化体育运动中心。该项目总占地 2092 亩,总投资 72973.2 万元,达到了亚洲一流、国际领先的体育文化场馆水平,推动了自治区民族马文化产业发展,并带动了呼和浩特市旅游产业发展。

伊金霍洛旗赛马场位于鄂尔多斯市伊金霍洛旗车家渠,始建于 2008 年,总占地面积 83 公顷,总建筑面积 75000 平方米。主体部分由看台区和高层区两个部分组成。运动场看台区建筑面积约 41000 平方米,长度约 587 米,宽度 39 米,最高点约 41 米,看台总座席数 26306 席。高层部分建筑面积 30000 平方米,地下一层、地上十二层主体结构全部为钢结构,顶部造型最高点约 109 米,为一类高层建筑。建筑正面采用大面积玻璃幕墙和金属幕墙体系;工程内部设有两部电梯到达观光厅,游客可以站在 60 米的高空观赏伊金霍洛大草原的美丽风光。自 2016 年起,内蒙古伊泰大漠马业有限责任公司正式接管运营伊金霍洛旗赛马场,以赛马体育盛事助力鄂尔多斯市经济转型,使鄂尔多斯成为一座集旅游、文化及体育于一体的城市。

锡林郭勒赛马场,位于我国国家级草原自然保护区——锡林郭勒大草原,是内蒙古自治区唯一一个以"马文化"为灵魂,充分展现马背民族风采,集蒙古族悠久文化特色及现代文明于一体的标准化赛马场,同时也是内蒙古锡林郭勒盟重点旅游景区。赛马场位于锡林浩特市额尔敦南路西侧,是

内蒙古自治区赛马场分布情况

内蒙古元和集团按国际标准投资 4000 万元兴建的，赛马场呈半敞开式，占地面积 26 万平方米，可同时容纳 7000 位宾客，门前设有广场、停车场及景观绿化带。锡林郭勒赛马场马术俱乐部有国内驰名的专业马术教练，为会员提供专业的场地马术指导及培训。目前，赛马场结合当地草原旅游发展的需要，为社会各界朋友提供马文化博物馆展览、速度赛马、竞技比赛、马术表演（马队迎宾、抢酒壶、捡哈达等）、草原歌舞表演、自由骑乘、民族服装摄影、篝火表演等活动。

表 5-1　内蒙古自治区主要赛马场分布

地　区	名　称
呼和浩特	内蒙古赛马场
	蒙骏马业赛马场
	蒙古风情园赛马场
	呼和塔拉赛马场
呼伦贝尔市	科兴马业赛马场
	呼和诺尔赛马场
兴安盟	莱德马业赛马场
通辽市	科尔沁左翼后旗赛马场
赤峰市	克什克腾旗赛马场
锡林郭勒盟	呼日乐赛马场
	苏尼特左旗里德赛马场
	西乌珠穆沁旗赛马场
	皇家御马苑
	白音锡勒赛马场
乌兰察布市	四子王旗赛马场
鄂尔多斯市	伊金霍洛旗赛马场
	杭锦旗赛马场
	达拉特旗赛马场
	乌审旗赛马场

三、赛马俱乐部

内蒙古莱德马业有限责任公司坐落于素有"马王之乡"美称的兴安盟科尔沁右翼中旗、美丽的科尔沁大草原上,成立于2006年。经过近几年的发展,莱德已经成为内蒙古优秀马业单位,先后被评为内蒙古"十二五"文化产业示范园区、内蒙古自治区少数民族传统体育示范基地、东部内蒙古燕麦种植示范基地、内蒙古民委速度赛马训练基地,已然成为中国最大的非农耕马饲养者和马匹饲料商,同时也为中国市场提供大量和专业的海外马匹选购及进口服务。莱德致力于建成中国规模最大的马匹繁育中心,培育最优秀的国内纯种马、半血马、温血马和蒙古马,以满足中国日益增长的马类爱好者以及马术俱乐部的需求。莱德力图将国际优良品质的马匹饲料引入中国市场,同时提供马术俱乐部管理服务。莱德一直视发展马文化和中国的马产业为己任,努力成为本领域的全球领导者。

科尔沁马术俱乐部是2006年内蒙古兴安盟科尔沁右翼中旗与吉林省川王府集团联合创办的内蒙古自治区第一家马术俱乐部。现有专业运动员8人,管理人员10人;速度马14匹,其中中国产马8匹,进口马6匹;还有走马4匹,表演马22匹。科尔沁马术俱乐部先后在全国各种大赛中连创佳绩,2007年在大理"三月街赛马节"获得赛马项目总分第1名,摘得马王奖;全国第8届民运会上,获得两项第一,一项第二;2008年、2009年连续两年成功举办全国速度赛马。俱乐部的创办,使科尔沁右翼中旗广大农牧民群众爱马、养马、赛马的好传统和引进集团的资金、技术实力相结合,为当地马文化、马产业的发展做出新的贡献。为进一步推动马术运动,强化马术训练,活跃广大农牧民群众文化体育活动和改良当地马种,减缓马匹退化,农牧民增收致富创造了条件。

奥威蒙元国际马术俱乐部,隶属于内蒙古奥威集团,公司董事长姜永革曾是内蒙古自治区优秀的蒙古族马术运动员、教练员,对马有着深厚的感情,对蒙元马文化有着深刻的理解,以传播和弘扬马文化为己任,全力将蒙元马文化推广到全国乃至世界。奥威蒙元国际马术俱乐部以环保、绿色为主题,是奥威集团重点投资项目,也是奥威集团走向世界的一个窗口。俱乐部位于呼和浩特市金盛路,奥威蒙元马文化生态旅游区院内,旅游区占地1542亩,是集文化、体育、旅游、养老为一体的综合性马文化产业园。俱乐部拥有多名资深马术教练,多次参加国内重要的马术赛事。俱乐部现拥有温血马4匹,纯血马16匹,蒙古马、半血马30匹;拥有世界一流的马房、国际标准的马术障碍场地和休闲骑乘场地及供会员休息、小酌的休闲养生小院。俱乐部定位在青少年骑乘培养上,做到马术从孩子抓起,要让更多的孩子认识马、了解马、喜欢马、爱上马。俱乐部结合旅游区的配套设施,将市场拓宽到商务洽谈、生日集会、婚纱摄影、婚礼宴会、企业年会。

内蒙古蒙骏国际马术俱乐部是目前呼和浩特市唯一一家高端马术休闲骑乘会员俱乐部,是中国马术协会俱乐部会员、内蒙古马业协会理事会员、呼和浩特马业协会发起人。俱乐部自成立以来,不断受到马术专业人士及马术爱好者的关注且承载了各国爱马人士的深厚的期望。内蒙古蒙骏畜牧业有限责任公司成立于2010年1月,公司以马场经营为主,蒙骏国际马术俱乐部由该公司投资建设,位于内蒙古呼和浩特市土默特左旗沙尔沁镇,占地面积1600亩,拥有1600米国际标准沙道、4000平方米标准障碍场地、调教场地、运动场地,2000平方米配套服务场地,3000平方米骑乘场地等完善的设施。引进国内名马、国外纯血马50多匹,拥有多名优秀骑师、资深马术教练,其中相当一部分参加过全国大型比赛,并多次取得优异成绩。俱乐部是目前内蒙古自治区规模较大、设施齐全、档次较高的集骑术培训、马术比赛、休闲娱乐于一体的高级会所,有能力承担全国乃至国际级大型马术赛事。会所采用欧洲中世纪城堡建筑风格,建有前台、休息厅、马具展示厅、酒吧、生态餐厅、星级客房、各种康体娱乐设施及多功能厅等。马房通透、整洁,包括标准马厩和母子马房、鞍具房、马匹淋浴厅、马匹钉蹄房、马匹医疗室、备鞍区等,各类配套设施齐全。

表 5-2　内蒙古主要赛马俱乐部

	名　　称	所在盟市
1	内蒙古蒙骏马术俱乐部	呼和浩特
2	内蒙古奥威蒙元国际马术俱乐部	呼和浩特
3	内蒙古七颗松马术俱乐部	呼和浩特
4	呼和浩特阿吉乃马术俱乐部	呼和浩特
5	内蒙古德飞马业	呼和浩特
6	内蒙古大漠马术俱乐部	呼和浩特
7	内蒙古蒙马马术俱乐部	呼和浩特
8	呼和浩特南湖马术俱乐部	呼和浩特
9	内蒙古君驰马业	呼和浩特
10	呼和浩特贝多美乐马术俱乐部	呼和浩特
11	内蒙古老城马业	呼和浩特
12	内蒙古邦成马术俱乐部	包头
13	内蒙古赤峰双和马场	赤峰
14	鄂尔多斯天富安马术俱乐部	鄂尔多斯
15	内蒙古伊泰大漠马业	鄂尔多斯
16	二连浩特马业协会	二连浩特
17	呼伦贝尔鄂温克马术俱乐部	呼伦贝尔
18	内蒙古通辽科尔沁左翼后旗乌日进赛马养殖专业合作社	通辽
19	内蒙古乌拉特中旗黄骠马协会	巴彦淖尔
20	内蒙古锡林郭勒盟马术职业学院	锡林浩特
21	内蒙古锡林郭勒盟骑赛马俱乐部有限公司	锡林浩特
22	内蒙古太仆寺旗御马苑	锡林浩特
23	内蒙古阿巴嘎旗黑马协会	锡林浩特
24	内蒙古莱德马业	兴安盟
25	内蒙古兴安盟科尔沁马术俱乐部	兴安盟
26	内蒙古科尔沁左翼中旗萨仁夫畜牧养殖有限公司	通辽
27	内蒙古卡伦堡马术俱乐部	呼伦贝尔
28	内蒙古鄂托克旗马社	鄂尔多斯
29	内蒙古宏三能源有限公司	呼和浩特

四、赛马文化

赛马运动是蒙古族的传统体育项目之一,在不同历史时期有着不同的特点,全面深刻地影响了蒙古族的文化、教育、旅游业甚至民族文明的发展。蒙古族认为体能是生产劳动、战胜自然环境的基础,因此十分重视少年儿童的体能教育。蒙古族孩子从五六岁开始就学习骑马,以此来强筋健骨,增强身体的灵活性、柔韧性、协调性。他们十一二岁就随成人骑马放牧,十五六岁就可以进行马上战斗。赛马运动兼具竞争性和观赏性,参与或观赏赛马运动可以愉悦心情、提高斗志、培养健康心理。长久以来蒙古族人民都将马视为自己的伙伴,马在蒙古族的生产生活过程中以及战争时期都发挥了重要的作用,因此蒙古族大多数会骑马,被誉为"马背上的民族",赛马活动也是蒙古族人民日常生活中的一项重要的休闲娱乐内容。内蒙古自治区的很多地方,如呼和浩特、锡林郭勒、呼伦贝尔、科尔沁、鄂尔多斯一年中都会举办大大小小的赛马活动,来丰富草原文化生活,活跃农村牧区的文化氛围。赛马是内蒙古地区很多旅游景点必不可少的项目,是当地的一大特色,不仅为旅游者提供了体验骑马、赛马的机会,还可以扩大赛马运动的宣传和影响。蒙古族人民在对赛马马匹的选取和训练方面有着丰富的经验,当地赛马活动的历史发展过程中始终保持和发扬着蒙古民族的习俗。特别是赛马马匹的装饰和骑手的服饰等极具民族特色和区域特色。这种民族体育项目有着多层文化内涵,对于蒙古族传统体育文化的可持续发展将起着良好的传承作用。

人类在文明发展过程中逐渐产生了文学艺术,诗歌是各民族最早的文学形式,蒙古族也不例外。蒙古族人民的生活中马占有重要地位,每次那达慕盛会都少不了举行赛马活动,盛会上必须对获得冠军的马诵唱赞马词。头马到达终点时,赞词家立刻为马披彩带、挂哈达、洒奶酒,然后高声诵祷:"它那飘飘欲舞的轻美长鬃,好像闪闪放光的金伞随风旋转;它那烟炳发光的两只眼睛,好像一对金鱼在水中游玩;它那宽阔无比的胸腔,好像装满了甘露的宝壶;它那精神抖擞的两只耳朵,好像山顶上盛开的莲花瓣;它那震动大地的响亮回声,好像动听的海螺发出的吼声;它那宽敞而舒适的鼻孔,好像巧人编织的盘肠;它那潇洒而秀气的尾巴,好像色调醒目的彩绸……"赞马词对格式和词句没有固定限制,形式多种多样,通常都是在现场一边编一边唱。有职业赞词家也有业余赞词家,业余的比较多。除了对头马进行诵唱之外,也会赞颂贵宾所乘的马、刚问世的小马驹等等,这些都已成为草原上不变的习俗。赞马词与民歌的区别在于,赞马词由赞词家在特定的时间、地点来诵唱,民歌则不分男女老幼都可以唱。蒙古族历史上有大量的赞马歌,通过这些赞马歌来歌颂马的功能、赞美马的毛色、形容马的速度、感谢马的恩德。如《铁青马》《赤兔马》《黑骏马》《栗色骏马的装饰》《雪白骏马》《凹背马》《彩虹马》《黄骠马》《斑斓色的骏马》《快腿骇马》《青海骚》《秀青马》《天马》《呼和苏里的骏马》《小青马》《骏马的四蹄是珍宝》。

另外在蒙古族的民间故事和英雄史诗中,也有大量的马的形象出现。例如长期以来以手抄本和口头文学的形式流传于民间的《成吉思汗的两匹骏马》。这是一部具有寓意性的民间故事,主要形象是成吉思汗和他的两匹骏马。故事讲的是,成吉思汗马群中的白骝马喀尔莫克生下两匹矫健的小骏马。成吉思汗无限欢悦,并对它们进行严格训练。等他们长大后,成吉思汗骑着它们围猎,两匹骏马跑起来好似风驰电掣,所有的良马都望尘莫及。两匹骏马追获了成群的灰狼和盘羊。围猎归来,两匹骏马因未得到夸奖而伤心,逃到阿尔泰山古尔班查布其,生活了三年。小骏马无忧无虑,大骏马却因思念"圣主"瘦骨嶙峋。小骏马见此不忍,遂与其兄返回马群。成吉思汗欣喜若狂,将大骏马封为"神马"。后来它们在围猎当中,协助成吉思汗追杀到大批野物,受到10万猎军的喝彩赞美,从此名扬四方。这篇作品语言通俗流利,以拟人化的手法刻画大骏马和小骏马,生动逼真。故事主要表现了圣主与骏马的关系,即主人不仅要善于发现好马,而且还应保护和奖赏好马,而好马也只有在善于驾驭它的圣主手下才能发挥作用。类似的讲人和马之间的关系的民间故事有很多,蒙古族的英雄史诗中也有很多描绘人与马的密切关系的。每当主人遇到困难、碰上灾难、在生死攸关的时刻,他的宝马就会及时出现,帮助主人走出困境,化险为夷。总的看来,无论从民间故事还是英雄史诗、从古至今,蒙古族的马文化已经浸透到该民族的物质文明和精神文明的方方面面、无处不在。马在游牧民族的生产劳动过程中发挥了极为突出的作用,因此在蒙古族的思想观念中,马是吉祥的化身。牧马舞的创作就是将马的特征和牧人对它的深切情感融合到了舞蹈动作当中。主要是模仿马的各种姿态和动作,包括轻骑马步、轻跑马步、奔驰马步、刨吸马步、技巧马步等步伐;从手的姿势看,有勒马、扬鞭、抽鞭、提鞭和套马式、牵马式、提马式等等;而腿的动作更为灵活多样,有左右翻腾跳、跃马大跳、勒马仰身转、空中打转等。

另外,不得不提的就是《千古马颂》,这是一部凝聚了马背民族几代人的夙愿,将文化与旅游深度融合,充分彰显蒙古民族文化优势的马文化全景式驻场演出。它不仅仅是马秀、马术、马戏,也不是异域文化之下生疏的"舶来品",它以震撼唯美的方式娓娓讲述民族大爱和旷世情怀。通过讲述主人公"我"——一个牧人之子的成长,艺术地体现了"蒙古马的精神",展示了人与马、人与草原和谐共处、诗意栖息的大美境界。该剧汇集百匹名马和百名骑士,综合运用民族马术、马背杂技、舞马表演、蒙古族歌舞乐等艺术元素,融合高科技声光电、裸眼 3D 技术,以《天降神驹》《迁徙》《马背家园》《马背传奇》《自由天驹》五个部分生动演绎了人马结缘的温情、马背家园的祥和、百骏出征的壮观、千古马颂的绝唱。《千古马颂》于 2014 年在锡林浩特市首演。2014—2016 年累计演出 136 场,接待中、俄、蒙、美、德、韩、印度、新加坡、港澳台等 20 多个国家和地区的游客及观众近 20 万人次。《千古马颂》在 2014 首创之年,百度搜索相关结果就有 6050 万个,并荣登国内马业十大新闻榜;2015 年被中国马业协会评为"中国马文化推广奖",同年获得国家艺术基金资助。

马文化除了在内蒙古人民的日常生活、节庆活动以及民歌艺术表演等方面的充分体现,还体现在内蒙古对于马教育的重视,2017 年 12 月内蒙古自治区人民政府下发《关于促进现代马产业发展的若干意见》指出,"以'引进来'与'走出去'相结合的培训方式,打造马产业高层次管理队伍"。要求

以人才培养的校企合作、"引进或借鉴国外先进教学体系"等方式,设立"运动马学院,开展现代马产业人才培养",以达成"逐步将我区建成面向全国的现代马产业技能型人才输出基地"的目标。目前全区有多家学校开设赛马相关课程,例如:内蒙古运动马学院、锡林浩特职业学院、莱德马术学院、内蒙古马术学校等。

内蒙古运动马学院(内蒙古农业大学职业技术学院),2010年经教育部批准运动马与管理专业在此建立并招生。该专业是我国高等教育中首个以实战为主的马术类专业。经过几年的探索与实践,在师资队伍培养、课程体系建立、教材开发等方面形成了较为完善的体系,积累了一定经验,并且已经培养了一批毕业生在相关领域发挥了重要作用。

锡林浩特职业学院于2016年8月成立马术学院,总占地面积5908亩,建有一个国际标准室内赛马场、一个室外赛马场、马厩、越野赛道、马文化广场、马术学校、马博物馆等。主要培养从事马术运动、马术教练、马业科学管理、马房管理等工作的高素质技能型人才。

莱德马术学院,是兴安职业技术学院与内蒙古莱德马业股份有限公司联合创办,校企合作"双主体办学模式"的新兴学院。学院旨在培养适应现代马产业发展要求,具有马术产业较系统的基本理论知识和技能,能较为熟练地从事运动马饲养管理、赛事策划、骑乘策划、骑乘竞技等方面的高技能应用型人才。

内蒙古马术学校(内蒙古马术运动管理中心),始建于1956年,坐落于内蒙古呼和浩特大青山南麓,学校办公及训练区域占地面积56500平方米。现有教练员、运动员、员工共计350人左右;纯血马39匹、温血马15匹、国产良驹30匹,学校还建有与训练相配套的设施、马厩等。学校办学宗旨是为国家和自治区培养专业竞技体育人才,取得优异成绩。

第三节　赛事活动

内蒙古自治区从 1991 年开始,在每年的 8 月份举办那达慕草原旅游节,该节日是集文体、经贸、旅游于一体的草原盛会。旅游节上设有摔跤、射箭、赛马、打布鲁、马上技巧、蒙古象棋等民族传统体育竞赛项目。赛马是那达慕上极具代表性的重要的比赛项目,赛马规模可大可小,对参赛骑手也没有性别和年龄的限制,只要到那达慕组织处报名登记就可参赛。与现代竞技赛马的项目不同,蒙古族传统赛马项目包括走马赛、快马赛、马术等多种形式。走马赛要备马鞍,一般赛程是 2~5 公里。走马赛的步伐是前后蹄交错前进,参加走马的马匹是从马群中精心挑选的,经过长时间训练出来的。快马赛分为骑马长跑、骑马短跑、二岁公马赛、四岁公马赛四种,按照马的年龄和种类进行分组比赛。比赛的里程要根据那达慕的规模以及当时的天气、实地的状况来确定,最常见的赛马形式是 20~30 公里赛程的越野赛。马术则是蒙古族传统马术竞技项目,包括马上拾物、跨越障碍、马上技巧等。骑手们骑着头、鬃、尾精心修饰的马,由驯马师牵着按顺序从那达慕场地南门入场。由裁判员带领,顺时针绕场三周后,上起跑线;裁判员将赛马匹数统计后,会向观众介绍参赛马匹的基本信息,包括主要成绩、毛色、马的家乡和主人等。赛马入场的仪式上通常会献马奶酒、上香、转火堆、唱长调赞词等,非常隆重热烈且富有民族特色。当参赛马匹快要到达终点时,会有德高望重的赞马老人手捧哈达和盛满鲜奶的银碗,唱起赞歌迎接骑手,为冠军马身上和头上洒马奶酒和鲜奶,并领取名次牌。一般奖励前十名的骏马,前三名的奖牌分别是龙牌、狮牌和鹰牌。草原上有为最后到达的马封号的习俗,还会颁奖给骑手。蒙古人认为跑在最后的这匹马,是把大家的福气全收回来了,获奖受之无愧。

内蒙古国际马术节自 2014 年成功举办以来,得到了体育彩票的大力支

持,吸引了众多马术爱好者和各界人士的关注和参与。该项赛事作为大型体育旅游品牌节庆活动,2017年率先荣获国家体育总局与国家旅游总局联合颁发的"国家体育旅游精品赛事"荣誉称号,是目前国内唯一入选的马术赛事,也是第一个走出国门,在美国纽约时代广场精彩亮相的马术赛事。马术节期间举办了文化交流、高峰论坛、开幕式演出、马王争霸赛等一系列具有民族特色的马主题活动;跑马射箭、跑马拾哈达、速度赛、走马等马术赛事;名马展、小马乐园、蒙古马精神摄影展、蒙古马精神鞍具展;等等。

CECF驭马文化节是首个立足中国内地,并唯一获得国际赛马联合会官方认证的高水平、高奖金、高市场化运作的无赛马彩票性商业赛事,连续三年在内蒙古呼和浩特、上海、武汉及新加坡成功举办了四届。CECF驭马文化节的发起人、内蒙古伊泰大漠马业董事长张祖德表示,CECF驭马文化节从诞生至今致力于打造国内顶级纯血马速度赛马盛事,持续把国际水准的纯血马育马产业和赛马文化带入中国,助力中国马主全面进军国际舞台,推动实现现代纯血马产业"中国梦"。

第四节　内蒙古马术运动队和马术表演队主要成绩

内蒙古马术队有着悠久的历史,致力于培养马术专业人才、提升竞技体育水平、弘扬马术文化、传承民族精神,代表内蒙古参加国内外各类马上体育活动,培养了大批专项能力过硬的优秀运动员。哈达铁、朝鲁、孟克、乌云娜(女)、托雅(女)、刘同晏、张河、巴根、呼和、达日玛、张睿、韩丰、王韫婧(女)、蒙全威、袁茂栋等比赛马术优秀骑手及一批新生代的速度马运动员乌兰格日乐(女)、李帅等,参加国际、国内外各类马上体育活动,在国际、国内马术比赛中获得过近百次冠军,为内蒙古自治区乃至中国在各大体育竞赛中立下了赫赫战功。其中,孟克、刘同晏、李帅、乌兰格日乐、张睿、达日玛、

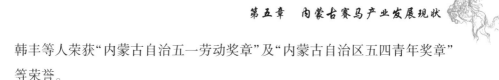

韩丰等人荣获"内蒙古自治五一劳动奖章"及"内蒙古自治区五四青年奖章"等荣誉。

1. 比赛马术队成绩优异

1959年马术场地障碍队正式成立,同年参加了第一届全国运动会,内蒙古马术队获得男子障碍赛马团体第一名,并获得女子障碍赛马团体第二名。

1983—1989年,我国先后5次参加了在日本举行的"亚洲国际超越障碍赛",其中最好成绩是内蒙古自治区达斡尔族运动员哈达铁获得1985年度比赛的第二名。

1985年春,内蒙古马术队参加香港赛马会骑术学校于每年春秋两季举行的马术比赛,运动员乌云娜获得第二名,孟克获得第三名。

1987年11月20日—12月5日在广州举办的第六届全国运动会上,朝鲁、孟克、额尔登图代表内蒙古代表团,获得团体冠军。朝鲁获得场地障碍个人冠军。

1997年10月,在上海举行的第八届全国运动会上内蒙古马术队获得场地障碍团体第二名。孟克获得场地障碍个人第一名,张河获得场地障碍个人第二名。

1997年10月19日,第一届亚洲马术场地障碍锦标赛在韩国汉城奥林匹克赛马场举行。来自中国、日本、伊朗、印度、泰国等14个国家和地区的骑手参赛,代表中国参加比赛的内蒙古选手张河夺得金牌。这是中国运动员首次获得洲际马术比赛的冠军。

1999年10月,在北京举行的全国马术锦标赛,内蒙古马术队获得场地障碍团体第一名。巴根获得场地障碍个人第一名,刘同晏获得场地障碍个人第三名。

2000年10月,在广州举行的全国马术锦标赛,内蒙古马术队刘同晏获得场地障碍个人第一名。

2001年5月,在北京举行的全国马术锦标赛,内蒙古马术队获得场地障碍团体第二名,刘同晏获得个人第二名。

2001年11月,在广州举行的第九届全国运动会,内蒙古马术队获得场地障碍团体第一名。

2002 年 6 月,在北京举行的全国马术锦标赛,内蒙古马术队获得场地障碍团体第一名,刘同晏获得个人第二名,孟克获得个人第三名。

2002 年 9 月 29 日—10 月 14 日,第十四届亚洲运动会在韩国釜山举行,代表中国参加比赛的内蒙古选手刘同晏与国家队队友配合获得场地障碍团体第五名。

2003 年 9 月,在北京举行的全国马术场地障碍锦标赛,内蒙古马术队获得场地障碍团体第三名。刘同晏获得个人第一名,达日玛获得个人第三名。

2004 年 10 月,在武汉举行的全国马术场地障碍锦标赛,内蒙古马术队获得场地障碍团体第二名。巴根获得个人第一名,刘同晏获得个人第二名。

2005 年 5 月,在河北举行的全国马术场地障碍锦标赛内蒙古马术队获得场地障碍团体第二名。

2005 年 10 月,在南京举行的第十届全国运动会,内蒙古马术队获得场地障碍团体第三名。

2006 年 7 月,在内蒙古举行的全国马术场地障碍锦标赛,达日玛获得个人第三名。

2009 年 9 月,在北京举行的全国马术场地障碍锦标赛,内蒙古马术队获得团体第三名。

2011 年 10 月,在北京举行的全国马术场地障碍锦标赛,内蒙古马术队获得场地障碍团体第二名。

2012—2013 年刘同晏代表中国队两次摘得国际马联场地障碍世界杯中国联赛总决赛冠军。

2013 年 5 月,在济南举行的全国马术场地障碍锦标赛,内蒙古马术队获得团体第二名,达日玛获得个人第三名。

在 2013 年第十二届全运会的赛场上,内蒙古马术队运动员刘同晏、张睿、达日玛、韩丰用优异的比赛成绩为自治区获得了荣誉,时隔十二年再次夺得全运会比赛金牌,达日玛获得铜牌。

2015 年 9 月,在北京举办的全国马术场地障碍锦标赛,内蒙古马术队获得团体冠军。

2015 年刘同晏代表中国队获得国际马联场地障碍世界杯中国联赛总决赛亚军。

2016 年 11 月,在上海举办的全国马术场地障碍锦标赛,内蒙古马术队获得团体冠军,刘同晏获得个人冠军、张睿获得个人亚军。

2017 年 5 月,在北京举办的全国马术场地障碍锦标赛,内蒙古马术队获得团体季军,达日玛获得个人冠军,刘同晏获得个人亚军。

2017 年达日玛代表中国队获得国际马联场地障碍世界杯中国联赛分站赛冠军。

2. 速度赛马队成绩优异

速度赛马队成立于 1959 年,在第一届全国运动会赛场上,赵希贤分别获得速度赛马 1000 米、5000 米个人双料冠军。斯木吉德巾帼不让须眉获得速度赛马 2000 米个人冠军。

1999 年正式设为全国比赛项目队,在 2001 年全国第九届运动会上获得一枚金牌。巾帼骑手乌兰格日乐在 2000 年第二届全国速度赛马锦标赛 1000 米项目中获得冠军,在 2003 年第五届全国速度赛马锦标赛 1000 米项目中获得冠军,在 2003 年第七届少数民族传统体育运动会上获得速度赛马 1000 米冠军,在 2004 年全国速度赛马锦标赛 12000 米中获得冠军,在 2005 年的第十届全运会上,她在高手云集的 12000 米速度赛马比赛中,以该项目唯一一名女性选手的身份,战胜了诸多强手夺得桂冠,在 2007 年全国速度赛马锦标赛中获得 1000 米冠军。

多次在重大比赛中力斩金牌的骑手李帅豪迈遒劲,曾在 2001 年全国第九届运动会中获得速度赛马 1800 米冠军,在 2000—2003 年的全国速度赛马锦标赛中获得 4 枚金牌,在 2012 年鄂尔多斯国际那达慕赛马比赛中获得 3000 米冠军。2015 年 7 月 11—12 日在兴安盟科尔沁右翼中旗举办的中国速度赛马大奖赛第一站,获得 1.4 米以下蒙古马组 1000 米冠军。2015 年第二节届内蒙古马术节上获得速度赛马项目 1.4 米以下蒙古马组 1000 米冠军。

2015 年 9 月 5 日在山西玉龙赛马场举办的中国速度赛马大奖赛第三站,骑手斯日古楞获无限定马组 1000 米亚军,额尔顿图获 2 岁马组冠军。

2015 年 10 月 20—25 日在武汉东方神马赛马场举办的全国速度赛马锦标赛,获得无限定马组 1000 米冠军,2 岁马组 1000 米冠军和第五名,3 岁马组 1000 米第三名,3 岁马组 2000 米第七名,无限定马组 3000 米第五名和第七名。

2016 年 6 月在兴安盟举办的中国速度赛马大奖赛第二站,斯日古楞获得无限定马组 1000 米、无限定马组 2000 米双料冠军。2016 年 9 月在山西举办的中国速度赛马大奖赛第三站,陈志明获得无限定马组 3000 米冠军。

2016 年 10 月在武汉举办的全国速度赛马锦标赛,斯日格楞获得 3 岁马组 1000 米、4 岁马组 1000 米双料冠军,陈志明获得 4 岁以上马组 3000 米季军。

3. 表演马术队成绩优异

表演马术队始建于 1953 年,马术运动是蒙古族传统体育运动项目的延伸和发展,是古代骑术与现代审美形式的完美结合。这项运动以马为载体,传承和弘扬了中华民族传统文化,是千年古国一朵瑰丽奇葩。在长期的生产和生活实践中,勤劳智慧的蒙古族人民能骑善射,在马背上创下了独特的民族风格和运动形式。

多年来,内蒙古表演马术队曾多次为中央首长和国内外来宾进行专场表演,得到了高度的评价。20 世纪 80 年代,内蒙古马术队还先后参加了《木棉袈裟》《垂帘听政》等多部影片的拍摄。1993 年内蒙古马术队飞赴祖国宝岛台湾表演三个月;1998 年 8 月应香港马会的邀请为新马季开锣仪式做精彩表演;1998 年 10 月应广州马会的邀请为"98 中国杯"全国速度赛马公开赛开幕式表演,并获得一等奖;1999 年 9 月在第六届少数民族运动会主会场做精彩表演,获表演一等奖;2003 年在宁夏银川举办的第七届全国少数民族运动会中获表演一等奖;2003 年 10 月,参加在武汉举办的第五届全国速度赛马锦标赛开幕式的表演,受到当场观众的热烈欢迎;2007 年全国第八届民运会上获马上表演项目金奖;2011 年,贵州举办的第九届全国少数民族传统体育运动会上,表演马术队分别获得跑马射箭二等奖,跑马拾哈达二等奖、三等奖,跑马射击三等奖;在 2014 版《千古马颂》演出中,起到核心作用,成功参演 22 场《千古马颂》;2015 年在鄂尔多斯举办的第十届全国少数民族传统体育运动会上,获得马上射箭、马上拾哈达两项冠军,并获得 4 个二等奖和 4 个三等奖的好成绩,并圆满完成了第一、二届内蒙古马术节及第三届内蒙古(国际)马术节的参演工作。

第六章

赛马产业发展的相关政策

第一节　国家层面

一、马匹管理

为加强中国马术协会(以下简称中国马协)的自身建设,规范运动马匹的管理与服务,保障运动马匹福利和中国马术及马上运动事业的健康发展,依据《中国马术协会章程》,参考国际惯例,制定了《中国马术协会运动马匹管理办法》。

1. 关于运动马匹登记与注册条件

凡参加中国马协主办的所有正式比赛、通级达标考核或相关赛事及活动的马匹,不分能力等级、参加项目、中国本地繁育或进口马匹,无论年龄、性别均要求进行登记与注册。运动马匹持有中国马协颁发的马匹护照或持有国外机构颁发的国际马匹护照并已办理中国马协颁发的中国马匹识别卡视为完成运动马匹登记。登记后的马匹需进行注册,方可参加中国马协主办的正式比赛、通级达标考核或相关赛事及活动。

2. 关于运动马匹注册管理

运动马匹注册可以在中国马协官方网站进行,且全年开放注册。注册应填写马匹基本信息,并按规定上传相应资料。关于运动马匹年度注册费的标准、管理与监督。运动马匹年度注册费的管理与使用必须遵守国家法律、法规、《中国马术协会章程》及财务管理制度,厉行节约,加强审计,并接受业务主管单位、登记管理机关和财政部门的监督;运动马匹年度注册费的开支范围严格按照《中国马术协会章程》和国家有关规定执行,主要用于协会开展工作,如网站建设,宣传教育,技术、业务培训,文化活动,资料印刷,办公场所租赁,会议、人员补贴,交通费用,旅差开支,奖励表彰以及常设办事机构人员的工资、保险、福利等。

3. 关于马匹护照

马匹护照的定义，护照为完整记录马匹信息，由特定组织机构颁发，用以确定马匹身份的证件；必须包含马匹信息、马匹描述、马主信息、族谱记录、疫苗接种情况、比赛记录等。

护照的分类及护照的辅助证件。护照：分为中国护照、国际护照和 FEI 护照。中国护照：由中国马术协会颁发，用以确定马匹身份的证件，包含马匹身份认定的所有信息，颁发给国内自主繁育的马匹或没有护照的进口马匹。国际护照：由进口马匹出生国马术协会或繁育机构颁发，用以确定马匹身份的证件，包含马匹身份认定的所有信息，凡是进口马匹护照皆属于此类。国际马联（FEI）护照：由国际马联（FEI）颁发，用以确定马匹身份的证件，包含马匹身份认定的所有信息。必须有 FEI ID 才能升级到 FEI 护照，通常只会在马匹既没有原始护照，又需要参加高级别比赛时才会申请。

4. 护照的适用范围

中国境内凡中国马术协会主办的比赛，根据马匹持有护照类型的不同，参照国际马联（FEI）相关规定，可参加不同级别的比赛。国内非 FEI 比赛：马匹需持有中国护照或国际护照+中国识别卡；国内 FEI CIM 赛事：马匹需持有中国护照+FEI ID 或国际护照+中国识别卡+FEI ID；国内 FEI CIM 以上级别赛事：马匹需持有中国护照+RC 或国际护照+中国识别卡+RC。

护照的使用须知：

马匹护照是证明马匹身份的唯一依据，无护照马匹原则上不可参加任何马术比赛；马主有义务保证护照的完整性，污损、缺失或遗失需及时联系中国马术协会补办；比赛时组委会有权拒收不可识别的护照并拒绝其参赛；参加国际马联（FEI）比赛的马匹需按照相关规定对马匹进行流感疫苗接种，并在护照进行详细记录；护照的马匹信息、比赛记录只能由大会兽医或经过中国马术协会同意后进行书写、涂改。一旦发现其他人为涂改痕迹，组委会有权拒收不可识别的护照并拒绝其参赛。

二、赛马赛事活动

《国务院关于加快发展体育产业促进体育消费的若干意见》指出：发展健身休闲项目，大力支持发展健身跑、健步走、自行车、水上运动、登山攀岩、射击射箭、马术、航空、极限运动等群众喜闻乐见和有发展空间的项目。鼓励地方根据当地自然、人文资源发展特色体育产业，大力推广武术、龙舟、舞龙舞狮等传统体育项目，扶持少数民族传统体育项目发展，鼓励开发适合老年人特点的休闲运动项目。

三、赛马协会

2014年12月27日，中国马会赛马委员会成立仪式在内蒙古鄂尔多斯市举行，这也是国内首个专门针对速度赛马的专业官方组织。中国马业协会理事长贾幼陵兼任中国马会赛马委员会主席。中国马业协会隶属于国家农业部，中国马会赛马委员会是中国马业协会的二级分支机构。此前在2002年，中国马会就已登记注册了马匹技术、马属动物营养、马属动物育种、马属动物兽医保健、纯血马登记管理、马场技术工作等二级分支委员会。据中国马业协会官方介绍，中国马会赛马委员会将于2015年启动常态化赛马活动，参照欧洲模式创办"中国育马者杯""中国德比杯"和"中国马会杯"等重要赛事。

该委员会的职能包括组织各类赛事，对马匹进行严格的血统登记（DNA亲子鉴定）、马匹性能测定、马匹质量分级，完善马匹育种体系，提高国产马质量和市场价值。为确保马匹健康、人员安全和比赛公正，中国马会赛马委员会依照相关法律法规，组织实施马匹违禁药物，特别是兴奋剂的监测工作。中国马业协会的各地方协会包括新疆马会、内蒙古马会、山东马会和广东马会，也将按照统一的规则推进地方民族赛马和绕桶、马球等多种形式的赛马活动。

四、赛马运动员

为推动中国马术运动的健康发展,保证参与人员和马匹的安全,按照国际惯例并结合中国马术运动的实际情况,实施骑手分级管理制度,特制定中国马术协会骑手分级规则手册(试行)。

中国马术协会是中国马术协会骑手分级管理的审核机构,负责全国范围内中国马术协会骑手分级的审核和管理。规则适用于中国马术协会注册的骑手会员。骑手分级是中国马术协会对中国马术运动参与人员的马术水平做出的官方考核、区分和认证。中国马术协会骑手会员可以凭骑手等级证明自身马术水平,参与中国马术协会主办或批准的赛事以及其他活动。通过考核的骑手获得中国马术协会颁发的相应级别证书,骑手凭级别证书参加由中国马术协会主办或批准的比赛。来华比赛的外籍骑手,须提前一个月凭所属国家或地区马协相关证明,向中国马术协会申请临时比赛许可方可参赛。达到相应级别标准的骑手,在报名参加中国马术协会主办的赛事中,可参加本级别赛事和分级标准中规定的赛事级别。如比赛竞赛规程规定可以向下或向上跨级报名的,则按具体竞赛规程进行报名。

关于项目与等级设置

骑手分级项目

1. 全国骑手分级管理制度设置的项目有:盛装舞步、场地障碍、三项赛、绕桶赛和耐力赛。

骑手分级级别

2. 对于盛装舞步、场地障碍项目,骑手共分为十个级别,从低到高依次为:初三级骑手、初二级骑手、初一级骑手、中三级骑手、中二级骑手、中一级骑手、国家三级骑手、国家二级骑手、国家一级骑手、国家骑手(年度)。

3. 对于三项赛项目,骑手共分为七个级别,从低到高依次为:中三级骑手、中二级骑手、中一级骑手、国家三级骑手、国家二级骑手、国家一级骑手、国家骑手(年度)。

4. 对于绕桶赛和耐力赛项目,骑手共分为八个级别、从低到高依次为:初级骑手、中三级骑手、中二级骑手、中一级骑手、国家三级骑手、国家二级骑手、国家一级骑手、国家骑手(年度)。

国家体育总局就 2015 年优秀运动员免试入学高等院校的相关信息下发《体育总局科教司关于做好 2015 年优秀运动员免试进入高等学校学习有关事宜的通知》,该通知及其附件显示,马术项目的优秀运动员也可以享受免试入学高等院校的待遇。根据通知要求,马术优秀运动员需要满足的条件为在全国体育比赛中获得前 3 名或者亚洲体育比赛中获得前 6 名,或者世界体育比赛中获得前 8 名。

其中全国性的比赛包括:全运会、全国速度赛马锦标赛、全国马术锦标赛、全国马术冠军赛。亚洲体育比赛包括:亚运会、亚洲锦标赛。世界体育比赛包括:奥运会、世界杯赛、世界马术运动会。

五、马福利

《中国马术协会运动马匹管理办法》中明确规定了注册运动马匹权利与义务。根据章程规定,注册运动马匹和相关人员享有以下权利:(一)在满足能力条件限制的基础上,马匹准许参加中国马协主办的所有正式比赛、通级达标考核或相关赛事及活动;(二)马主可获得关于马匹管理、训练、医疗、运动等方面的咨询服务;(三)马匹比赛成绩将会在官方网站公布,体现马匹价值;(四)马主可通过中国马协为已注册马匹办理国际马联(FEI)相关注册和证件,参加国际马联(FEI)的更多高级别比赛。

注册运动马匹和相关人员应履行以下义务:

(一)注册人需保证填写和上传资料的准确性和真实性。如有变更需及时通知中国马协;(二)马主需按照本管理办法,按时为注册运动马匹缴纳年度注册费。

第二节　新疆维吾尔自治区

新疆是我国传统的养马大区,有着悠久的养马历史、浓厚的马文化底蕴和广泛的群众基础。随着经济社会持续快速发展,新疆马业逐步由传统马产业向现代马产业发展,文化品质逐年提高,经济效益及发展前景日益突显。全面提升新疆马产业层次,打造马产业链条,有利于促进新疆传统优势资源转换、优秀民族文化传承、劳动力转移就业及农牧民增收,有利于民生持续改善及社会和谐稳定。为加快新疆现代马产业发展,2016 年 12 月 2 日新疆维吾尔自治区人民政府办公厅出台了《关于加快现代马产业发展的指导意见》。

一、育马

建立现代马繁育生产体系,提升新疆马的品质与价值

合理定位马培育方向。实施《新疆马遗传改良计划（2016—2025 年)》,发挥地方马优良特性,立足本地品种选育,重点培育运动性能好、耐力强的专门化新品种（系）。以伊犁马发展为中心,适度引进国外优秀运动马品种,改良提高地方马生产性能,着力培育高品质的运动马。加大种公马站建设,推广先进实用繁育技术,扩大马品种改良覆盖面。

加强核心种马场建设。加快建设种马场,加强伊犁马的品种改良选育和原种保护工作,大力提升伊犁马品质,做大做强伊犁马品牌;扶持运动马等良种马扩繁场建设,提高优质马供种能力,促进全区马匹改良并为休闲娱乐、体育竞技赛马提供优良马匹;开展良种马登记工作,力争 5 年内建成 20 个良种马繁育场,年供种能力达到 3000 匹以上。

推进马品种改良。加快利用伊犁马改良繁育礼仪仪仗马,建立中国礼

仪马培育基地,组建礼仪仪仗马队,服务国家外交需要;实施良种马补贴政策,支持国外专门化马品种的优良种马引进,开展纯种繁育推广;鼓励农牧养殖户(场)购置优质种公马,发展良种马生产;推广先进实用繁育技术,实施良种马细管精液补贴和种公马站建设补助政策,利用良种马扩繁场和种公马站的优质种质资源,扶持农牧养殖户大力开展马品种改良,提高农牧民的马匹品质和价值,促进农牧民增收,力争5年内在马业主产区建成40个马配种站,积极开展冻精配种、胚胎移植等先进技术,以加快马品种改良进程。

二、场地建设

优化产业结构,建设现代马产业经营体系

大力发展赛马业。强化运动马培育基地建设,建立一批适应市场需要、生产体系完备、科技水平较高的运动马繁育场,力争年产运动马10000匹以上,为区内外赛马产业输送优良马匹。力争5年内在赛马条件较好的地区,建设3~5个与国际接轨的核心赛马场,在具备马文化体育活动基础的地(州、市)、县(市)配套建设赛马场。

三、产业发展

建立分类分级赛马制度,推广国际化赛事规则,培育赛马企业;加大赛事品牌建设,支持举办全国性、国际性的重大赛事,创办一批国内一流、国际瞩目的品牌赛事,将新疆打造成为国内乃至中亚主要的马竞技赛事区;积极争取利用体育彩票公益金,建立巡回赛马制度,构建现代赛马组织运行体系,推动赛马常态化,逐步推进我区传统赛马赛事与国际接轨。

加快发展马休闲产业。布局建设马文化运动休闲体验基地,鼓励和支持企业在各地中心城市及周边建设马术俱乐部、马主题公园等专业马术场馆,引导和支持企业及农牧民创办马民俗风情园、马疗养健体会所、马术休闲场、野骑俱乐部、马戏游乐园等休闲娱乐场所,开发以马为要素的多元化休闲娱乐项目,为城乡居民营造时尚、健康、向上的休闲娱乐场所,推进马休闲产业及与之有序衔接的其他休闲娱乐康休服务业发展。

创新发展马文化旅游产业。支持有条件的地区结合自身旅游业发展,组织举办以马为主要元素的节庆活动,培育新疆特色的马文化旅游品牌,丰富各族群众生活;鼓励各地建设各具特色的马博物馆、马文化展览馆,使其成为区内外游客了解、感受、体验新疆马文化的窗口;鼓励企业、行业协会利用现有会展平台,创办各类马产业博览会、马产业马文化论坛,搭建交流合作平台和发展会展旅游;鼓励企业建设马文化演艺场馆,创编新疆特色的马文化产品和节目,以精彩的马文化表演活动带动当地文化旅游产业发展;支持少数民族群众利用其传统手工艺制造技术,加工生产马专用装备,鼓励企业和个人创作与马有关的书籍、影视作品,以及艺术品、工艺美术品等,延伸扩展马文化产业,丰富马文化旅游资源。

加速发展马术驯教产业。推进马驯教基地建设,引导企业建设一批设施完备、符合国际赛事标准的运动马调驯基地,充分发挥各少数民族群众擅长驯马的优势,驯养适应专业比赛的运动马和休闲需要的骑乘马、表演马等,提高马匹价值并带动就业。鼓励和支持马术俱乐部、赛马场、育马场利用自有马匹资源及设施设备,创建各类马术培训学校(基地),大力开展青少年马术培训,以马术专业学习、马术短期培训、马术夏令营、中外马术学校联合办学等多种培训模式,普及推广马术。

四、赛马协会

加强对马产业发展的组织领导和政策宣传,强化行业社团组织建设;支持马业协会、马术运动协会、马育种协会、马兽医协会、马产业联盟等社会组织机构建设,发挥社团组织的自治作用,承接政府向社会转变的行业管理及服务职能;推进行业交流与合作,引进、推广优质马种资源和先进的生产技术、设备装备、生产工艺及成熟的产业运作模式、管理方法;发挥行业社团组织的各类专家优势,组织制定马产业发展质量技术标准,破解马业发展中的

政策瓶颈和生产技术难题;强化各地各类马业社会组织的联动,切实发挥桥梁和纽带作用,统筹推进马产业发展。

五、人才培养

加强科技服务体系建设,提升马产业发展保障水平,加快马产业技术人才培养体系建设;支持农业院校开设马产业相关专业,支持发展马产业中职、高职教育;大力培养马饲养员、马繁殖工、马兽医及驯马师、骑师、钉蹄师、马房经理等专业人才。

第三节 内蒙古自治区

随着近年来国内现代马产业逐渐兴起,为转变内蒙古自治区现代马产业发展相对滞后,资源优势未能很好地转化为发展优势的现状,进一步促进当地现代马产业发展,内蒙古自治区人民政府于2017年12月13日出台《关于促进现代马产业发若干意见》。

一、育马

1. 加强蒙古马等地方品种资源保护

启动蒙古马等地方品种保护工程,全面开展品种资源普查,按照国际标准建立健全马品种登记管理制度。在蒙古马等地方品种集中分布区,建立完善保种场、保护区并建立核心群,开展提纯复壮工作;建立以蒙古马遗传资源为主的基因库,开展蒙古马等地方品种基因测序、马匹质量检测和品种认定工作;建立蒙古马种质资源信息库和遗传资源动态监测预警体系,使我区成为国家蒙古马等地方品种遗传资源保护和研究中心。

2. 加快推进马品种培育和纯种繁育

制定我区马遗传改良计划,科学确定马品种改良方向;发挥地方马优良特性,定向培育产品用马、竞技马、休闲骑乘马、仪仗马、观赏马等专门化新品系;鼓励支持养马大户、专业合作社、马产业龙头企业等通过引进国外优良专用品种开展纯种繁育和改良,实现高端马本土化目标。在蒙古马等地方品种主产区和有条件的纯血马场,建立完善良种繁育场,健全选育方案,扩大育种核心群规模,增加优质品种供种能力;依托良种繁育场,建立专用马性能测试中心,提升选种育种水平;建立完善马匹改良技术服务推广体系;加强种马进出口管理,科学评价引进种马的生产性能,防止低水平重复引种。

二、场地建设

提供用地政策支持。对于马产业项目建设用地,按土地利用总体规划要求,优先纳入土地利用年度计划,并在下达年度计划时给予用地指标支持。使用存量建设用地需要受让的,可在不低于国家最低价格标准政策前提下,享受土地出让支持政策。马产业用地在符合规划,不改变原用途的前提下,可适当增加容积率且在5年过渡期内不征收土地出让价款。利用国有未利用土地进行马产业项目建设,享受国家有关用地支持政策(自治区国土资源厅牵头,自治区发展改革委、有关盟市行政公署、市人民政府配合)。

积极发展马竞技体育产业。按照国际标准改造完善大型赛马和马术表演活动场所,积极创办和引入国内一流,国际瞩目的品牌赛事。创新发展民族传统体育赛事,支持和规范群众性马竞技体育活动;加大宣传推广力度,支持举办马产业博览会,鼓励发展马文化演艺产业,提高马竞技体育商业化水平和群众参与度;鼓励和支持重点马产业企业创建国家级体育产业示范单位。

三、产业发展

促进现代马产业发展,加快发展马产品加工业。扶持培育一批马产品生产加工龙头企业,鼓励开展高端养生系列马产品研发,充分挖掘马产品食用,药用及保健价值,开发马肉,马奶饮品等系列食用产品,推广马奶、马骨粉、马血清等产品在蒙医蒙药领域的应用,延伸产业链条,提高附加值;制定和完善马产品生产技术标准,搞好马产品生产、加工、销售等环节的技术指导和管理服务;鼓励支持各类行业协会、团体及经营主体申请注册马品种及相关产品地理标志商标,申请认定驰名商标,创建知名品牌。

积极发展马竞技体育产业。按照国际标准改造完善大型赛马和马术表演活动场所,积极创办和引入国内一流、国际瞩目的品牌赛事;创新发展民族传统体育赛事,支持和规范群众性马竞技体育活动;加大宣传推广力度,支持举办马产业博览会,鼓励发展马文化演艺产业,提高马竞技体育商业化水平和群众参与度;鼓励和支持重点马产业企业创建国家级体育产业示范单位。

推进马产业与旅游休闲产业深度融合。结合旅游产业发展,开发以马为元素的多元文化旅游休闲项目;支持有条件的地区探索建立休闲观光马道,布局建设马文化旅游体验基地;在城市周边或沿重点旅游线路建设对外开放的马主题公园等休闲娱乐场所,为群众提供多元化休闲娱乐和健身方式;鼓励和引导企业、农牧民围绕旅游景点开展野外骑乘等经营性活动,培育新的消费热点。

四、赛马协会

搭建马产业交流合作和信息化服务平台。支持有条件的地区和企业建立马产业国际合作交流基地,大力开展马产业经济、科技、文化交流合作;支持有条件的地区建立国际化、专业化的马拍卖交易和马产品交易中心,为国内外马匹拍卖、产品交易搭建平台;依托自治区云平台,建立马产业数据库,提供品种登记、科技指导、产品信息、人才交流等服务;支持马产业企业及行业协会建立专业网站,开展赛事组织、产品推介、马匹租赁、种马供应等服务。

五、人才培养

建立完善相关服务体系,加快马产业人才培养。实施马产业人才培养专项计划,以"引进来"与"走出去"相结合的培训方式,打造马产业高层次管理队伍;整合自治区涉马专业院校和企业资源,依托有条件的高校设立运动马学院,开展现代马产业人才培养,引进或借鉴国外先进的教学体系,按照马产业多业态特点设置专业,采取计划招生、自主招生、定向招生、联合招生等方式,择优录取低龄马专业爱好者,培养专业骑师、驯马师、教练员、裁判、马兽医、饲养师等技能型专业人才,并联合相关机构进行资质认证,逐步将我区建成面向全国的现代马产业技能型人才输出基地。

第四节　其他地区政策

2018 年 12 月 28 日,国家发展改革委在官方网站发布《海南省建设国际旅游消费中心的实施方案》(以下简称《实施方案》)。《实施方案》明确提出,全面推进体育与旅游产业融合发展,建立完善的体育旅游产品体系和产业政策体系,建设国家体育旅游示范区;鼓励沙滩运动、水上运动、赛马运动、航空运动、汽车摩托车运动、户外运动等项目发展;加快建设国家体育训练南方基地,打造一批国际一流的运动训练和赛事基地;积极开展赛事展览、运动培训和休闲体验,打造体育运动休闲度假小镇,培育滨海休闲体育运动消费市场;探索发展竞猜型体育彩票和大型国际赛事即开彩票。

4月14日,新华社受权发布的一个文件在中国马业人中引起不小的关注度。在《中共中央、国务院关于支持海南全面深化改革开放的指导意见》中,明确提出"支持在海南建设国家体育训练南方基地和省级体育中心,鼓励发展沙滩运动、水上运动、赛马运动等项目,支持打造国家体育旅游示范区。探索发展竞猜型体育彩票和大型国际赛事即开彩票。探索从空间规划、土地供给、资源利用等方面支持旅游项目建设"。其实文件中关于彩票的提法早在2009年《国务院关于推进海南国际旅游岛建设发展的若干意见》中已经被明确提出了,所以也有部分马业人持谨慎态度。

《国务院关于推进海南国际旅游岛建设发展的若干意见》中关于彩票的描述,加快发展文化体育及会展产业;加快发展文化产业,引进创意产业人才,大力发展文化创意、影视制作、演艺娱乐、文化会展和动漫游戏等各类文化产业,积极培育具有海南地域和民族特色的文化产业群;鼓励举办大型旅游文化演出和节庆活动,丰富演艺文化市场,支持海南举办国际大帆船拉力赛、国际公路自行车赛、高尔夫球职业巡回赛等体育赛事。在海南试办一些国际通行的旅游体育娱乐项目,探索发展竞猜型体育彩票和大型国际赛事即开彩票;办好博鳌亚洲论坛年会,完善博鳌会展服务设施,积极招徕承办各种专题会议展览,举办博鳌国际旅游论坛和国际旅游商品博览会,培育国际会展品牌;优化会展业发展环境,对入境参展商品依法给予税收优惠和通关便利。

关于赛马的表述,在此次中央文件出现之前,最明确的应该是海南省文化广电出版体育厅在国务院综上相关法规约定下,做出了《海南省文化广电出版体育厅关于支持建设海南国际马文化体育旅游试验区的复函》。6月19日,《海南日报》在头版突出位置刊发有关报道。

2019年海南省旅游和文化广电体育工作会议于1月23日上午在海口召开。会议总结2018年全省旅游和文化广电体育工作,部署2019年重点任务。记者从会上获悉,2019年海南省将在顶层设计上下功夫,编制出台旅游文化体育方面的若干规划。

据省旅游和文化广电体育厅厅长孙颖介绍,2019年,海南省在旅游规划方面要出台《海南省海洋旅游发展总体规划》《海南省邮轮旅游发展专项规划》《海南省乡村旅游发展总体规划》,编制《海南省旅游公共服务体系建设规划》《海南省海岛旅游发展规划》;在文化规划方面要出台《海南省省级重点文化设施项目建设规划》,编制《海南省公共文化服务体系建设发展规划》,在旅游资源普查项目中加入文化资源普查项目;在体育规划方面要出台《国家体育旅游示范区总体规划》《海南水上运动发展指导意见》《海南沙滩运动发展指导意见》《海南赛马运动发展指导意见》。同时,重点推动 6 个省级旅游园区规划修编,指导 35 个重点旅游度假区规划编制及把关市县上报的落地项目规划。

第七章

内蒙古赛马产业发展的总体构想

第一节　指导思想和基本原则

一、指导思想

以习近平新时代中国特色社会主义思想为指导,全面深入贯彻党的十九大和十九届二中、三中全会精神,贯彻习近平总书记到内蒙古考察指导工作和参加十三届全国人大一次、二次会议内蒙古代表团审议时发表的重要讲话,全面落实内蒙古自治区经济、社会发展思路,在新的历史机遇和挑战下,充分发扬蒙古马精神,以保护蒙古马、推动内蒙古赛马产业发展为出发点,创新赛马竞赛体系,拓展蒙古马竞赛的发展空间,提升赛马赛事的质量和内容,促进赛马系列产品消费的提档升级;加快国外优良马种引进及本土运动马种繁育,完善赛马基础设施,加强赛马相关产品开发,促进赛马产业与文化、旅游等领域互动融合,强化赛马产业服务能力;优化赛马产业的结构和空间布局,围绕赛马赛事,加快形成上下游业态协同发展的产业格局。

二、基本原则

内蒙古马文化底蕴深厚,赛马历史悠久,群众基础广泛,但赛马产业发展却相对滞后。近年来,国内现代马产业逐步兴起,这为内蒙古从传统马产业向现代马产业过渡创造了条件,也为赛马产业发展提供了机遇。内蒙古赛马产业要以赛事为核心,全面提升赛马赛事层次,带动赛马产业全产业链发展,促进内蒙古新旧动能成功转换。

1. 统筹联动,合力发展

自治区统筹规划,各盟市分别组织实施,协同推进赛马产业发展。强化赛马产业发展规划与各类相关规划统筹协调,确保赛马产业规划有支撑、有保障;强化赛马产业与马匹交易、马匹繁育、饲料加工、赛事运营、休闲娱乐等相关产业联合开发,以赛事为核心,带动上下游产业协调、合力发展;充分利用协会资源,加强与马业协会、马术协会沟通,多方开辟和培育赛事,并在行业注册、认证、培训等方面获得支撑。

2. 政府支持,市场运作

政府在具体政策及配套措施上对赛马产业进行重点扶持,为产业营造良好的发展环境。以企业为主体进行市场开发,以市场化手段推动赛事的组织及运营,以重点企业的品牌打造为突破口,带动赛马产业规范化、市场化发展。

3. 拓展内涵,融合发展

以赛事为核心,丰富赛事内涵,延伸赛事功能。将马赛事与马文化紧密联系,促进赛马文化宣传、促进赛马体育精神弘扬。将马赛事与文化产业、旅游产业相融合,围绕赛事,开发集赛事观赏、休闲娱乐、文化体验、节庆活动为一体的产品及服务,提升赛事的内在价值及功能。

4. 依托传统,创新赛事

那达慕赛事及蒙古族赛马由来已久,依托传统赛事的影响力,同时借鉴国外商业赛马模式,构建内蒙古特色赛马联赛体系,因地制宜发展现代速度赛马,培育以蒙古马血统为核心的蒙古马竞技业。

第二节　发展方向和总体定位

一、发展方向

以底蕴深厚的马文化传统及良好的马业资源条件为依托,按照政府指导、市场引导、企业主导的发展模式,将赛马场地设施、品牌赛事、休闲骑乘、马种繁育等作为产业发展着力点,逐步完善赛马产业场地设施,丰富赛马场地功能,统筹协调产业资源,奠定赛马产业的发展基础;大力开展现代赛马赛事,创新蒙古马赛事,建立内蒙古特色竞赛体系,承办国内外大型赛事,培育内蒙古品牌赛事,形成赛马产业的动力源泉;加大运动马繁育力度,重视蒙古马保种繁育,完善饲草加工业,建设国内权威马匹交易平台,带动农牧民增收,形成赛马产业的联动效应;推动赛马产业与文化、旅游等多业态深度融合,因地制宜发展内蒙古特色赛马产业。

二、总体定位

以赛马赛事为核心,建立运动马繁育、马匹交易、饲草加工、休闲旅游、马医疗服务、赛事运营相衔接的赛马产业体系。通过内蒙古特色赛马竞赛体系的建立,进一步推动赛马产业发展,把我区建设成:

1. 国内知名赛事区

积极与国外赛马机构合作,引进国际高水平赛事,提高内蒙古的办赛能力和办赛水平;加强与中国马术协会、中国马业协会及各省市赛马组织合作,开展各级别赛马赛事;打造几个国家级品牌赛马赛事,建设一批国际认可的赛马俱乐部。

2. 国内优质马种供应区

依托区内优秀马场,加大内蒙古优良马品种的保种培育及国外优良运动马的改良繁育,重点培育国产运动马新品种,在全区各盟市重点建设几个运动马繁育基地;加强马匹交易线上、线下平台的构建,注重与国际马匹交易平台的交流合作,以专业化、国际化的运作模式,打造国际公认的马匹交易平台。

3. 赛马文化重要旅游区

加大赛马产业与旅游、文化的深度融合,丰富赛马产业的文化内涵,探索开发赛马赛事与休闲娱乐一体化的产品及服务,建设一批马主题小镇;充分发挥内蒙古旅游大区的功能,加大赛马产业在旅游景点设置、产品设计、服务推广等旅游环节的嵌入力度,开发一系列赛马主题旅游产品,建设一批赛马主题公园。

4. 国内赛马产业人才基地

加快赛马产业人才培养,构建专业人才培养体系,引进马业从业人员资格认证体系,加强对骑师、驯马师、钉蹄师、马兽医、马房经理、饲养员、马匹护理师等专业人才的培养,形成专业人才供给机制;持续不断培养获得国际马业从业人员资格认证的专业人才,形成国内外重要的赛马人才培养和输出基地。

第三节　空间布局和主要任务

一、空间布局

推动区内各盟市赛马产业均衡发展,优势互补,提高国内赛马产业发展的协调性,促进赛马产业的国际合作,构建布局合理、结构科学的赛马产业

发展格局。

1. 构建网络化空间格局

延伸赛马产业链条,将马匹改良、马匹繁育、马匹驯化、马匹交易、赛马培训等产业链各环节联动起来;依托产业链条,将各盟市赛马资源科学串联,形成区域产业链网络,发挥区内赛马重点企业的资源优势及引领带动作用,深化产业链各环节、自治区各盟市的交流合作,提升区内赛马产业整体实力,为赛马产业的国内共建、国际合作奠定基础。

以赛马赛事为中心,加强国内沟通合作。围绕国内品牌赛马赛事的创建、培育,以赛事为载体,集聚赛马产业资源;依托国内的快速交通网络,在全国范围内谋划赛马产业链各环节的上下联动,资源共享,构建赛马产业优势省市高效连接的网络化空间格局,提高国内赛马经济实体的交流合作,促进赛马产业优势省市协同发展,探索国内赛马产业的本土化发展之路。

以无疫区建设为突破口,打通赛马产业国际交流渠道,按照"引进来、走出去"的原则,将国外的优良马匹、优秀人才、成熟赛事、先进经验引进来,让国内的赛马从业人员、赛马产业成果走出去,促进赛马产业的国际交流探索。

2. 完善区内赛马产业发展体系

(1)优化提升重点盟市

以呼和浩特、锡林郭勒、鄂尔多斯、兴安盟、通辽五个重点区域作为赛马产业发展的核心引擎,发挥比较优势,增强其对周边区域赛马产业发展及产业链各环节的辐射带动作用。

呼和浩特

发挥呼和浩特的区位优势,扶持赛马俱乐部健康发展,积极培育赛马消费市场,培养赛马产业专业人才,开展赛马相关领域科学研究,为我区赛马产业发展提供多元支撑。

锡林郭勒(中国马都)

巩固和提升锡林郭勒盟马产业发展的优势地位,持续发挥其在赛马场地、马文化传承、马匹保有量、马业从业人数等方面的引领作用,推动赛马产业向特色化、规模化的方向发展,在兼顾现代赛马发展及民族赛马传承,加强各盟市赛马产业链各环节的互融互通。

鄂尔多斯

充分发挥鄂尔多斯在保护纯种蒙古马和开发马产品、举办马赛事、传承马文化方面的引领作用,不断充实赛马繁育、马术竞技、马文化传承、马休闲骑乘等方面的功能,着力做大做强赛马产业。

兴安盟(科尔沁右翼中旗——赛马之乡)

积极与国家级赛事接轨,建设国内赛马产业综合赛事平台,依托现有赛马资源优势,促进赛马产业多元化发展,打造集赛马赛事、马匹繁育、马匹交易为一体的综合平台。

通辽(科尔沁左翼后旗——马王之乡)

肩负民族赛马的发展与传承,不断提升马种优势,持续探索优良马种与科尔沁马的杂交改良,总结养马、驯马的成功经验,创新民族赛马赛制,丰富民族赛马内涵,打造民族赛马品牌赛事,带动赛马产业发展。

(2)发展特色赛马小镇

充分发挥内蒙古马资源数量多、地域分散的特点,培育一批具有当地特色的赛马体育小镇,完善小镇的基础设施和公共服务设施,开展特色赛马服务业,传承赛马文化,以点带面,带动周边区域赛马产业的发展,为赛马产业的网络化空间发展格局提供重要支撑。

二、主要任务

1. 加强运动马培育

结合市场需求,依托国内外先进繁殖技术,建立一批繁育体系完备的运动马培育基地,为区内外赛马市场输送优良马匹;加强内蒙古农业大学与国内外赛马相关行业交流合作,共同研究推进运动马培育技术,筛选最佳杂交组合,培育国产运动马新品种,促进内蒙古优良马品种保种培育;引进国外优良马种,对国内马种进行改良繁育,丰富国内运动马品种;吸收借鉴国内外运动马调教先进经验,制定科学的运动马调教训练方法体系;参考国外运动马性能测定方法,制定我国运动马性能测定标准,开展运动马性能测定工作。

2. 建立特色赛马联赛体系

为适应内蒙古赛马的市场需要,积极构建内蒙古特色赛马联赛体系。在借鉴国外商业赛马模式的同时,吸取民族赛马的经验,探索符合中国国情的速度赛马赛事模式。由专业公司负责赛事的组织与运营,同时鼓励农牧民积极参与,通过专业赛事公司引入评分、分班、负磅等规则,使参赛马匹理论上都有获得奖金的机会,增加赛马赛事的娱乐性,使广大农牧民可以通过参赛赢得赛事奖金;借助赛马赛事平台高价售出优质马匹,使广大农牧民增收;建立赛马巡回赛事制度,构建现代赛马组织运行体系,推动赛马赛事常态化,形成自我造血功能强大、可操作性强的马产业盈利模式。

3. 拓展赛马场功能

在现有土地资源紧张的情况下,加强对现有赛马场的完善再利用。对区内的简易赛马场进行改造升级,对已形成规模的赛马场按照国际标准完善相关设施。对于政府投资建设的赛马场要加强运营管理,避免闲置浪费,针对赛马场无赛事期的空闲情况,加强赛后场地的有效利用及持续健康运营,以减轻政府和企业的负担;完善赛马场地的功能分区,将其从单一的赛场,转化为集赛马育马、休闲娱乐、文化交流于一体的综合场所,合理扩大发展空间,构建包含赛马运动、赛马育种、马匹交易、休闲旅游、公益福利、体育教育等相关产业的复合产业架构。

4. 分级打造赛马品牌赛事

将自治区、各盟市、旗县市区现有的对外有影响力的那达慕赛事、赛马活动办好的基础上,选择一批重点赛事,分内蒙古品牌、区域品牌、地域品牌、企业品牌四个级别去打造赛马赛事,构建内蒙古赛马品牌赛事体系。各级别赛事的相关部门应加大对赛马赛事的扶持和引导,同时多渠道鼓励社会力量参与赛马产业,激发社会资本投资赛马赛事的热情;加强自治区各级政府与相关企业的沟通合作,共同谋划赛马赛事,促进现有赛马赛事提档升

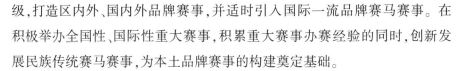

级,打造区内外、国内外品牌赛事,并适时引入国际一流品牌赛马赛事。在积极举办全国性、国际性重大赛事,积累重大赛事办赛经验的同时,创新发展民族传统赛马赛事,为本土品牌赛事的构建奠定基础。

5. 建立马疫病防控体系

制定马属动物疫病专门强制免疫措施,加强马属动物疫情预警预报,完善突发疾病应急反应机制。鼓励和支持大型涉马企业、赛马场建设马匹专门医疗机构,支持重点养马地区建设马诊疗服务机构,为马的检疫、诊断、康复治疗提供专业化服务;积极推进马属动物无规定疫病区建设,支持马疾病防控、马保健新技术和马专属药品、疫苗、保健剂等产品的研发、生产与推广应用,提高马疫病防控成效,增强赛马产业健康发展保障能力。

6. 推进赛马信息化管理服务体系建设

鼓励建立赛马信息化管理平台及服务平台。构建贯穿赛事全过程的赛马管理系统,实现对竞赛者比赛成绩、违规等信息的有效管理,准确记录每个竞赛者起点、终点、兽医检查等详细情况,随时了解每个竞赛者的比赛动态情况,及时对竞赛者进行规范调整,做到准确、高效和动态管理赛马活动,完善赛马往绩资料库、骑师资料库及评分资料库,为观众和赛马爱好者提供专业服务;搭建赛马服务信息化服务平台,构建马品种登记、马病检测与防控、马饲料产品、赛马设备装备等各类数据库,为赛马的信息化管理、交易及马产业链上各产业的融合发展提供支撑;支持有条件的地区、企业建立国际化、专业化的互联网马匹交易平台,为国内外马匹拍卖搭建平台;依托自治区云平台,建立马产业数据库,提供品种登记等服务,建设国际标准的马品种登记数据库;支持马产业企业及行业协会建立专业网站,开展赛事组织、产品推介、马匹租赁、种马供应等服务;加强赛马产业从业人员管理,推行终身职业技能培训制度。

7. 加强赛马专业人才培养

结合赛马市场需求,以"引进来"与"走出去"相结合的培训方式,打造赛马产业高层次管理队伍,以校企产学合作的方式,培养赛马赛事组织与管理专业人才。整合自治区涉马专业院校和企业资源,依托有条件的高校设立

运动马学院,开展现代马产业人才培养,引进或借鉴国外先进的教学体系,按照马产业多业态特点设置专业,采取计划招生、自主招生、定向招生、联合招生等方式,择优录取低龄马专业爱好者,培养专业骑师、驯马师、教练员、裁判、马兽医、饲养员、钉蹄师等技能型专业人才,并联合国际相关机构进行资质认证,逐步将我区建成面向国内外的现代马产业技能型人才输出基地。

8. 与旅游、文化产业深度融合

依托内蒙古旅游业,针对赛事、表演、体验等多种功能,建设马主题休闲度假基地。重点开发民族传统赛马活动,将赛事、民族传统文化、旅游有机结合,紧紧围绕马主题,设计特色节庆活动旅游产品,宣传推广赛马文化,丰富休闲骑乘体验,以极具观赏性、娱乐性和体验性的产品吸引消费者;鼓励和引导马企业、赛马场、赛马俱乐部等企业拓展经营范围,围绕赛马文化、赛马旅游发挥自身功能,为企业培育新的赢利点。

第四节　保障措施及时间进程

一、保障措施

1. 政策保障

(1)提供财税政策支持

自治区安排马产业发展专项资金,研究设立马产业发展基金,支持马产业发展。自治区认定的重点马产业项目,建立资金新增国内贷款部分,自治区财政给予一定贴息补助。对专门从事马品种资源保护及改良繁育、马竞技体育、马健身休闲娱乐、马产品生产研发加工及马文化产业的企业,地方各级政府要给予一定的税收优惠政策。符合西部大开发税收优惠政策的马产业企业及自治区认定的高新技术马产业企业,可按有关规定减免企业所

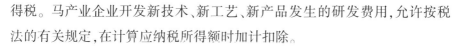

得税。马产业企业开发新技术、新工艺、新产品发生的研发费用，允许按税法的有关规定，在计算应纳税所得额时加计扣除。

（2）提供金融政策支持

建立多元化的马产业融资渠道，鼓励区内外大中型企业、民间资本等投入马产业发展；积极支持有条件的马产业企业上市；鼓励金融机构适当提高贷款或授信额度，支持马产业新型经营主体发展；鼓励担保机构为马产业提供信贷融资担保；争取将马纳入畜牧业政策性保险范围，提高马产业抗风险能力。

（3）提供用地政策支持

对于马产业项目建设用地，按土地利用总体规划要求，优先纳入土地利用年度计划，并在下达年度计划时给予用地指标支持；使用存量建设用地需要受让的，可在不低于国家最低价格标准政策前提下，享受土地出让支持政策；马产业用地在符合规划、不改变原用途的前提下，可适当增加容积率且在 5 年过渡期内不征收土地出让价款；利用国有未利用土地进行马产业项目建设，享受国家有关用地支持政策。

2. 组织保障

（1）加强组织领导

建议自治区成立赛马产业工作协调小组，加强顶层设计，强化对赛马产业的宏观指导，统筹推进赛马产业发展。各盟市要将推进赛马产业发展列入重要议事日程，纳入当地经济社会发展总体规划，结合实际制定支持赛马产业发展的配套政策和相关措施。政府相关部门要相互配合，建立健全工作组织协调机制，形成工作合力，对赛马产业予以大力支持，围绕赛马赛事共同推进相关产业融合发展，使赛马产业成为带动区域经济发展的新增长点。

（2）强化行业协会职能

支持马业协会、马术协会等与赛马运动相关的社会组织机构建设，强化自治区马业协会、马术协会的职能，加强行业管理。建议有条件的盟市成立与赛马相关的协会及社团，承担相应的行业管理及服务职能；充分发挥协会

联系政府、服务企业、促进行业自律的功能;借助协会自身优势,积极协助政府加强赛马行业管理,深入调查研究,反映赛马企业的诉求及赛马行业相关问题,维护企业合法权益;推动行业交流及合作,鼓励协会积极组织与赛马产业发展相关的研讨、交流活动,加强自治区各级马协会与国内外行业协会的沟通交流,建立本行业与国内上下游行业组织的磋商机制,统筹推进赛马产业发展;发挥社会组织机构的专家资源优势,为赛马产业发展建言献策。

3. 宣传保障

各盟市要及时将赛马产业相关政策措施及实施方案向社会发布,按规定程序做好信息公开公示工作,广泛接受社会监督。自治区各类新闻媒介要加大宣传力度、创新宣传形式,弘扬赛马产业在促进传统优势资源转换、优秀民族文化传承、劳动力转移就业及农牧民增收等方面的积极作用,为赛马产业发展营造良好的政策、政务、人文及市场环境。积极与中央媒体、国内知名媒体开展合作,加大品牌赛事的对外宣传力度,不断提升赛马产业的知名度。企业主体要加强自有宣传渠道建设,通过企业官方网站、微博、微信等渠道,传播赛事信息,吸引舆论关注。鼓励社会公众、专家学者、从业人员参与宣传,提升内蒙古特色赛马赛事的品牌影响力,营造有利于赛马产业发展的良好社会氛围。

4. 实施保障

充分调动各部门参与赛马产业工作的积极性,统筹推进赛马产业工作的开展。为保障赛马产业健康发展,建议自治区各部门及相关单位都要依据赛马产业规划,结合部门实际,制定具体实施方案,健全规划监管机制,建立规划评估机制,确保规划的各项任务如期完成。各盟市要因地制宜,分别制定各具特色的盟市、旗县市(区)赛马产业发展规划,规划要充分体现各地的赛马资源优势、赛事特色、产业重点及发展方向。通过赛马产业发展规划的制定和实施,推动赛马产业全产业链的发展。

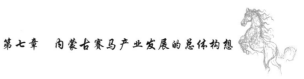

二、时间进程表

进　程	时　间	发展重点
发展期	3~5 年	1. 统计各盟市、旗县区赛马场地及配套设施的详细情况，依权属及功能，提升场地设施，着重完善赛马赛事的数字化管理系统，加强马匹防疫监测及兴奋剂检测。 2. 因地制宜建立蒙古马竞赛体系，形成内蒙古民间赛马的赛制和规则，以巡回赛、分站赛等形式，逐步建立蒙古马竞赛的联赛体系。 3. 建立马匹登记制度，建立蒙古马登记平台，建立运动马的血统登记档案。 4. 推进蒙古马的保种育种、纯种马的纯繁选育、运动马的品种培育等工作。 5. 培育一批高标准的赛马俱乐部，重点推进俱乐部专业人员的培养，依据国际标准，针对专业人员开展马匹、护理、骑乘等相关知识和技能的培训。
扩张期	5 年时间	1. 借鉴国内外先进经验，制定运动马性能测定标准，建立运动马性能测定中心。 2. 建立国际广泛认可的马匹交易平台，定期举行马匹拍卖会。 3. 打造一批国际标准的赛马俱乐部。 4. 形成几个蒙古马品牌赛事及速度马赛事。 5. 建立内蒙古赛马数据库。 6. 赛马专业人才培养体系形成。
稳定期	5 年时间	1. 具有国际竞争力的赛马产业体系已初具规模。 2. 赛马产业与旅游、文化产业高度融合，品牌活动常态化。 3. 以赛马赛事为核心，上下游产业链条发展完备。

第八章

完善内蒙古赛马产业的
运营与管理体系

第一节　运营管理

一、管理体制

目前,我国赛马活动多是由地方体育行政部门组织,以俱乐部的形式举办,并接受中国马术协会和中国马业协会的管理指导,完备的系统管理体系尚未建立。

中国马术协会是由国家体育总局业务主管、民政部业务指导和监督管理的全国性社会组织,是由从事和热爱马上运动的团体和个人自愿结成的全国性、行业性、非营利性的社会组织,是中华全国体育总会的团体会员,是中国奥林匹克委员会承认的全国性运动协会,是代表中国参加各类国际马上体育活动,以及参加国际马术联合会、亚洲马术联合会、国际速度赛马组织、国际马球组织、国际绕桶联盟组织和其他国际马上运动(体育)组织的唯一合法组织,具有独立法人资格。

从职能上看,该协会不仅负责制定技术等级、实施人员资格审查,还负责具体赛马活动的业务监管。由于缺少法律、国家权力机关的明确授权,导致其监管权威性缺失、监管力度有限。从实际管理过程来看,马术协会以会员制的形式聚拢了很多赛马俱乐部,并通过组织赛马赛事、吸引赞助的方式获得收益。且不论各大赛马俱乐部是否承认中国马术协会的最高权威,仅协会单凭章程实行管理职能一事就是缺少法律支撑的。另外,中国马术协会作为中国马术运动的管理和推动者,并未发挥其实际作用,其对马术运动的投入也相对有限。

中国马业协会是由民政部登记管理、农业部业务主管的全国性从事马业工作的单位及个人自愿结成的行业性社会团体,属非营利性社会组织,下属中国纯血马登记管理委员会、赛马委员会、中国赛马场联盟等众多分支机构。《中国马业协会组织章程》显示该协会的业务范围涵盖纯血马登记管理规则的制定，中国境内纯血马的注册、登记、管理，组织协调赛马、马术竞技比赛的登记管理等。由于缺少法律、国家权力机关授权，加之没有经费支持，导致中国马业协会无法像赛马产业发达国家的马业协会那样承担起马业发展的重任。

不论是国家体育总局主管的中国马术协会，还是农业部主管的中国马业协会，都与赛马产业有着千丝万缕的联系，但因缺少法律支撑，现行的管理体制根本无法满足赛马产业发展的需要。鉴于赛马产业与赛马彩票密不可分的关系，新型管理体制的构建需要对赛马行业及未来发展方向进行全面梳理，并为竞猜型赛马彩票的发行做好铺垫。我国现行体育竞赛管理体制是在国家体育总局的统一领导下，由各运动项目管理中心或项目协会分管各项目的全国性竞赛表演事务。因此赛马产业管理体制的构建思路是以政府为主导成立具有独立监督职能的管理机构。建议国家权力机关授权，在财政部的监督和指导下，成立赛马运动管理中心，行使管理权力。与此同时，探索成立全国性赛马协会，以赛马赛事为核心，完善赛事规则和赛事项目，提升赛事管理水平，以赛事为引领，带动赛马产业健康发展。

就内蒙古而言，应积极探索制定地方性赛马法规，以解当务之急；研究建立政府和社会组织相结合的管理体制，二者共同运营管理赛马赛事，共享赛马产业带来的经济效益和社会效益，共担赛马产业的运营管理风险。建议由自治区人民政府积极与国家体育总局、中国马术协会沟通，探索组建自治区赛马运动管理中心，专门负责内蒙古赛马产业的组织管理工作，统筹管理各项赛马赛事资源，制定赛马产业发展规划，管理与赛马赛事相关的各项事务。

二、赛事运营

体育赛事的经营管理离不开赛事的主办者、承办者和协办者。内蒙古

赛马赛事的办赛主体涵盖了中国马术协会、自治区人民政府及各盟市人民政府、自治区体育局及各盟市体育局、内蒙古马术协会及各俱乐部。根据赛事级别不同,主办者、承办者、协办者各不相同。赛事主办者主要负责商业开发、市场经营及媒体宣传;赛事承办者在主办方的授权下对赛事进行经营运作;赛事协办者多为各级政府及传媒主体。目前,内蒙古赛马赛事的运营管理还不是很顺畅,各运营管理主体间权力责任划分不明确,在赛事中的定位不清楚,越权、越界现象时有发生,运行风险较高。

要提高内蒙古赛马赛事的运营管理水平,首先要理清运营管理主体间的权、责、利。主办者按照简政放权的原则,减少对赛事运行具体事宜的干预,要授予承办者适当的权利,预留足够的管理空间;承办者要主动承担起赛事组织运营的主体职责,高效行使主办者赋予的权力,与各协办方加强沟通配合,明确双方权利和责任;协办者要配合承办者完成相关任务,保持与承办者间的沟通渠道畅通,确保赛事顺利进行。通过明确主体间的关系,清晰主体间的定位,高效发挥主体能量,从而提升赛事整体运营水平。

其次,制定赛马赛事运营行业标准。国外赛马产业的成功及国内海南省赛马运动的试水,引发了各路资本对赛马产业的关注。近两年国内赛马俱乐部不断涌现,赛马赛事日益增多,围绕赛马运动越来越多的公司进入市场,多方力量正在助推赛马产业的发展。为保障赛马产业健康发展,在顺应市场发展规律的前提下,需加强行业规范及管理,尽快建立赛马产业行业标准,降低赛马赛事运营风险。

再次,内蒙古各盟市要依据赛马资源情况,有选择地发展赛马产业。赛马赛事的选择要结合区位优势及特色,在风险可控的前提下,兼顾社会效益及经济效益。

最后,创新模式提高运营能力。2018 年 12 月 25 日,内蒙古新华发行集团股份有限公司和内蒙古莱德马业股份有限公司共同出资组建的蒙新莱德赛事运营股份有限公司已正式注册成立。该企业的经营范围包括体育赛事组织、策划、传播、赛马赛事,民族文化研究,牲畜的繁育、饲养、销售,场馆建设,生态文化旅游,马术俱乐部经营等。截止到目前,《蒙新莱德体育赛事运营股份有限公司章程》《蒙新莱德 2019 年体育赛马赛事工作进度安排》等均已出台并进入启动实施阶段。根据计划,2019 年 2 月 15 日前,所有人员和马匹进驻呼和浩特市,开始训练。4 月 15 日开始试跑,进行赛前磨合,做好开锣赛准备。5 月 1 日正式开锣赛,整个赛季 6 个月,合计 344 场比赛,每周六和周日下午 14 点开赛,每天各举办 6 场比赛。其间还将择期举办整个内蒙古各盟市参加的速度赛马总决赛。同时将围绕 2019 年内蒙古首届国际马文化博览会等大型活动进行比赛安排。二者间的有益尝试率先打通了赛马赛事组织、策划与传播间的障碍,推动内蒙古赛马产业链的进一步完善。通过政府部门的有力监管,并强化企业内部监管,全新的赛马产业运营模式必将助力内蒙古赛马产业健康发展。

三、市场开发

内蒙古赛马赛事的开发宜采用政府支持、市场运作型模式。近几年内蒙古赛马赛事总量呈上升趋势,但受市场开发程度的制约,内蒙古赛马赛事的影响力还很有限,赛事推广相对不足,经济社会效益均未达到预期效果。根据大陆赛马网发布的《2018 中国马业十大最具商业价值品牌》,内蒙古莱德马业速度赛马常规赛榜上有名。莱德马业速度赛马常规赛创办于 2013 年,是由莱德马业集团承办的跨年度、跨地域、全年不间断的速度赛马常规赛。大陆赛马网分析显示,该赛事历届赞助商相对较少,主要以企业自筹奖金为主,门票收入也十分有限。赛事转播以网络平台直播为主,孵化的赛事品牌有莱德马业育马者杯民族大赛马、莱德杯国际骑师邀请赛等。在大众传播影响力方面,于谦、马未都、吴京、刘威、喻恩泰、乔杉、孙越、栾树、潘明、黄田等均以马主身份参与其中。

内蒙古赛马赛事的市场开发程度还很低,在扩大赛事影响力、推广赛事、社会效益、经济效益等方面对赛马产业的促进作用还很有限。从政府层面,要进一步完善政府支持、市场运作这一模式,继续在政策上给予赛马产业更多的支持,同时明确管理地位,给予赛马产业更多的市场自主权,为赛

马产业创造良好的发展环境。从企业层面,唯有重视赛事市场开发,加大赛事市场开发力度,才能在赛马行业有所突破。

首先,重视赛事无形资产的开发,充分挖掘赛事广告权、冠名权、特许经营权、赞助权等无形资产蕴含的巨大商机;提升赛事质量,丰富赛事内容,打造精品赛事,以高水平、高市场化运作的赛事提升无形资产的价值,吸引不同级别赞助商。

其次,赛事纪念品、衍生品的开发相对单一。随着赛马运动参与人数、观看人数的增加,可根据目标市场的规模和购买力情况,有针对性地开发符合市场需求的赛事纪念品及衍生品。与相关体育品牌合作开发带有特许品牌元素的赛马产品及装备,加强对品牌赛事特许商品的研发和设计,推动赛事品牌发展,扩大赛事影响力。

再次,近两年内蒙古赛马赛事逐年增多,但观赛人数仍很有限,门票收入并不乐观。短期来看,通过增加销售渠道、加强赛事宣传推广很难解决门票收入低的问题,要从根本上解决问题,必须积极培育赛马运动的受众群体。长期来看,要持续培育赛事受众群体,调整销售策略,建立层次合理、简单易懂的票务价格体系,借助线上线下多渠道,完成门票销售及赛事的营销和宣传工作。

最后,在发挥明星效应的同时,内蒙古赛马运动不能只走"高冷"路线,虽然内蒙古马文化已出现断层,但历史渊源和文化基础还在,内蒙古赛马赛事的开发要依托悠久的蒙古马精神,唤醒蒙古民族对马的热爱之情,对赛马运动产生共鸣。

总之,赛马赛事的市场开发不仅要兼顾赛事本身,更要注重对相关产品的开发。借助媒体广告、媒体宣传,对赛事影响力、赛马展示、赛马文化等进行多渠道的开发,把赛马赛事与旅游、文化节、博览会等进行整合,调动民众参与赛马活动的热情,扩大赛事受众的覆盖面,增加赛事的知名度和影响力,从而达到预期效果。

四、媒体宣传

融媒体时代,赛马赛事与媒体宣传已成为密不可分的共同体。借助媒体宣传,可扩大赛马赛事的传播面,让赛事深入社会生活的各个角落,增加赛事的关注度,从而增加赛事的影响力,助力企业树立品牌形象,最终实现赛事的经济效益和社会效益。正因如此,媒体宣传工作已受到越来越多赛事运营者的重视。

目前,我国赛马运动的群众基础相对薄弱,只有在媒体宣传上做足文章,才能让更多的人了解赛马、喜爱赛马、参与赛马。从近两年内蒙古赛马产业的发展情况看,媒体宣传发挥的作用并不明显。一方面,赛马赛事的媒体签约数量不多、媒体影响力有限,媒体宣传途径有待进一步挖掘;另一方面,媒体宣传内容单一,缺少对赛事专业、深入的报道,无法体现赛事优势,尚未找到赛马赛事媒体宣传的最佳切入点。

鉴于媒体宣传对赛马产业的重要性如此之大,有条件的企业可设置专门的媒体宣传部门,负责赛事活动的宣传工作。在宣传渠道方面,可依赛事规模、赛事级别有选择地综合运用多种媒体。

1. 电视媒体

电视作为一种辐射范围很广的大众传播媒介,观看人群受文化层次、消费习惯等因素的影响较小,受众群体相对稳定。在现代传播技术影响下,电视媒体在传播速度、声画质量等很多方面均能为体育赛事提供理想的传输效果。作为一种权威性和影响力兼具的媒介,电视媒体通过公开化的舆论监督与引导,将赛事的全过程以公开透明的形式展示在受众面前,接受大众监督,有利于促进赛事各环节的规范、公平。电视媒体对赛事影响力、增加赞助商曝光度、赛事宣传推广、赛事新闻报道、舆论监督等方面有着不可或缺的重要作用。

目前,内蒙古赛马赛事与电视媒体的合作还很有限,相关宣传报道的频率不高、时间也较短,给观众留下的印象不深,这不仅不利于赛马运动的普

及和推广,还将直接影响赛马产业经济效益和社会效益的发挥。

加强与电视媒体合作,积极与国内或区内影响力较大的电视台签约,注重赛事全过程的合作,从赛前宣传、赛场安排、赛事直播、赛中解读、赛后退场采访、赛后总结,到赛马赛事相关专题报道及深度访谈,再到参赛骑师及赛马的成长经历等,围绕各环节深度开发。2016 年内蒙古第三届国际马术节暨莱德速度马常规赛,通过与新西兰、内蒙古、新疆、广州、北京、上海、吉林、山东、深圳等多地的电视台联合现场直播,取得了极大的成功,对推广内蒙古赛马运动意义重大。

借海南赛马运动发展之际,探索与旅游卫视建立长期合作关系,在赛事直播、赛马新闻报道、赛马专栏、赛马赛事深度解析等方面共同推进赛马运动发展;与内蒙古广播电视台文体娱乐频道谋求合作,尝试增设赛马运动专栏。另外,注重发挥电视媒体在传播赛马精神、赛马文化方面的作用,在利用赛马赛事吸引受众关注的同时,广泛弘扬蒙古马精神、内蒙古赛马历史文化内涵及赛马文化理念,提高内蒙古赛马赛事的区域知名度,扩大辐射范围。

2. 平面媒体

虽然在互联网媒体的冲击下,平面媒体的市场空间大不如前,但其独有的传播价值是不可取代的。特别是当赛马运动还无法成为社会主流体育项目,无法占领媒体制高点时,就更要发挥好平面媒体的优势——关注特定读者。特定读者即真正的体育爱好者,其需求点在于及时报道、深度解析、专业评论。对于读者来说,平面媒体可选择、可保存、阅读方便,进一步加深读者对赛事的理解。另外,与网络媒体相比,平面媒体制作简单,成本较低,这对于预算有限的赛事来说也是非常有利的。以内容创新、多角度切入来发挥平面媒体的优势,使其成为赛马产业媒体宣传的重要组成部分;积极谋求与国内、区内主流平面媒体的合作,促进赛马赛事的专业化、深度化传播。鉴于以往平面媒体宣传中出现的赛马赛事报道内容少、版面少的问题,可考虑在重大赛事或高级别赛事期间,以增刊或专版的形式宣传报道,以随刊赠送秩序册、赛事信息册、赛马信息册的方式吸引大众到现场观赛;与报社合作,邀请业界资深评论员开辟赛马专栏;建立赛马俱乐部、赛事运营商与报社之间的合作关系,针对俱乐部或赛事进行长期跟踪报道,维系忠实读者群体;加强与赛马专业杂志合作,以赛事专题报道、深度访谈等形式,深度解读浅层新闻背后的内容,深入赛马群体内部,透视名马、名师的真实生活;发行赛马专业读物,为赛事观众提供参考,推广普及赛马常识。2016年内蒙古莱德马业主办的《莱德马经》就是非常有益的尝试,在国内赛马赛事马匹往绩资料库、骑师资料库、评分资料库等专业数据体系尚未建立之时,《莱德马经》从建立《马经报》的往绩资料开始,以点带面,从而推动国内《马经报》的建设。

3. 网络媒体

随着互联网技术的发展,网络媒体因其更快捷、更高效、更便利的传播特点已成为体育赛事必不可少的传播方式。2016年内蒙古第三届国际马术节暨莱德速度马常规赛,通过第一赛马网、莱德马业赛马会官方网站、新浪体育三大网络平台进行了直播,实现了在手机端及PC端随时随地观看赛事及回放。赛事直播期间,新浪马术还推出莱德速度赛马新浪直播日,赛事播放量近20万。此次在网络直播方面的尝试是非常成功的,但也应看到网络媒体在赛前、赛后所发挥的作用还不是很明显。

网络媒体对赛事的宣传应贯穿赛前、赛中、赛后全过程。从赛事预热阶段,就充分发挥网络媒体的宣传作用,与主流网络媒体及网站合作,在社会上广泛宣传,同时建立赛事官方网站并设立报名平台,及时发布赛事活动信息及赛事报名的相关工作。赛事期间,由网络媒体在第一时间对赛事进行全面报道,同时借助视频网站对赛事进行网络直播,赛马爱好者可通过网络平台在手机端和PC端随时随地观看赛事的直播及回放。此外,充分发挥网络媒体的互动功能,丰富赛马赛事的报道方式;增加主持人与观众、嘉宾与观众的互动性,以现场连线、网友在线提问、观众视频交流等多种形式增加赛事观众的存在感和参与感,激发观众对赛马赛事的热情,从而培养更多的赛马运动受众群体。赛事结束后,邀请专业人士进行赛事评价、深度解析及对未来发展的预测。

除了赛事直播,赛事相关报道也是非常重要的内容之一。目前,网络赛事报道以动态新闻为主,针对赛事的背景性、分析性报道较多,预测性、深层次报道较少,这也从侧面反映出部分网络媒体记者的专业水平欠缺,业务能力不强。赛马赛事作为一项专业性、技术性很强的活动,需要网络媒体从业人员对运动项目的规则、历史、现状、发展前景有较深刻的认识。

五、品牌建设

受国家政策导向和地方政府支持的共同影响,全国各地赛马赛事层出不穷,对赛马运动的关注也不断升温。与之相对应的是国内赛马产业刚刚起步,市场开发相对不足,市场价值还很小,赛马赛事良莠不齐,很多赛事基本都处于亏损状态,赛事运营的难度很大。面对如此发展格局唯有注重品牌建设,才能助力内蒙古扩大赛马赛事的影响力,彰显赛马产业的发展实力。

1. 建立品牌保护制度

打造具有内蒙古特色的赛马品牌赛事,需要一系列规章制度来保驾护航。赛马赛事质量的好坏、水平的高低与参赛骑师和马匹有关,更与赛事制度和赛事环境密不可分。公平、公正、科学、合理的赛事制度是参赛选手正常发挥的基本保障。目前,内蒙古赛马赛事的品牌保护缺少顶层制度设计,致使赛事参与主体面临潜在利益风险。应尽快建立行之有效的赛马赛事品牌保护制度,对品牌的赛事、专利、竞赛制度、赛场法规、赞助商、转播商等进行保护,保障各赛事主体充分发挥其市场价值和潜力。

2. 打造本土化赛事

内蒙古赛马赛事尚处于品牌建设初期,从品牌创建过程来看,还存在着赛事品牌缺乏内涵,品牌定位不清晰,品牌特色不突出,品牌竞争力弱等问题。因此,需要从赛事品牌建设的核心出发,打造拥有自主知识产权的品牌赛事。在承办国内外重大赛事、举办本土赛事的过程中,积累丰富的办赛经验,营造本土的赛事环境,探索赛事本土化的途径,打造具有本土特色的品

牌赛事;注重品牌内涵,将内蒙古赛马文化、蒙古马精神等民族特色内容融入赛事,加强本土赛事的内涵建设。

3. 提高赛事整体质量

赛事规模越大、水平越高、涉及面越广,对组织者的要求就越高,因此也就更需要政府层面的鼎力相助。加强与政府沟通,充分发挥政府在整合资源、宏观调控、统筹规划等方面的主导作用,积极争取政府的政策扶持及工作推动。与此同时,为保障赛事的质量及赞助商的权益,建议签约优秀运营管理团队对赛事实施专业管理,从赛事运营管理水平方面提高赛事的质量;以冠名、特许、指定、专营等多种形式吸引社会资本赞助,为赛事筹集奖金,完善奖金制度;利用高额奖金吸引国内外高水平的选手参赛,以高水平的赛事满足市场需求;加强国际交流合作,申办和引进重大国际赛马赛事,以精彩的比赛,较好的品牌效应,吸引观众参与;积极培育本土高水平的骑手及赛马,从根本上提升内蒙古赛马水平;优化现有赛场设施、建设国际标准赛马场,满足高水平赛事的办赛要求。

4. 市场化运作要循序渐进

我国赛马赛事市场化运作的具体方式已呈现出多样性的特点。当前,内蒙古赛马产业正处于培育阶段,社会企业对赛马赛事品牌运作缺乏实践经验和良好的预期。在这种情况下,依靠政府主导和市场运作相结合的方式推动赛事品牌化,充分发挥政府在相关资金方面的扶持力度,调动企业在赛事承办过程中的积极性和创造性,由政府和企业合力举办大型体育赛事。初期要由政府来主导,时机成熟后投入市场化运作,品牌做起来就能带动相关赛事的开发,投资也就随之而来了。国内打造品牌赛马赛事的实践,也充分证明这种模式的可行性,为内蒙古打造品牌赛马赛事提供了可借鉴的经验。

第二节　风险管理

纵观我国赛马运动,无论是 1992 年的广州马王赛,还是 2005 年北京顺通的商业赛马,都证实了风险管理体系不健全、监管制度不完善、风险评估缺失所带来的严重后果。因此,要确保赛马产业健康发展、赛马彩票顺利发行,风险管理和防控是关键。

一、内蒙古赛马产业可能面临的风险

1. 政策法规风险

赛马运动发达国家或地区的发展经验表明,赛马产业的发展必须依靠完善的法律体系及制度体系才能保证其公平、公正、公开的开展,而是否公平则决定了赛马产业能否存活。应该看到,各国赛马相关政策法规的确立不是一蹴而就的,都经历了反复的修改和完善。我国赛马产业也必然经历这一阵痛期,走依法治理赛马产业之路。

中国赛马运动一路走来,暴露出赛马基本法律缺失、监管机制严重缺位、信息公开不到位、赛制混乱等众多问题。从完善顶层设计的角度出发,缺乏纲领性文件是当前制约我国赛马产业发展的重要瓶颈。赛马彩票作为赛马产业链上的重要一环,也是最需要社会公信力予以保障的部分。

目前内蒙古在商业赛马方面可以依据的国家层面法规只有《中华人民共和国体育法》《中国速度赛马竞赛规则》《彩票公益金管理办法》《彩票发行与销售管理办法》《彩票发行机构财务管理办法》及其他国家层面彩票相关规章制度。法律依据、保障机制和措施严重缺失,这不仅限制了赛马彩票业的发展,也将赛马产业置于很多未知的风险面前。内蒙古应尽快制定地方性赛马法律法规,建立明确的赛马行业规范,解决赛马产业行业准入机制问题,规范赛马俱乐部健康发展。

按照国际惯例,我国如不建立国际认可的"无疫区",国内外的参赛马匹就不能正常出入境。由于我国的检验检疫制度尚未与国际接轨,加之无规定马属动物疫病区建设滞后,导致举办国际性赛马赛事和跨国马匹交易举步维艰,马匹检疫检验问题也已成为阻碍我国赛马产业发展的因素之一。因此尽快完善检验检疫制度,加快无规定马属动物疫病区建设,是推动国内赛马产业尽快与国际接轨的必由之路。目前,广州从化已建成中国内地首个获得国际认可的无规定马属动物疫病区,而内蒙古鄂尔多斯市伊金霍洛旗作为国家农业农村部继广州从化之后第二家批准建设的无规定马属动物疫病区,已由前期筹备阶段过渡到基础设施建设、技术措施落实的实质性阶段。"无疫区"的建设不仅解决了批量活动物频繁跨境的国际难题,也实现了内蒙古与国际赛马产业的有效接轨。

2. 管理体制风险

完善的管理体制是赛马产业顺畅运行的重要保证。受社会环境和发展模式的共同影响,现行的管理体制已无法满足赛马产业发展需要。从赛马产业发达国家和地区的发展经验来看,产业背后蕴含的庞大产业链条涉及多方利益,任何环节运行不畅,都会产生连锁反应,使赛马产业面临巨大风险。当下,内蒙古各方力量都在布局赛马产业,如火如荼的赛马产业市场预期可见,但更应该预见的是在新型管理体制缺失的状态下,赛马产业的火爆又能维持多久呢?

内蒙古迫切需要一套适合自治区特点的管理体制,通过设立专业的风险管理及监督组织来保障赛马产业的安全运行;探索赛马产业新型管理体制,完善管理机构设置,科学划分管理权限,建立相对独立的监管体系,建立有利于赛马彩票发行的决策、运营、监管体制;尽快健全法律规章及行业规范,实行信息公开制度,增加赛事的透明度,建立赛事管理人员行为规范,加强对赛事相关从业人员的监管培训,实现对赛事的全流程、全要素管理和控制,从而有效防范各类风险;建立反舞弊机制,加强赛事违法、违规行为的惩处力度,提升赛马赛事的社会公信力。

3. 赛事风险

（1）赛制风险

合法、合规、合理的比赛制度是赛事公平性和娱乐性的保障，更是赛事公信力的重要体现。目前，我国尚未建立完备的赛马比赛制度体系，很多地区只能模仿其他国家的比赛制度来开展赛事，但多因比赛制度的不切合实际，而给主办方和参赛者带来了巨大的经济损失。因此赛马比赛制度的设计要充分保障马匹和运动员的根本利益，要兼顾赛事的公平性，不公平的赛制不仅无法体现观赏性，还会使赛事主办方和参赛者的利益受损。

中国马术协会于 2015 年 4 月颁布了《速度赛马竞赛规则》，并于 2017 年发布了《马术及速度赛马竞赛仲裁办法（修订稿）》，这是我国仅有的国家层面的赛马赛事规则。

对于内蒙古来说，国际国内的速度赛马规则均不区分马种和身高，这不符合内蒙古的区域特点。本着公平公正、规范合理的原则，内蒙古马术协会正在加紧制定《内蒙古马术协会竞赛管理办法》《内蒙古走马竞赛规则》《内蒙古速度赛马竞赛规则》。内蒙古本级赛事规则的制定是为了进一步规范区内竞赛管理办法、使赛事有章可循，更是为了扩大参赛范围、更好地保护蒙古马马种，从而推进内蒙古赛马运动健康发展。

（2）赛场风险

赛马运动因危险系数高已被列为世界高危体育项目，而赛道作为赛马场上的必备要素，其安全性和科学性至关重要。

我国赛马运动刚刚起步，赛马产业的完整产业链尚未形成，再加上赛道设计专业性很强，而且国际关于赛马场和跑道设计的公开信息十分有限，导致我国至今还没有专业的赛道设计机构。因此，国内在投资建设赛马场时，多聘请国外设计专家，当然也存在俱乐部选择不具备专业技术的设计企业负责赛道设计的现象，更有甚者迫于资金压力，在不具备专业知识的情况下，仅通过国外考察就想当然地设计赛道，置赛马与骑手的安全于不顾。

在由中国马术协会制定和颁布的《速度赛马竞赛规则》中明确了我国赛马比赛所用赛道在设计时应遵循的最低安全标准："赛场应设有平坦宽敞的

跑道,沙道或草地伯道均可,沿顺时针方向跑进。跑道宽度应不少于 18.3 米,直道应不少于 400 米长,转弯半径不应小于 90 米,护栏挡板材料必须是木质或纤维制成,护栏向跑道内侧倾斜 60°~70°。"

赛道设计是一项系统工程,即使是聘请国外专家,也不能照搬国外标准,要因地制宜,结合不同地区的环境特点,设计方案应有所调整。在具体设计时要全面考虑赛道表面、垂直硬度、回弹时间等多种因素,注意赛道长度、无急转弯、转弯倾斜度等设计标准,有了科学合理的设计还需要专业的承包商及完善的施工监测系统作支撑,以确保设计方案安全落地,最后在实际使用过程中,运营者还要具备基本的保养知识和专业的技能水平,这些日常的监测和维护也是保障赛道安全的重要步骤之一。

不同类型、不同级别的赛马赛事有着不同的特征,对场地的要求也有所不同。赛事的主办方要对赛事的项目特性、赛事级别、赛事类型进行深入研究,在必要的情况下建议聘请相关领域专家对比赛场地进行专业的技术指导,并对赛场运营管理人员进行专业的技术培训,力求将赛场的技术风险降至最低。

4. 经济风险

由于赛马产业蕴含巨大经济价值,而且受未来预期政府会开禁赛马彩票的影响,各地区对赛马产业的投资热情高涨,民间资本也十分热衷筹建赛马场,但结果却不尽如人意。赛马场建筑占地面积大,对投入设备要求严格,不仅前期建设投入资金量大,后期运营开销也大得惊人,高昂的日常支出与微薄的收入形成鲜明对比,导致国内很多赛马场生存运营举步维艰。面对巨大的经济市场诱惑,投入越大,风险越大。而政策的不确定性则进一步加剧了产业的投资风险。目前赛马产业国家层面的具体政策尚未出台,依据赛马产业的发展情况,未来出台政策低于预期或叫停赛马的风险还是存在的。另外,内蒙古发展赛马产业的基础相对薄弱,在政策、管理、场地、人才、马匹、运营等很多方面都没做好充分准备,其未来发展状况也存在不及预期的可能。

此外,财务风险来源于预算及资金收入损失。预算是赛事财务管理的

重要环节,财务预算是否合理、准确,直接决定了赛事能否正常进行。资金收入损失指的是在赛事运营过程中,出现的资金收入不能补偿支出成本的情况。根据大陆赛马网统计,2018年内蒙古莱德马业在内蒙古科尔沁右翼中旗和云南昆明举办的赛马日超过了40个近200场次,其中莱德马业速度赛马常规赛成功入围"2018中国马业十大最具商业价值品牌赛事",但其门票收入相对较少,商业价值也主要体现在赛事转播、孵化赛事品牌及大众传播影响力上。以上统计说明内蒙古现有赛马赛事的门票收入非常有限,处于品牌的培育阶段,支出成本较高等风险直接影响了赛事的效益,从而降低了比赛收益。建议制定严格的财务制度,将赛事管理的各项活动均纳入预算范围,通过设立单独的收入、支出账户,对赛事进行有效的管理和控制。

财务风险还来源于财务腐败,均已失败告终的两次公开赛马彩票比赛就是财务腐败风险的最好证明。财务管理体系不健全、财务制度混乱、赛事各环节监管不力,最终导致赛马舞弊、腐败行为的发生。

5. 舆论风险

互联网时代,信息的传播和扩散就如同洪水席卷整个社会舆论。对于在争议声中艰难发展的赛马产业来说,舆论安全不仅意味着社会大众对赛马的认可,更事关赛马的社会公信力,从这个角度来看,舆论安全应该是赛马产业得以发展的前提和基础。

由于赛马与赛马彩票密不可分,因此商业赛马从酝酿阶段就引起了媒体的极大关注。经过数年的发展,虽然政策依然不明朗,但资本市场对赛马产业的投资热情不断升温。近两年,赛马的舆论强度呈现出上升趋势,但舆论关注群体还主要局限于商业赛马的受利方及新闻媒体,民众舆论较为冷淡。究其原因可能是社会大众还存在着赛马即赌博的观念,这些不利舆论正阻碍着赛马产业的推广,更不利于其获得民众支持。

那么内蒙古要如何规避赛马产业的舆论风险呢?首先,政府部门要充分利用舆论来引导社会热点问题和敏感事件。赛马和赛马彩票作为饱受争议的事物,政府要充分利用这一热点,发挥媒体在形成共识、稳定人心等方面的重要作用,明确商业赛马的定位——社会福利性赛马,广泛宣传商业赛马在社会慈善方面的巨大作用,通过媒体的宣传和引导,解开大众的疑惑。其次,政府部门要在商业赛马的运行机制、监管机制上做文章,树立整个行业的公信力,从源头上降低舆论风险。赛马过程中涉及的主体多、环节多、风险点多,需建立完善的管理体系,以保障商业赛马正常运转。

6. 社会道德风险

在世界上赛马产业发达的国家或地区,都能看到赛马彩票的身影,赛马和赛马彩票之间有着天然的内在联系。中国作为一个严格控制赛马彩票的国家,要发展赛马产业,是否有悖于社会道德呢? 赛马产业的社会道德风险来源于大众对赛马彩票即非法赌博的认识,而赌博行为是违背社会主流道德判断标准的。如何在全社会范围内树立赛马产业的正面形象,解除公众的误解是亟待解决的问题。

赛马与赛马彩票并非大众所理解的赌马。在很多开放赛马彩票的国家或地区,赌马是一种休闲娱乐方式,是一种政府主导的公益性产业。而我国要试点发展赛马运动、探索竞猜型体育彩票,并非放开赛马彩票。需要澄清的是,开展赛马运动不等于发行竞猜型赛马彩票,发行竞猜型赛马彩票也不等于开放赛马彩票。建议在全社会广泛宣传赛马运动,培育赛马运动的受众群体,加强竞猜型体育彩票的知识普及,宣扬体育彩票的社会公益属性,树立正确的彩票消费观。

二、针对上述风险的建议

1. 提高风险防范意识

面对众多风险,核心决策层的风险意识是有效控制风险的前提。只有从思想上重视赛事的风险管理,提高风险防范意识,才能在赛事管理的各环节中重视风险防范,实现对各类风险的预测、识别、判断、控制和处理,从而保障赛马产业的健康发展。建议在具体赛事活动中,首先加强中高层管理人员的风险意识,提高其风险防控能力;其次加强组织内部对风险的控制,探索赛事组织内部各职能部门应对风险的程序及措施;最后,积极培育适合

组织特点的风险管理文化,用文化建设为组织营造时时处处控制风险的氛围,保障风险管理工作顺利进行,为赛马活动规避风险。

2. 设立专门的风险管理机构

加强赛马赛事风险管理是保障赛马产业健康发展的前提。随着我国赛马产业的发展,国内赛事水平会越来越高,赛事规模将不断扩大,对风险管理能力也将提出更高的要求。建议在自治区体育局及各盟市设立隶属于赛马运动管理部门的赛事风险管理机构,负责所辖区域内赛马赛事的组织监管工作,针对赛事中可能出现的风险点进行全面的风险分析、风险识别、风险评估、风险预警、风险规划及风险管理,并制定相关风险事件应急预案,有效防止、规避,及时处置赛马赛事风险,保障赛马赛事风险可控。与此同时,积极寻求与风险防控专业社会机构的合作,邀请其共同参与重大赛马赛事的风险管理。政府主要负责宏观指导,风险防控专业社会机构负责具体部署和实施,制定风险防控规范政策,明确双方的权、责、利。

3. 建立风险管理的改进完善机制

中国赛马产业刚刚起步,没有成功先例可循,内蒙古也只能在借鉴香港地区及国外赛马赛事风险管理成功经验的基础上,不断总结和摸索出适合自治区区情的管理方案。一方面,不断加强与赛马产业发达国家及地区的互动交流,推进赛马赛事风险管理成果的互换共享;研究赛马赛事风险发生的内在机理,在理论分析和实践探索的基础上,寻找内蒙古在赛事风险管理方面的漏洞;有针对性地完善风险管理机制,提升自治区赛马赛事风险管理水平。建议定期组织赛事风险管理专业人员外出学习交流,将所学经验灵活运用到工作实践中,在不断摸索中总结内蒙古经验。另一方面,虽然内蒙古赛马产业发展时间较短,但举办的赛马赛事活动却多得不胜枚举,过程中积累的赛事活动经验更是弥足珍贵。建议建立赛后风险管理评估机制,分析赛事风险管理的所有流程及环节,及时总结成功经验,并针对不足之处提出合理化建议;在以评估和改进来完善赛事风险管理体系的同时,要针对风险管理者建立问责机制,进一步增强风险管理效果。

4. 建立舆情监测系统

要确保赛马产业舆情安全,建立一套全面、完善的舆情监测系统是关键。舆情监测系统的核心是赛事风险指标体系的构建,指标的选取应涵盖赛事的所有风险,通过政府响应、信息透明、社会公信力、恢复舆论秩序力、动态反应能力、问责机制等一系列指标,对舆论进行实时、动态监测。通过有效的监视舆论风险、评价舆论风险及降低舆论风险,从风险源头把控风险,降低风险带来的损害。

第九章

促进赛马主题电子竞技的发展构想

第一节 我国电子竞技产业发展现状

电子竞技在中国作为新兴产业,虽然起步较晚,但发展迅速。中国的电子竞技始于电子游戏。1996 年国外电子游戏进入中国,随着竞技类游戏不断升级换代,游戏厂商加强宣传推广,中国参与竞技游戏的人数逐年攀升。2000 年中国电子竞技联盟 CESA 成立。2003 年国家体育总局宣布电子竞技成为我国第 99 个正式体育项目。2004 年中国电子竞技运动会正式开赛。2006 年《全国电子竞技竞赛管理办法(试行)》颁布。2007 年电子竞技被纳入国际性综合体育运动项目。2008 年国家体育总局将电子竞技重新定义为第 78 号体育运动项目。2009 年我国两名选手在世界 WCG 总决赛魔兽争霸项目同时进入决赛。2010 年电子竞技运动会议召开。2011 年 CCTV5《体育人间》播放电子竞技特别节目。2014 年世界电子竞技大赛落户银川。2016 年首届全国移动电竞大赛开赛,同年电子竞技运动与管理专业正式列入高校招生专业目录。2017 年 CHINA TOP 国家杯电子竞技大赛全球总决赛在深圳开赛,同年国际奥委会正式宣布竞争性质的电子竞技可被视作体育运动,电子竞技"体育运动"的国际合法地位得到确认。2018 年电子竞技国家队在雅加达亚运会夺冠。

从电子竞技职业选手的出现,到电子竞技俱乐部的成立;从参加国外的电子竞技大赛,到创办本土大型正规赛事;从引进国外电子竞技游戏,到开发本土电子竞技游戏。中国电子竞技行业在争议声中,经历了由探索到爆发的发展过程。

一、产业规模

目前国内尚未建立电子竞技产业的专项统计。伽马数据发布的《2018

电子竞技产业报告》显示,中国电子竞技行业从 2017 年开始进入高速发展期,2017 年市场规模达到 770 亿元,2018 年年底预计突破 880 亿元,其中收入主要来源仍为游戏,占比达 93%。

艾瑞咨询与华体电子竞技公司共同发布的《2018 年中国电竞行业研究报告》指出,中国电子竞技行业从 2017 年开始进入爆发期,2017 年整体市场规模突破 650 亿元,其中移动电子竞技市场占比迅速提升,2017 年达到 303 亿元,与同端游电子竞技市场占比持平。目前,电竞市场主要集中在游戏消费领域,赛事门票、周边以及赞助、广告等企业围绕赛事产生的电竞生态市场整体规模较小,2017 年为 50 亿元,电竞生态市场规模占比在不断上升,预计 2019 年将会达到 138 亿元的市场规模。

二、用户规模

伽马数据发布的《2018 电子竞技产业报告》显示,近三年中国电子竞技用户增长率持续保持在 20% 以上,用户规模增长超过 1 亿人,预计 2018 年中国电子竞技用户规模将达到 4.3 亿人。

《2018 中国游戏产业报告》显示,2018 年中国电子竞技用户规模达到 4.28 亿人,同比增长 17.5%。随着电竞游戏的开发、电竞赛事的增加,中国电竞用户规模将迅速扩大。

三、赛事市场空间

伽马数据《2018 电子竞技产业报告》显示,2018 年电竞赛事市场规模 10.6 亿元,在电竞产业总规模中占比 1.2%。与中国传统体育赛事在体育产业占比 8% 相比,电竞赛事收入占电竞产业比例偏低,增长空间巨大。

中国电子竞技产业发展至今,围绕赛事这一核心,已初步形成从上游的游戏研发商、运营商,到中游的电竞赛事俱乐部、赞助商、运营策划,再到下游的直播平台、电视游戏频道、视频网站及衍生产品的完整产业链。随着我

国居民精神消费需求的增强,电子竞技产业必将在宽松的政策指引下,朝着更加健康、公平的方向发展。

四、传统体育+电竞

随着电子竞技被确定为体育运动项目,电竞产业获得的关注越来越多,国家也出台了相关政策法规支持电竞产业发展。在电子竞技产业迎来爆发式增长的今天,我们看到了腾讯游戏与中国体育电子竞技联盟联合 FIFA Online 3,正式成立了"中国足球电竞联赛",并携手 8 家中超足球俱乐部完成了首届"中国足球电竞联赛",也看到了 F1 赛车电竞世锦赛、世界杯电竞联赛、NBA 中国电竞联赛等众多"传统体育+电竞"赛事的试水成功。传统体育需要更多年轻群体关注,而电子竞技也想通过与传统体育融合,进一步拓展市场。

中国报告大厅发布的《2016—2021 年中国电子竞技行业发展分析及投资潜力研究报告》认为,在电竞行业,内容为王,只有优质的内容才能赢得用户的关注和流量。这一观点在 2017—2018 年的电竞市场已得到印证,随着电子竞技产业的高速发展,电竞市场细分品类下以传统体育为内容的电子竞技异军突起。

在此将以模拟现实传统体育为基础的电子游戏统称为体育电子游戏。由于国外体育类电子游戏发展较早,导致中国体育电子游戏市场长期被国外成熟和优质产品垄断。目前,我国体育电子游戏玩家分布不均,以足球和篮球类电子游戏玩家居多。随着互联网的发展及研发技术的创新,我国体育电子游戏直接进入了网络游戏时代,页面网游较低的开发成本和技术难度不仅降低了中小游戏开发商的市场准入门槛,还推动了中国游戏产业的爆发式增长。

第二节 赛马主题电子竞技的发展构想

赛马运动是由运动员驾驭马匹,通过运用正确的战术,以最快速度完成规定赛程为基本特征的竞技运动项目。按比赛性质,可将赛马运动分为传统赛马和现代赛马。随着社会的发展,现代赛马与传统赛马已有很大差别,它不仅是一项竞技运动,还是一种高雅的体育休闲娱乐活动,更是集体育、娱乐、赛马彩票、募捐于一体的商业性赛马活动。商业赛马显著的经济和社会效益正指引着国内赛马运动蓬勃发展。

传统体育项目与电子竞技的结合,为赛马运动的发展打开了思路。探索"赛马+电竞"模式,通过开发赛马主题的电子游戏或电子竞技产品,在满足人们休闲娱乐需要的同时,宣传推广赛马运动,普及赛马文化。目前国内电子游戏市场以赛马为主题的游戏相对较少,且开发层次较低,建议按照从一般电子游戏到电子竞技,从低层次到高层次的原则,针对不同受众群体逐步开发,以促进赛马运动的普及和推广,扩大赛马运动的消费群体,填补赛马类电子游戏的市场空白。

目前国内体育游戏市场还处于发展阶段,模仿现实传统体育项目的电子游戏,虽然有着天然的对位用户群,但还无法实现高效对接,体育游戏市场和体育项目市场的匹配度相对较低。考虑从赛马游戏端发力,通过游戏深度体验、产品品质升级,打破赛马游戏爱好者与现实赛马迷的界限,以高质量游戏汇集赛马领域的用户,实现用户稳步增长,为未来的赛马电竞赛事积蓄力量。

一、开发赛马游戏前的注意事项

1. 技术上

高起点开发,采用最新研发技术制作游戏,将游戏中的动画、骑师的表情、赛马的动作等处理得更加细致,以提升画质及操作体验,带给玩家更接近现实的感受。游戏设计者最好是懂赛马运动,或对赛马非常感兴趣,以便用专业视角去开发赛马游戏。

2. 内容上

将赛马文化植入游戏,通过文化将游戏与现实赛马世界紧密相连,让玩家在游戏竞技时,获得与真实赛马竞技同样的感受。这就要求游戏场景、骑手、赛马等要与现实竞技一致,同时骑手、赛马的相关数据信息要及时更新,现实赛事中赛马的赛况及状态的起伏变化要实时反馈到游戏中,让玩家在游戏中也能感受到与真实比赛一样的竞技对抗、人马配合、策略战术。此外,游戏中的马具、骑师用品等相关装备也要与现实世界保持一致,玩家可根据个人喜好自由选择搭配。

3. 体验上

设计要充分考虑用户体验,针对新手、一般爱好者、专业赛马迷及职业选手设计多种竞技模式,以满足不同级别用户的体验需求,吸引更广泛的用户群体参与游戏。在操作体验方面,鉴于目前电子竞技游戏多是以主机思路的单机引擎设计,还无法实现与键盘操作下竞技用户的无缝衔接,因此要建立持续优化机制,长期完善用户体验。

二、赛马电子游戏设计

赛马电子游戏产品的开发要按照循序渐进的原则,避免急功近利,市场的建立不可能一蹴而就。

1. 线下游戏开发

线下赛马电子游戏的开发要注重普通消费者的体验,注意对新手及一般爱好者的吸引。开发以家庭娱乐为主的室内电玩,如模拟赛马的亲子娱乐设备,赛马设计要舒适,外观要逼真形象,运动速度可由骑手根据需要自行调节。这样的亲子运动电玩可以提高儿童对运动的参与度,让玩家更愿意参与赛马活动,并在娱乐体验的过程中,增加玩家对赛马运动项目的认知,提升其参加真实赛马活动的意愿。

开发以专业体验为主的室内电玩,如模拟室内赛马场,通过1∶1的真马运动模拟装置、高清 3D 大屏及 VR 体验装备、真实模拟场景,玩家不仅可以切身体验赛马的慢跑、快跑及各种马术动作,还能体验平地赛马、跨栏赛马、障碍赛、长途耐力赛等赛马正规赛事,同时将赛马常识及简单赛马技术融入其中,让普通玩家在体验中了解专业赛马,让赛马新手在模拟训练中克服心理障碍,强化骑术。

随着模拟赛马室内电玩受欢迎程度的提升,公众对真实赛马运动的关注度会随之提高,赛事参与者也会越来越多。

2. 线上游戏开发

线上赛马电子游戏的开发要注重专业爱好者的体验,注意对专业马迷及职业选手的吸引。围绕真实赛马赛事打造专业的线上赛马游戏平台,为赛马场、赛马俱乐部搭建与会员、赛马迷沟通交流的平台,充分利用会员、赛马迷的碎片化时间,实时推送与赛马相关的各类信息,增加互动以增强其对赛马赛事的黏性及认同感;开发专业的模拟赛马赛事、赛马竞猜、赛马俱乐部经营管理的电子游戏,以逼真的场景表现和对细节的极致关注为玩家打造真实的赛马模拟玩法,特别是当赛马迷或赛马专业人士无法到现场一显身手时,可通过专业的线上赛马游戏平台进行在线赛马对抗。

(1)模拟真实赛马赛事

通过逼真的游戏画面模拟真实比赛场景及赛马规则玩法,在游戏中再现各种犯规、违例行为,充分展示赛马规则的细节问题,点滴渗透赛马的基本常识,同时玩家还可在游戏中施展赛马技巧,参加各种赛马锦标赛,从而

加深玩家对赛马运动的认识,了解赛马比赛规则,调动游戏玩家到现场观赛、参与赛事竞猜的积极性。

(2)引入竞猜环节玩法

玩家们以观赛视角模拟竞猜过程,感受最真实的国际赛马竞猜体验。游戏模拟真实赛事竞猜,实时发布最新的赛事信息,让玩家第一时间了解赛事动态、赛事赛制、赛事结果。赛事高清直播、回放要一应俱全,赛事解说、专家点评要专业客观,骑师背景、赛马介绍要详细全面,竞猜模式、竞猜赔率要简单明了。

(3)模拟俱乐部经营系统

设计游戏模拟赛马俱乐部运营管理,由玩家扮演赛马俱乐部经理,经营管理自己的马匹及骑师,组建自己的赛马队伍,挑战各级别锦标赛。还可与世界上顶级的俱乐部经理竞技,让玩家在游戏中了解赛马俱乐部的经营理念、运营方式、赛马交易、赛事运作,并进一步深化消费者对赛马行业的认知,增加赛马运动的受众群体,同时为现实赛马俱乐部的经营管理提供全新思路。通过开发赛马俱乐部游戏产品,利用赛场外碎片化的时间聚集会员及赛马爱好者,增加线上的交流互动,为赛马俱乐部及赞助商提供新的媒体展示平台。

(4)多样的马匹和骑师选择

利用数字媒介技术构建虚拟游戏场景,在游戏中集结世界上的明星马匹和骑师,以高清细致的画面还原真实的赛马场景,提供众多知名俱乐部、骑师、马匹供玩家选择,游戏中玩家可根据个人喜好选择骑手装备,结合马匹属性确定比赛战术。要及时更新马匹及骑师的相关数据信息,打通游戏世界与真实赛场间的界限,进一步提升游戏体验,为赛马赛事积聚人气。

(5)模拟养马育马过程

游戏涉及马房经营、马匹育成、马匹交易等相关内容,玩家将肩负马匹繁育、操练、配种等重任,以培养优秀赛马、挑战各级别赛事为目标。游戏中马匹的耐力、爆发力、速度等数据信息与真实赛马同步,围绕马匹的训练、参赛、引退、配种等环节,玩家要悉心安排、周密计划。游戏期间玩家可以购买其他玩家的马,也可以出售自己多余的马,马的价格根据血统、外观、颜色、速度、特色等指标确定,也可出售自有马匹的繁殖机会或繁育优质马匹,为后续赛马储备马匹。

三、促进赛马主题电子竞技发展的建议

1. 完善制度规范并加强监管

我国电子竞技产业已进入爆发增长期,但政府的制度规范则相对滞后。为保障电子竞技产业顺利发展,首先要完善产业管理制度,制定相关文件规范,规范产业发展,梳理、整合、分析电子竞技产业现有相关政策,适时出台专门性规范政策。其次,完善赛事监管体制,创新俱乐部运行机制,加强对电子竞技赛事、俱乐部的监管,特别要加强对赛事规则、赛事主办方、参赛选手的监管,保护电子竞技从业者的合法权益,为日后赛马电子竞技的发展营造良好的市场环境。最后,电子竞技产业受国家体育总局、文化部、广电总局等多部门的联合监管,尽快打开部门间的监管壁垒,清除发展障碍,通力合作推动电子竞技产业发展。

2. 重视赛马电子竞技产品开发

好的赛马电子竞技产品,不仅能促进赛马产业发展,还能提高产业的核心竞争力。加强赛马电子竞技产品的开发创新力度,提高自主研发能力,从源头上改变我国受制于国外的现状;提高电竞厂商的研发积极性,建议政府在税收、贷款、资金等方面出台相关政策,鼓励和支持国内厂商自主研发,提高国内电子竞技产业的竞争力;鼓励赛马俱乐部与电竞厂商合作,成立赛马电子竞技产品研发中心,共同研发切合中国实际的赛马电子竞技产品;注重赛马电子游戏产品娱乐性的体现,丰富赛马电子竞技产品品类,满足消费者多方面的精神诉求,与此同时,丰富赛马赛事的内容,提升赛事的知名度和影响力。产品开发要注重线上线下的交融互通,建设模拟赛马场、赛马主题电竞馆等,以满足玩家在线下沟通交流、体验赛事、观看赛事的需要。

3. 加强对赛马电子竞技的宣传推广

电子竞技产业在我国的认可度相对较低。为促进赛马电子竞技的发展,建议主流媒体将电子竞技与网络游戏加以区分,加强对赛马电子竞技这一特殊体育项目的宣传推广,展示赛马电子竞技在思维能力、反应能力、团队协作等方面对人的促进作用,宣扬在正确的管控和引导下赛马电子竞技的项目优势,展现赛马电子竞技从业人员的工作日常。通过媒体的积极宣传,扩大赛马电子竞技产业的影响力,形成广泛的群众基础。另外,在赛马电子竞技宣传报道中加强对体育竞技、体育精神的宣扬,淡化对赛事奖金等金钱利益方面的关注;规范电子竞技直播行业,提升电竞主播的素质及言谈举止,助力电子竞技树立良好的公众形象。

4. 储备赛马电子竞技管理人才

目前我国电子竞技管理人才短缺,大力培养电子竞技管理人才,为赛马电子竞技储备人才,是推动其顺利发展的重要途径。伽马数据公布的分析报告显示,我国电竞行业从业人员达 5 万,行业人才缺口达 26 万,除缺少电竞选手外,电竞管理岗位也存在一将难求的现象。电竞管理主要涉及赛事管理和俱乐部管理两个层面,具体岗位从业者不仅要具备管理才能,还需深入了解电子竞技的规则及运作模式。当前我国电竞管理人员主要有两个来源:一是专业电子竞技选手转而从事电竞管理工作,二是一般的管理人才投身电竞行业。二者均不具备电竞管理人员的完备素质。建议高等院校、职业学院与电竞行业公司合作办学,共同参与电竞管理人才的培养,制定适应行业需要的人才培养方案,为电竞行业输出合格的管理人才。人才培养是一个系统工程,培养方案的确定、专业教师的选择、电竞教材的编写等都需要研究和实践,并在实践中不断改进。因此,赛马电子竞技管理人才的培养要提早布局。与此同时,电竞企业也要建立内部人才培养机制,充分挖掘企业内人力资源,以最大限度满足电竞行业的发展需要。

第十章

加强内蒙古赛马俱乐部建设

第一节　赛马俱乐部的标准

　　根据《马术》杂志、马术在线与北京正诚腾骏国际贸易有限公司联合发布的"中国马术俱乐部及 2015 年进口马匹统计数据"显示,截止到 2016 年 3 月 10 日,我国大陆地区马术俱乐部数量达 823 家,俱乐部类型有对外经营型俱乐部、会员制俱乐部、私人马场和竞技性俱乐部四种。"2017 年中国马术行业发展状况调查报告"显示,截止到 2017 年 7 月底全国马术俱乐部共计 1452 家,俱乐部的类型包括对外经营会员制、封闭会员制、私人马场、竞技训练等。《2018 年中国马术行业发展状况调查报告》显示,截止到 2018 年 7 月底全国马术俱乐部共计 1802 家。近几年,国内各类赛马、马术俱乐部数量激增,但繁荣的背后是赛马产业经济实体的良莠不齐。从长远来看,中国赛马产业的专业、健康发展需要国家标准和行业规范来保驾护航。在国家标准缺失的情况下,为促进内蒙古赛马俱乐部健康发展,在此结合国内外经验及内蒙古实际,谈一谈赛马俱乐部的标准。

　　根据赛马俱乐部的经营项目、规模及未来发展预期,其投资建设标准有所不同。为了降低经营风险,俱乐部多按照规模由小到大,项目由粗到细的发展策略来投资运营。需要注意的是赛马运动作为一项专业性极高的运动,在建设过程中有很多细节值得关注。

一、马房

　　马房是赛马俱乐部最重要的硬件设施之一,其对温度、湿度、光线、通风、卫生、设施等都有很高的要求。国际上关于马房的建造并无统一标准,各俱乐部要根据环境、马种、规模、成本等多种因素来决定马房的建筑标准,切勿盲目效仿。

1. 马房的类型

常见的马房有单列式、复列式、统式、混合式和楼式。单列式马房内一面为马间，一面为通道；复列式马房中马间排成相对两列，中间为通道；统式马房内不分马间或分成大的群居马间；混合式马房是复列式和统式合二为一的马房；楼式马房即建为二层楼式的马房。

出于对环境和成本的综合考虑，复列式马房比较适合内蒙古地区。这种过道在马房中间的设计，充分利用了马房空间，一条过道可同时为两排马厩服务，过道两端均设有出入口，进出方便，空气流通好，马的视野好，便于马匹交流，减少寂寞情绪。

2. 马房的选址

合适的马房选址要在管理方便、环境舒适、安全合理等方面有所体现，马房位置的选址要融入赛马场地的整体规划。在开工建设前，针对赛马场地的布局要有周密的设计方案，综合考虑各场所的位置关系，马房与草料存放、鞍具放置、员工休息等配套设施距离不能太远，以方便使用为原则，同时兼顾防火安全、水电安全。在内蒙古地区马房要建在平坦、背风、朝阳、避免太阳直射的地方。科学的选址不仅能为马匹提供舒适、安全的环境，也为日后的管理、清洁、维护带来很多便利。

3. 马房的建设

马房建筑材料有砖瓦和木质两种常用材料可供选择，砖瓦结构坚固耐用，但造价较高，木质材料功能多样，可随意改造，但要注意防火和绝缘，常见的马房建筑是外墙选用砖瓦材料，马房内采用木质结构。现在还有用金属和新型材料构建的轻型环保马房，在选择时要因地制宜，适合的才是最好的，内蒙古地区要注意材料的防风保暖性能。马房整体架构搭建起来后，要分割出马间和不同功能的房间。马间的隔离墙有混凝土、木材、金属及特殊建筑材料，每种材料都是各有利弊，如混凝土墙结实、防潮、控温效果好，但人工成本较高，为更好地保护马匹，建议在混凝土墙外附着一层木板，防止马匹在踢咬时受伤；木质材料有韧性、环保，但要做防火处理，避免马匹啃咬，通常在木板边缘附着金属条框；金属材料造价高，但人工成本低，安装方

便,为保护马匹免受伤害,建议在金属外附着木板。此外,也可使用胶合板,因为马房内比较潮湿,所以必须选择耐湿度好的胶合板,为防止被马踢坏,尽量选择厚一些的或带有背衬的胶合板。

马房的通道要方便马匹出入、运输垫料和干草、清洁和打理。有条件的马房最好预留出运输马匹的拖车进出的空间。马房的地面要防滑、防水、耐用,便于清理。现在比较先进的是橡胶地板,与常用的水泥地板相比橡胶地板防滑、保暖,能保护马蹄免受伤害。

马间内配有饲槽、喂草架和自动饮水装置,内壁附有木板,地板下及周边不要铺设管道,避免践踏后破损,对马造成伤害。

马房内供电要避免马匹触电,要装有防护装置,最好每个马间预留水龙头,以方便使用,但要安装在马匹触及不到的地方。马房内铺设排水系统要避开马间,注意地板的倾斜角度以便于排水。为保障马房内的通风和采光,降低耗电成本,建造马房时要预留窗户,并设在高处,确保马匹安全。

功能齐全的马房里除了有马间,还应配有饲料房、工具房、鞍具室等。饲料房要选在通风良好、干燥防潮、防腐蚀的区域,注意与马间相隔,保证马匹无法触及。工具房存放的是日常马匹护理的常用工具及装备,各类工具要整齐摆放,分类管理,工作人员取用方便。鞍具室存放的是常用的马具物品,要注意干燥防潮,可设置固定的鞍具架方便取用。有条件的俱乐部还可在马房内配备洗马区、休息室、办公室等。

对于马房来说,安全是第一位的。安全体现在建筑材料要防火、耐用,避免对马匹造成损伤;马房空间布局要合理,紧急情况,出入方便;马房内的设施要避免有突出或锋利的部分,防止马匹受伤;马房内安放消防设施,便于取用,在显眼位置张贴"禁止吸烟"标识;所有电线要做好绝缘处理,并安放在马匹无法触及的位置。

二、其他配套场地

1. 运动场地

在正常的训练和调教之外,要为马匹准备合适的活动场地,用于马匹消除疲劳、简单训练或赛前热身。场地建议选用土和沙子的混合地面,以减少马蹄磨损,最大限度保护马匹。场地面积依俱乐部的承受能力而定,运动场要设有坚固的围墙或围栏,高 1.8 米左右,防止马匹跳出。根据马匹种类要设置群体活动场、独立活动场或专门的训练场地,有条件的俱乐部可购买自动遛马机,不仅能辅助马匹训练,还可减轻驯马师的负担。

2. 干草、垫料存放区

为保障俱乐部的场地安全,建议干草、垫料的存放区要与马房及其他建筑物分开,避免发生火灾时殃及其他场所。干草、垫料存放区周围要实行严密的防火措施,并于显眼位置张贴防火标识。考虑到马匹饲养人员的工作负担,可在马房内设置干草、垫料的短期存放区,存放数量不宜过多,同时注意配备消防器材,张贴防火标识。

3. 马粪存放区

马粪的管理与俱乐部其他部门的管理同样重要,要在场地规划初期优先考虑。马粪存放区设计是否合理,直接影响着俱乐部的管理水平和周围区域的环境质量。具体来说,马粪存放处应设在马房的下风处,选择地势较高、排水较好的位置,加强存放处周围的绿化工作,在确保工作人员运送方便的前提下,尽量远离马房、居民区及通行路线。马房内的粪便要及时清理,为马匹营造舒适、健康的居住环境,清理出的粪便及废旧垫料要及时运送到存放区。存放区内的马粪也要定期清理,以减少蚊蝇和气味对周围环境造成的影响。

4. 其他场地

很多高端专业的赛马俱乐部除具有上述场地设施外,还配有室内训练场、马游泳馆、马医院、隔离场、交易场地等。由于场地建设与维护需要耗费

大量的人力、物力、财力,因此对于一般的赛马俱乐部来说,可根据规模、实力、经营范围建设最基本的场地,至于其他场地可在有需要或资金允许的条件下配备。

三、马匹

马匹是赛马俱乐部的核心,也是俱乐部软实力的重要体现。不同质量的马匹,价格差异非常大,因此赛马俱乐部要根据业务范围、面向群体及未来发展方向,科学规划马匹的种类和数量,以保证俱乐部的运营成本在可控范围内,降低运营风险。

《马术》杂志、马术在线与北京正诚腾骏国际贸易有限公司联合发布的报告显示,2015年全国进口运动马的数量为2300匹,品种组合包括温血马、纯血马、迷你马、阿哈尔捷金、蒙古马、阿拉伯马、奥尔洛夫马、弗里斯马、港澳退役马及其他。随着俱乐部的发展及赛事的升温,温血马和纯血马的进口数量不相上下。2016年全国进口运动马的数量为1940匹,其中有140匹左右是来中国比赛后离境的马匹,进口数量相比2015年有所减少。从马种看,仍是温血马、纯血马和迷你马居多。2017年全国进口非屠宰马的数量为1780匹,较2016年下降约9%。影响马匹进口的两个主要因素是马匹的检验检疫政策和国内马术俱乐部对马匹引进的需求。主要马匹种类为纯血马、温血马和其他品种。

俱乐部不同马种的数量占比与俱乐部的经营成本和业务范围密切相关。目前,国内俱乐部的国产马仍是占比最多的马种,选择国产马是对运费、饲养等成本因素的考虑及俱乐部开展接待业务的需要。因此,在俱乐部初创期选择国产马是节约成本、控制风险的不错选择,但随着俱乐部的成熟完善,也需要引进更多国外优良马种参与重大赛事或满足高端消费群体的需求。总的来看,赛马俱乐部对马匹的需求是由经营项目、运营成本、受众群体等因素共同决定的。对于以赛马竞技为主的俱乐部,除综合考虑上述因素外,还要根据俱乐部的竞技水平及参赛级别,结合不同赛事的马匹参赛

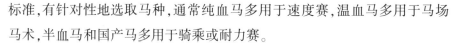

标准,有针对性地选取马种,通常纯血马多用于速度赛,温血马多用于马场马术,半血马和国产马多用于骑乘或耐力赛。

根据《中国马术协会运动马匹管理办法》(中马协字〔2018〕59 号)的规定:"凡参加中国马协主办的所有正式比赛、通级达标考核或相关赛事及活动的马匹,不分能力等级、参加项目、中国本地繁育或进口马匹,无论年龄、性别均要求进行登记与注册。运动马匹持有中国马协颁发的马匹护照或持有国外机构颁发的国际马匹护照并已办理中国马协颁发的中国马匹识别卡视为完成运动马匹登记。"为保障赛马俱乐部健康发展,俱乐部的马匹也要进行规范管理和服务,对符合条件的运动马匹需按照《中国马术协会运动马匹管理办法》的相关规定进行登记与注册。

第二节　赛马俱乐部的分级

一、赛马俱乐部分级的重要性

构建统一、规范的赛马俱乐部分级标准对赛马产业意义重大。近年来,随着人们物质生活水平的提高,消费层次的提档升级,国内赛马俱乐部数量激增,赛马运动逐渐走入公众视野。目前,国内赛马俱乐部的经营项目繁杂,市场准入门槛低,俱乐部注册登记还存在很多问题,俱乐部建设缺乏统一标准,主管部门对赛马俱乐部很难实施精准高效的监管,很多俱乐部试图通过获取不同国家马协的认证来提升自身的专业性。因此,为保障赛马产业健康、持续发展,对赛马俱乐部进行规范、统一的监管就显得尤为重要。

建立赛马俱乐部分级标准,对赛马俱乐部开展星级评定,有利于规范赛马俱乐部的经营管理、提升服务质量、加强行业自律;有利于整合资源促进体育消费,助力赛马俱乐部健康发展。

二、赛马俱乐部分级标准

鉴于国内赛马俱乐部的发展水平,迫切需要建立一种由政府主导、行政监督管理与第三方认证制度相结合的分级管理模式。从政府层面,需要国家行政机关对赛马俱乐部在宏观上进行整体把控,国家层面制定赛马俱乐部规范化管理的相关制度条文,并由各级业务主管部门组织实施。至于赛马俱乐部的分级评定,可在国家宏观把控下,由行业协会负责。行业协会要站在公平客观的角度,凭借自身的专业属性,通过建立合理的分级指标体系,从多角度对俱乐部进行等级评定,从而实现赛马俱乐部的科学规范管理。

按照特定的标准将赛马俱乐部分为三个星级,即三星级、二星级、一星级。最高星级为三星级,最低星级为一星级。星级越高,赛马俱乐部的级别越高。未参与评定的赛马俱乐部属于无等级。

为规范赛马俱乐部的经营管理,提升服务质量,提高马的护理水平,建立安全标准和指导规范,促进赛马俱乐部健康发展,建议将赛马俱乐部的规模、实力和影响力等作为重点考察内容,从人员资质、服务质量、硬件设施、运营管理四个方面对经工商部门注册登记并正式营业的赛马俱乐部进行星级评定。

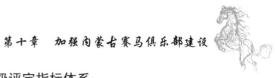

赛马俱乐部星级评定指标体系

指标	以竞赛为主的赛马俱乐部	以会员教学培训为主的赛马俱乐部
人员资质	骑手资质及其他水平资格认证	教练的资格及其他水平资格认证
	马匹管理水平	马匹管理水平
	马匹的饲养及马房管理水平	马匹的饲养及马房管理水平
	马匹卫生情况	马匹卫生情况
	马匹知识及护理	马匹知识及护理
	骑乘技术	骑乘技术
马匹资质	马匹数量和种类	
	马匹注册登记骑乘牌照	
服务质量	教学、训练标准	
	服务设施的适用性	
	为服务目标人群所提供马匹的适用性	
	卫生、安全及指导	
硬件设施	赛马场地	
	马房	
	室内外教学、训练场所	
	马医院(急救设备、马兽医)	
	草料房	
	马繁育中心	
	建筑、防火、环境等各方面符合国家相关规定	
运营管理	赛马俱乐部的行政管理水平	
	正规的工商营业执照	
	俱乐部管理规章制度	
	俱乐部全年获得的比赛成绩	
	会员人数	
	马主人数	
	安全及措施管理	

第三节　赛马俱乐部的结构

一、常见的组织结构体系

组织结构是指对于工作任务如何进行分工、分组和协调合作,是整个管理系统的"框架"。从本质上讲,组织结构是为了实现组织目标而采取的一种分工协作体系,是随着组织战略的调整而调整的。

从我国赛马俱乐部的现实情况来看,由于俱乐部各具特色,因此使用的组织模式也不尽相同。各俱乐部依据组建模式、经营方式,对机构、职位、职责、职权进行确立,从而形成纵横相结合的组织结构。

1. 直线型组织结构

直线型组织结构是俱乐部经营管理中最常见的一种形式,其特点是组织结构简单、权责明确、纵向结构控制严密、管理成本相对较低。在直线型组织结构中对管理者的要求很高,因为要亲自处理各种业务,必须具备多方面的知识和技能。但是当组织规模扩大后,一个人承担所有管理职能就很困难了,而且部门间的横向协调也很差。因此,直线型组织结构只适用于俱乐部建立之初,功能相对单一时,随着经营规模扩大、业务范围拓展,此种结构就不适宜了。

2. 直线职能型组织结构

直线职能型组织结构即在直线型结构的基础上,按职能来组织部门分工,将承担相同职能的管理业务及人员组合在一起,设置相应的管理部门和管理职务,由各阶层管理人员逐级负责。这种组织结构集合了直线型和职能型的优点,其特点是职责明确、命令统一、专业化管理程度高,可有效减轻直线领导的工作负担。但该结构不利于部门之间的协作与配合,信息传递与反馈的效率低下,组织运作的灵敏度不高。

3. 事业部型组织结构

事业部型组织结构是指组织按地区或产品分成若干个事业部,每个事业部实行单独核算、独立经营,总部只保留人事决策、预算控制和监督大权,并通过利润等指标对事业部进行控制。该结构适用于规模庞大、品种繁多、技术复杂的大型企业,是一种高度集权下的分权管理体制。其特点在于减轻了高层领导的负担,主要负责全局问题,组织内部分工明确,机动性强,事业部单独核算,更容易发挥其经营管理的积极性。不足之处是总部与各事业部的职能机构会有重复,造成管理人员浪费。独立核算不仅为各事业部带来了动力,还造成各事业部只考虑自身利益,缺少部门间沟通协作,不利于组织目标的实现。

4. 矩阵型组织结构

矩阵型组织结构是指组织中既有按职能划分的垂直领导系统,也有按产品或项目划分的横向领导关系,它是对直线职能型组织结构的进一步优化。该组织结构具有很好的机动性和灵活性,可根据项目需要组建或解散,工作任务明确,有助于部门间的配合与交流。但与其他结构相比,权力关系混乱,管理难度大,需要借助权力以外的其他手段来辅助管理。

通过分析以上几种常见的组织结构发现,每种结构都有优点和不足,关键在于如何因地制宜选择恰当的组织结构,并根据企业发展情况,适时对组织结构进行调整。俱乐部的运行管理没有万能的模式,每个企业的组织结构都不是一成不变的,而是处于一个动态的调整过程中。

二、莱德马业组织结构

1. 莱德马业简介

内蒙古莱德马业股份有限公司(简称"莱德马业")成立于2006年,公司本部位于科尔沁右翼中旗巴彦呼舒镇,主营马匹繁育进口、牲畜交易、饲料种植加工、俱乐部连锁赛事管理等全产业链业务,现有图什业图赛马场、国

际标准马厩、进口马匹隔离场、马匹繁育基地、牲畜交易市场、饲草料种植基地、加工厂及新西兰分公司等。莱德马业入驻少数民族人口占85%以上的科尔沁右翼中旗以来,以"马"为媒,深入开展民族团结进步创建活动,全面推行农牧民养马专业户"千百十工程"和"133"工程,团结协作、互惠共赢,带动了当地农牧民增收致富和少数民族聚居区经济社会全面发展,共同团结进步、共同繁荣发展之路越走越宽。

自成立以来,公司依托科尔沁右翼中旗浓郁的科尔沁文化底蕴,以弘扬民族传统马文化为着眼点,开发了赛马、马术表演、驯马、马医院、马博物馆等极具民族特色的草原特色项目,形成了"一业带多业、相互支持、良性互动"的新兴产业发展格局。

莱德马业利用自身企业的渠道优势为俱乐部运营提供一站式解决方案,包括:马场消费群体定位、整体规划设计、规范运行模式、技术支持、人员培训等。莱德马业采取走出去、请进来的方式,经常开展国际技术交流,汲取国际先进的管理经验。常年聘请美国、新西兰、澳大利亚等地的练马师、装蹄师及兽医,在人才队伍上做到高水平,实现管理专业化。这些举措可为加盟俱乐部提供强大的管理、技术、人才支撑和保障,并借助莱德马业品牌优势,帮助连锁机构实现良性运营,创造最佳效益。

目前莱德马业在国内连锁俱乐部有19家,其中旗下吉林莱德马术俱乐部为吉林省第一家马术俱乐部,位于风光秀丽的长白山脚下,松花江畔。俱乐部建有国际标准马厩两栋,3200平方米障碍赛场,一条800延米环形越野赛道,两座沙圈调教场;另配有高档客房、餐厅、蒙古包、露天烧烤城、露天泳池、棋牌室、健身房、会议室、垂钓场、生态种植园、小动物园等设施;并有篝火晚会、烤全羊、蒙古族歌舞、中医保健按摩等项目。两万平方米的人工草坪,数万株古柏青松,翠杨绿柳,使爱马人在纵意驰骋之余,饱览湖光山色的景致,享受清新的空气,体验超凡脱俗的快意人生。

莱德马业北京马术俱乐部创立于2014年2月,坐落在首都近郊美丽辽阔的康西草原,占地面积20000平方米,包括马场、马房、客房、办公室、接待室等设施,首期完成投资500万元人民币。除满足客人户外休闲骑乘需求外,俱乐部还有马匹销售、马匹寄养、饲草料销售、马术教学以及餐饮住宿等业务。其他连锁俱乐部位于云南、甘肃、辽宁、黑龙江等十一个省市。

2. 莱德马业组织结构

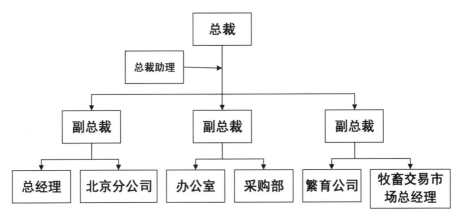

第四节　赛马俱乐部的运营

一、国外赛马俱乐部的运营模式

从国外赛马俱乐部的情况来看,经营模式也是多种多样。有围绕赛马,在为赛马活动提供配套服务的同时,依靠赛马彩票和马匹销售、交配及马匹进出口来盈利的,此外,还开展赛马节,并举行系列特色活动来吸引参与者。还有在会员制的运营模式上,不同于国内的是国外赛马俱乐部为了让更多的人体验赛马,简化了申请入会的手续,降低了入会门槛,普通人也能入会并申请成为马主。此类俱乐部主要通过马匹认养和交换来盈利,同时辅以赛事活动和体验活动来刺激大众消费。当然也有主打高端赛事的,以连续不断的高端赛事和时尚休闲活动作为盈利点,在没有比赛时,通过展览、婚庆活动、时尚聚会、会议等多种方式实现盈利。再有就是针对相同目标群体

开展的联合盈利模式,如综合运用赛马场地,同时规划赛马跑道和高尔夫场地,让赛马和高尔夫两种运动共享消费群体,通过互动实现持续盈利。综合国外赛马俱乐部的运营模式发现,除了赛事和赛马彩票,赛马俱乐部都在拓展俱乐部功能方面做着各种各样的探索和尝试,完善赛马产业的产业链、延伸赛马产业的价值链是未来产业发展的必由之路。

二、国内赛马俱乐部的运营模式

我国赛马俱乐部发展的时间不长,再加上国内政策的限制,内地赛马俱乐部多处于运营亏损状态,缺少了赛马彩票的支持,仅依靠赛马赛事,很难维持俱乐部的正常运营。目前,国内赛马企业中,只有小部分实现了自主经营,更多的俱乐部还很难独立发展,多依附于餐饮、房地产等行业。纵观赛马企业,经营项目已涵盖了以马为中心的饲草、养殖、装备、训练、场地维护、马房管理、骑乘体验等方面,围绕赛马赛事进行的竞技、观赛、媒体、运营等,针对马场开发的餐饮、酒店、休闲娱乐、会展以及与高尔夫、户外运动、汽等俱乐部开展的联合跨业合作。国内赛马俱乐部的运营模式多以会员制为主,不论是马主会员还是培训会员,都是以高端消费为主,很多俱乐部为了维持经营,不得以接收散客,这不仅不利于俱乐部的长远发展,也影响了整个赛马产业的发展。总的来看,我国赛马企业经营范围非常广泛,但规模有限,上下游产业还不能有效衔接,在扩大赛马受众群体方面所做的努力很有限。

再来看内蒙古赛马企业的发展情况。实际上,无论企业采用哪种运营模式,其经营内容都离不开赛马产业链。目前,内蒙古绝大部分赛马俱乐部都是民营性质的,投资人出于对赛马运动的喜好或对赛马产业前景的预期而投资,但由于受运营资金、技术要求、经营管理水平、消费者偏好等因素的共同影响,内蒙古赛马俱乐部的投资收益比还很低,整体运营水平亟待提高。在大陆赛马网全国俱乐部排行榜中,内蒙古莱德马业位列第一,这也从侧面反映出在我国赛马行业中内蒙古莱德马业已经走在了前列。莱德马业的商业模式是对全产业链的布局,从产业链最上端的马匹进口、马匹繁育入手,修建进口马隔离场,建立育马中心,承包土地种植马饲料原材料,与国外厂家合资建设马饲料生产厂,在布局赛马产业的过程中,以节约成本为出发点,拓展企业经营范围,增加盈利渠道。待上游产业相对成熟后,开始布局下游的马匹销售、赛事运营和赛马俱乐部。莱德马业会定期举办赛马会,打造品牌赛事,提升马的身价,助推赛马俱乐部的建设。赛马俱乐部作为赛马产业的终端市场是带动整个产业链快速运转的关键。当下,莱德马业已开始布局赛马俱乐部市场,在俱乐部运营过程中主打大众消费,采取预付卡充值制度,客户可以选择休闲骑乘,也可以学习专业赛马,俱乐部收取一定的服务费,针对高端消费人群则提供专业的马匹寄养服务。有上游产业链做支撑,极大地降低了下游产业的运营成本,为让利消费者提供空间,也使得俱乐部的消费大众化成为可能。

三、内蒙古赛马俱乐部的发展建议

1. 政府支持体系化

在国家政策的指引下,积极争取政府扶持,为内蒙古赛马产业营造良好的政策环境。争取政府对赛马产业的经费支持,助力赛马企业拓宽融资渠道,为赛马俱乐部提供贴息、无息贷款或融资担保等,降低企业的经营风险。建议政府采取税收优惠政策,以减免税费的方式减轻企业负担,促进赛马产业健康发展。政府的支持还体现在完善相关法律法规,为赛马产业营造规范的法制环境。通过立法,加强对企业无形资产的保护,规范市场环境,健全监管制度,推进赛马产业相关行业标准和技术规范体系的建设。

2. 经营内容多元化

以多元化经营,拓宽俱乐部的盈利空间。无论是主打马匹繁育的马场,还是专业的赛马、马术俱乐部,抑或是各具特色的马文化主题公园,都应科学合理规划场地,适当开展多元经营,实现赛马专业活动与赛马休闲活动的有序衔接。围绕马场和马匹,开展场地租借、马匹配种、马匹交易、马匹寄养等基本服务,延伸提供马具销售、骑乘体验、现场观赛、广告招商、商务会所、餐饮住宿、休闲度假等其他服务,满足消费者的多种需求。马文化或马术、赛马类主题公园要将公园属性和马场属性融为一体,消费者通过公园内的各种场景、设施、活动感受马文化,以休闲骑乘等方式体验马运动,观赏精彩的马赛事,也可开展以马为主题的展览、派对、文化交流等特色活动。拓展马场、赛马(马术)俱乐部与马主题公园的合作空间,邀请赛马(马术)俱乐部在马场和马主题公园内设立分部,或定期举办活动,在丰富自身经营内容、扩大俱乐部影响力的同时,培养更多的消费群体,实现多方共赢。

3. 运营管理专业化

赛马俱乐部的发展需要大量的专业人才做支撑。从俱乐部的场地维护、马房管理、马匹驯养、骑乘教学,到会籍管理、赛事运营、营销策划等各方面都需要专业人员。以赛马俱乐部现有的条件,尚不具备独立培养各环节专业人才的能力。很多高等院校通过校企合作等多种方式开展了赛马专业人才的培养工作,但短期内无法满足产业需求。当下,解决赛马俱乐部运营管理难题的最好办法是聘请专业团队实现专业化运营管理,聘请专业的咨询公司针对俱乐部各方面的运营提供专业的咨询服务,借助成熟赛事运营公司的专业团队,组织管理赛事的各个环节,以俱乐部赛事的成功打造来提高俱乐部的影响力。在赛马俱乐部发展初期,借助专业的咨询机构和运营公司,帮助其步入良性发展阶段,待发展相对成熟后,逐步提升自身"造血"功能,为俱乐部的长远发展奠定基础。

4. 俱乐部发展联盟化

目前,国内赛马产业发展水平不高,赛马俱乐部之间尚未形成明显的竞争关系,在俱乐部发展举步维艰的情况下,选择联盟化发展不失为一种明智的选择。联盟化可以是俱乐部之间、俱乐部与马场、马主题公园间的联盟,也可以是赛马俱乐部与跨行业企业主体间的联盟。通过赛马俱乐部之间的合作营销,构建区域间的赛马赛事活动,以区域联合品牌赛事,提升俱乐部联盟的影响力,吸引大众消费;加强赛马俱乐部与马场、马主题公园的合作发展,丰富经营内容,拓展经营范围;依托马文化、马元素主题公园,开展赛马、展览等多种活动,俱乐部可在主题公园内定期举办活动,以增加俱乐部的知名度;借助赛马俱乐部的场地资源,实现与旅游、文化等业态的有序衔接,开展多元化经营;联合高尔夫俱乐部、户外运动俱乐部、航空公司等与赛马俱乐部消费群体相似度高的行业主体,通过会员共享、积分累积、合办活动等方式开展跨行业合作,通过资源共享,实现互惠共赢,从而促进赛马俱乐部发展壮大。

5. 宣传营销多样化

赛马俱乐部的受众群体相对有限,要扩大赛马运动的消费人群,增加俱乐部的知名度,宣传营销至关重要。首先要秉承正确的宣传理念,赛马运动群众基础薄弱,与人们的错误认识有关。在大众眼中,赛马属于贵族运动,是一种高层次消费,导致很多不了解赛马运动的消费者对其敬而远之。因此,从全民健身的角度,以大众化的视角去宣传推广赛马运动,将有助于俱乐部吸引消费者。其次,在宣传渠道方面,对于有条件的俱乐部,宣传媒介当然是越多越好,但多数俱乐部出于对运营成本的考虑,不可能网罗所有媒体,建议以成本低、覆盖广的网络媒体为主,同时注重对自媒体的运用,提高俱乐部的曝光度。营销方面首先要注重品牌文化的塑造,将内蒙古独特的马文化特征融入品牌内涵,吸引消费者认同企业文化。在具体营销过程中,加强体验式营销手段的使用,鉴于大众对赛马运动的认知较低,任何宣传与说教都不如亲身体验来得更直接。要注重在赛事活动、节庆活动期间,推广赛马运动,传播赛马文化,吸引消费人群,提高俱乐部的影响力。

6. 人才培养系统化

人才是内蒙古赛马俱乐部提升竞争优势的关键。赛马俱乐部专业人才的培养不可能一蹴而就,只有建立系统化的人才培养体系,才能持续地为赛马产业提供优质人才。一方面,赛马俱乐部要依靠自身努力,培养专业团队;积极聘请国内外的行业专家来企业任职,为企业培养专业人才,派人员外出学习培训,学习香港发展赛马的成功经验,派遣俱乐部的骑师、兽医、钉蹄师、马房管理等专业人员到香港交流培训,或者聘请香港赛马行业专家来企业讲座培训;建立俱乐部人才培养机制,提升自我"造血"功能,为俱乐部

的长远发展积蓄人才。另一方面,国家层面要加大赛马产业专业人才的培养力度,鼓励大中专院校开设赛马相关专业,培养专业人才,加强院校与企业的合作,根据产业发展特点和企业需求,合理设置专业,更新课程体系。鼓励社会机构开展赛马专业人才培训,补充产业所需人才。

第十一章

构建内蒙古特色
赛马联赛体系

中国现代马产业刚刚兴起,产业体量较小,经营者各自为政,无法相互依托,相互支持,无法形成完整的产业链条。例如:多年来内蒙古自治区各级政府对马产业支持力度不可谓不大。但是,产业发展速度缓慢,出现了各自为政的局面,都感觉自己是行业专家,对同行的意见不屑一顾或采取排斥的态度,没有站在现代马产业的高度来审视这个行业,对自己在这个行业中没有清晰定位。这样,必将无法收拢五指,攥紧拳头,形成合力,来影响整个马产业的发展。这些年来,政府投入巨资建立的赛马场,每年只举行两三场赛事,其余时间处于闲置状态,更有甚者有些赛马场已经荒废,大量国有资产被浪费,无法产生很好的社会效益和经济效益。

经过多年的实践和理论探索,结合国内外现代马产业的经验,并与国内外专家多次论证,莱德马业和国内一些马业俱乐部与马主取得了共识:"整个马产业链条的核心就是速度赛马赛事这个环节。速度赛马赛事是带动整个马产业运转的引擎,其启动后所形成的带动作用,将直接影响马产业链条是否顺畅运行的关键。"速度赛马赛事上接第一产业(农业、畜牧业)、第二产业(工业),下接第三产业(文化、体育、旅游、科技、互联网等),只要赛马赛事运转起来,必将带动整个马产业就会蓬勃发展起来。

国内速度赛马赛事现阶段主要有以下三种模式:

第一种,传统民间草原那达慕模式。这是民间自发的娱乐性赛事,具体规则不清晰,随意性较强,无法复制,不利于赛事推广,不能做大做强。

第二种,海外商业赛马模式。这是海外赛马发达国家和地区采取的通行模式,如:美国、英国、爱尔兰、澳大利亚、日本等,其赛事特点:赛事规则健全,管理严谨,赛事漏洞小,适合商业化运作。但是,此种模式,不利于被中国现阶段赛马赛事采用,因为国内赛马水平较低,如果采取国外赛马模式,规则过于复杂,操作起来难度较大,参赛人员短期很难适应。此种模式,不接地气,赛事举办成本大,会导致严重亏损,无法持续性举办。

第三种,现行体育赛马模式。体育赛马归国家体育总局马术协会管理,按体育运动项目赛事规则运作,该规则为 20 年前制定,赛制严重滞后,不符合现代赛马运动的商业化运作,只能每年举办数次单场的公开赛,无法形成有巨大影响力的常规赛事。

上述三种赛马模式都无法适应当今内蒙古赛马的市场需要,构建内蒙古特色赛马联赛体系成为当下的必然要求。内蒙古特色速度赛马模式应该借鉴国外商业赛马模式的同时,也应该吸取民族赛马的经验,创造出了符合中国国情的速度赛马赛事模式,既有专业公司的赛事组织,也有农牧民的积极参与。内蒙古特色速度赛马模式具有较强的观赏性、可操作性,便于商业推广,可以使赛事持久举办下去。通过专业赛事公司引入评分、分班、负磅等规则,使参赛马匹理论上都有获得奖金的机会,从而增加了赛马赛事的娱乐性,更能使广大农牧民可以通过参赛赢得赛事奖金,并可利用赛马赛事平台高价售出优质马匹,从而使广大农牧民经济收入明显增加,提高生活质量,早日脱贫,奔向小康。

以莱德马业为代表的国内俱乐部已经连续六年举办速度马赛事常规赛,积累了丰富的赛事经验,培养了大批赛事管理人才,创立了符合国情的赛事模式。此模式经多年实践检验,形成了清晰的马产业盈利模式,自我造血功能强大,其可操作性强,引领了中国速度赛马产业的健康发展。

第一节　组建赛事运营公司

从实践经验看,规范的赛事一定要有专业公司运营。建议由内蒙古自治区政府牵头,成立国有控股、民营参股的混合所有制股份制公司——内蒙古速度赛马赛事运营管理股份有限公司(后文称赛事运营管理公司),项目注册资本金为1亿元人民币。国有资本出资比例为55%(出资5500万人民币),建议由内蒙古新华集团发行公司控股;民营资本出资比例为45%(多方筹资4500万人民币)。其中民营资产股份可由自治区具有代表性的马业集团和民营资本加盟构成。

这样的形式更好地发挥了国有企业的体制优势、政策优势、资金优势,

保障国有资产不流失,保值升值,发挥国有企业管理规范的特点。而民营企业市场适应能力强,自我造血能力强,经营方式灵活,赛事运营经验丰富,赛事专业人才队伍及赛事专业水平较高等优势,可以使国有、民营混合所有制形式合力。新建的赛马赛事管理公司通过顶层设计,保障内蒙古马产业有序、可持续发展,逐步成长为具有内蒙古民族文化特色,符合内蒙古区位优势的自治区支柱产业,使马产业成为自治区新的经济增长极。这样,就能整合全区所有马产业资源,拉动马产业上下游均衡有组织的发展,形成产业合力,走出内蒙古,走向全国,走向世界,来实现由内蒙古打造"中国马都"的宿愿,进而实现内蒙古现代马产业的"中国梦"。

第二节　划分速度赛马赛事等级

速度赛马赛事分成以下五个等级:

一级赛(国际级):每年联赛收尾期间,在首府呼和浩特市赛马场举办国际骑师邀请赛,参赛骑师全部由国外速度赛马产业发达的国家和地区选派骑手参加;通过前期俱乐部联赛选拔积分高的赛马参加,骑手通过抽签分配马匹参加比赛。

二级赛(国家级):由中国马术协会、中国马业协会主办,赛事运营管理公司承办,各省派代表队参加的国家级比赛。

三级赛(自治区级):由各盟市选拔高素质的骑手和高评分的马匹参加自治区级比赛。

四级赛(盟市级):在呼伦贝尔市、锡林郭勒盟、兴安盟、通辽市、鄂尔多斯市、呼和浩特市六个赛马场地,同时举办盟市级的赛马选拔赛,选拔优质赛马参加自治区级比赛。

五级赛(旗县级):在呼伦贝尔市、锡林郭勒盟、兴安盟、通辽市、鄂尔多斯市、呼和浩特市六个赛马场,每年6月初至10月初连续举办为期4个月的旗县级的速度赛马常规赛。选拔出优秀的赛马,参加全区高级别的比赛。

第三节 确定参赛马匹品种和马匹的血统登记

一、参赛马匹品种规定

1. 一、二级赛事所有品种的马匹都可以参加。

2. 三、四、五级赛事仅限国内出生的马匹参加。

3. 让磅赛评磅标准如下:

名称(起评分)	评分
国产纯血马	60分
混血马	40分
蒙古马	20分

二、参赛马匹的血统登记规定

尽量鼓励国内出生的马匹参加比赛,从而带动国内育马产业发展。同时,全力支持各盟市旗县农牧民成为赛马赛事管理公司的新会员,调动农牧民参与的积极性,增加农牧民经济收入,从而达到全民参与马产业发展的目的。

所有参加联赛的马匹必须在内蒙古马业协会做血统注册登记,方可出赛。平时比赛所产生的评分纳入内蒙古马术协会的评分体系内。这样多年以后,内蒙古范围内所有参赛的优质马匹都有正规的血统登记和竞赛能力的评分,为内蒙古马产业发展建立和积累正规的马血统登记材料,为未来内

蒙古马产业的发展,积累庞大的原始数据资料,为未来内蒙古马产业的发展打造了"马产业大数据"。

参赛马匹的违禁药品的检测和处罚由内蒙古速度赛马赛事公司执行,赛事公司有权对马匹进行药物测检,根据中国马协指引检测到违禁药物时,该马匹的比赛结果会被取消,相关人员可被处罚,练马师牌照会有可能被吊销。

第四节　制定内蒙古自治区赛马俱乐部联赛赛事规则

一、主要内容

《内蒙古自治区赛马俱乐部联赛赛事规则》(以下简称《赛事规则》)主要由十七项具体内容构成,分别是:

1. 序言

2. 赛事董事权力

3. 马匹

4. 彩衣

5. 兽医事务

6. 练马师

7. 骑师

8. 报名

9. 骑师配搭

10. 过磅

11. 赛事

12. 复磅

13. 奖金

14. 马匹班次

15. 马匹评分

16. 抗议及研讯

17. 其他违例事项

二、关键环节和创新点

1. 让磅

《赛事规则》规定:除非赛事条件另有规定,在让磅赛事中不同级别骑师可获减磅如下:

(1)二级骑师减 1 公斤

(2)三级骑师减 2 公斤

(3)见习骑师减 3 公斤

让磅的目的是为了保证不同级别的骑师在参加比赛时,鼓励骑师参加更高级别的比赛,如果自行下降参赛级别,必须让磅,以保障赛事的精彩程度。

2. 奖金分配

奖金分配是参与赛事积极程度的重要杠杆,《赛事规则》确立了如下分配原则和比例。

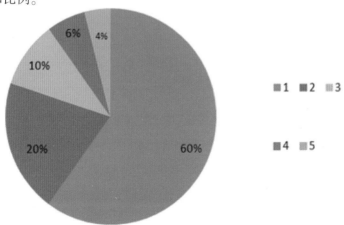

每场比赛的总奖金分配如下：

第一名 60%

第二名 20%

第三名 10%

第四名 6%

第五名 4%

参赛马匹获得的奖金马主占 85%，马房占 15%。

在出赛马匹不足的情况下，奖金将按以下方法分配：

5~6 匹只分配给第一及第二名马匹

4 匹或以下只分配给第一名马匹

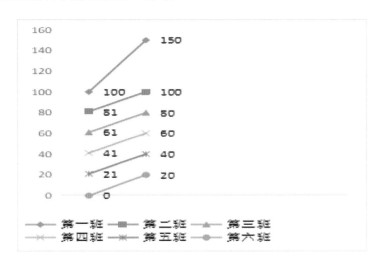

3. 马匹班次

所有马匹根据其评分纳入不同班次：

第一班 100 分以上

第二班 81~100 分

第三班 61~80 分

第四班 41~60 分

第五班 21~40 分

第六班0~20分

所有零分马须强制退役。

4. 马匹评分

《赛事规则》规定，马匹要进行初始评分。

为培育中国育马市场，推动国产马种的改良，马匹评分按上一年度参加速度赛马常规赛出赛情况为准，每胜出一场加7分，以此类推。

名称(起评分)	评分
进口纯血马(三岁及以上)	60分
进口纯血两周岁马	40分
国产纯血马	40分
半血及蒙古马	20分

在国内参加中国马术协会或中国马业协会举办的赛事或在国外参加的任何赛事，赢过比赛的马匹在以上分数的基础上加7分。在特殊情况下，本马会有权对以上评分标准做出调整。

赛后评分调整

马匹评分在每次比赛后，会以结果而做出调整：

第一名加7~10分

第二名加5分

第三名加3分

第四名分数不变

第五名或以下减3分

一般情况下，马匹评分调整会根据以上标准执行，只有马会赛事总监有权按个别情况对马匹评分做出其他调整。

所有参赛马匹的评分调整将在下一个比赛日报名前公布。

第五节　赛事奖励规则和赛事资金募集

一、赛事奖励规则

赛事奖励规则如下：

一级赛：一个赛马日，六场比赛，单场奖金 50 万元，合计 300 万元（呼和浩特市赛马场举办）。

二级赛：一个赛马日，六场比赛，单场奖金 30 万元，合计 180 万元（呼和浩特市赛马场举办）。

三级赛：一个赛马日，六场比赛，单场奖金 20 万元，合计 120 万元（呼和浩特市赛马场举办）。

四级赛：六个赛马日，分别在呼伦贝尔市，锡林郭勒盟，兴安盟，通辽市，鄂尔多斯市、呼和浩特市六个赛马场同时举办，每个赛马场一个赛马日举行六场比赛，单场奖金 10 万元，合计 360 万元。

五级赛：旗县级常规赛，每个赛马场安排如下：

呼和浩特市：每周六、日下午各举办六场比赛，每月 8 个赛马日，每年赛期 4 个月，单场奖金 3 万元，合计 576 万元。

呼伦贝尔市：每周六、日下午各举办六场比赛，每月 8 个赛马日，每年赛期 4 个月，单场奖金 3 万元，合计 576 万元。

锡林郭勒盟：每周六、日下午各举办六场比赛，每月 8 个赛马日，每年赛期 4 个月，单场奖金 3 万元，合计 576 万元。

兴安盟：每周六、日下午各举办六场比赛，每月 8 个赛马日，每年赛期 4 个月，单场奖金 3 万元，合计 576 万元。

通辽市：每周六、日下午各举办六场比赛，每月 8 个赛马日，每年赛期 4

个月,单场奖金3万元,合计576万元。

鄂尔多斯市:每周六、日下午各举办六场比赛,每月8个赛马日,每年赛期4个月,单场奖金3万元,合计576万元。

上述常规赛奖金总计3456万元。

整个赛季总奖金约占赛季总费用的43%。

以上奖金额度依据赛事运营管理公司实际情况确定,日后根据运营情况可动态调整。

二、赛事费用及资金筹措

一、奖金费用

预计在整个赛季总费用中占比43%,由赛事运营公司支付。

二、运营费用

预计在整个赛季总费用中占比43%(包括六个赛马场所有员工工资,吃住、交通、生活补贴、办公费用等),由赛事运营管理公司负责筹集。

三、违禁药品检测费用

预计为赛事奖金的10%,在整个赛季总费用中占比约为4%,由赛事运营公司支付。

四、赛事直播费用

共208个赛马日,预计直播费用在整个赛季总费用中占比4%,由赛事运营公司筹集。

五、赛马场日常维护及水电费

由赛马场所在地的当地政府支持。

六、赛事期间现场布置费用

预计现场布置费用在整个赛季总费用中占比2%,由赛事运营管理公司筹集。

七、宣传费用和赛事广告

预计在整个赛季总费用中占比4%,由赛事运营公司支付。

八、赛事收入

在整个赛事举办期间,赛事所有收入归赛事运营管理公司所有。

第六节　内蒙古速度赛马联赛所要达到的目标

一、建立赛事运营公司

在全国马产业界率先建立国有控股、民营参股的混合所有制的(自治区级)内蒙古速度赛马赛事运营管理股份有限公司,来强化在内蒙古自治区内赛马赛事的组织领导和统一规划,加快全区现代赛马业的发展。

这种由自治区层面统一协调建立的混合所有制赛马赛事管理股份有限公司,有利于发挥两种所有制的优势,有利于全区各有关部门各司其职、协同配合。统筹规划马科学、马产业、马文化和马旅游发展,在土地利用、生态环境保护规划、城乡规划、生态管理等方面与马产业衔接,并积极向国家对口部门汇报沟通,争取支持,共同推动我区现代马业的发展,改变目前各自为政,资源不能整合,很难形成马产业规模化优势的局面。

由国资控股、国内马业领军民营企业之一的莱德马业参股的蒙新莱德赛事运营股份有限公司已于2018年12月25日正式注册成立。该公司由内蒙古新华发行集团股份有限公司和内蒙古莱德马业股份有限公司共同出资组建。内蒙古新华发行集团是内蒙古自治区党委宣传部直属的四大国有企业集团之一,为正厅级单位。此次由内蒙古新华发行集团控股、莱德马业集团参股,成立的蒙新莱德赛事运营股份有限公司,注册资本为5000万元人民币。该企业的经营范围有体育赛事组织、策划、传播,赛马赛事,民族文化研究,牲畜的繁育、饲养、销售,场馆建设,生态文化旅游,马术俱乐部经营等。

二、全力打造中国赛马赛事第一品牌

以建立中国首家国有控股,民营参股混合所有制(自治区级)内蒙古速度赛马赛事运营管理股份有限公司为组织保障,加快构建具有内蒙古特色的国内领先的马产业体系。创新利益联结机制,鼓励扶持养马专业合作社、育马企业养马大户,进行适度规模养殖;支持以"规模养殖带农牧户"的养殖模式,建设集旅游观光、绿色环保生态、科研训练为一体的养马和驯马产业,发挥我区作为少数民族地区擅长专业化驯马服务,定向培育竞技马、体闲骑乘马、仪仗马、观赏马等各种专用马;支持马术俱乐部、赛马场、育马场,建设马调教中心,形成"赛、驯、养"一体化发展的产业链;建立赛事标准体系,以内蒙古国际马术节为引领,支持有条件的地区在每周六、周日开展马术常规赛事,具备条件的盟市每月轮流举办大型马术赛事,建立优胜劣汰的考核机制;积极与国内外马术赛事机构合作,举办国内、国际品牌赛事;建设赛马场及马的检验、检疫、马术赛事直播(转播)、新媒体系统等赛事配套设施,达到承办国内国际赛事标准;严禁跑马圈地,建立监督机制,合理规划,培养扶持,规范建设马术俱乐部,鼓励承办民间马术赛事并为群众提供马术休闲活动服务;支持调教、驯养机构面向社会开展马术技能培训、马匹寄养等服务,实现商业化运作;鼓励和支持马术俱乐部、赛马场、育马场利用自有马匹资源及设施设备,创办各类马术培训机构(基地),开展马术专业学习、马术定期培训、马术夏令营等经营性服务;充分发挥"互联网"优势,利用自治区融媒体中心和国内外知名网络直播平台,对各类马赛事、马文化活动、马旅游景区、马产品推介进行直播宣传,加强广告营销合作,形成马业网络直播产业。

联赛所有赛事通过互联网平台进行赛事直播,将联赛打造成国内速度赛马的头号品牌,让全国赛马爱好者随时随地打开手机即可观看品牌赛事直播,并与国内知名体育网络平台进行合作,利用其网络体育游戏平台,开展网络体育赛马游戏活动,增强赛事趣味性和用户的黏性,吸引更多赛马爱好者关注,这是速度赛马赛事+互联网的标准商业模式。

结合国际先进赛马经验和赛马品种,大力发展国内国产马发展,增加广大农牧民收入,吸引广大农牧民参赛,调动广大农牧民参赛养马的积极性,从而推动内蒙古现代马产业的发展,有力地支持内蒙古精准扶贫事业和全域旅游发展,使赛马品牌走出内蒙古,成为在中国赛马界具有龙头老大地位的第一品牌赛事。

三、打造具有内蒙古民族特色的体育文化旅游宣传平台

以(自治区级)国有控股、民营参股的混合所有制的内蒙古速度赛马赛事运营管理股份有限公司为龙头,作为推动内蒙古现代赛马产业的执行机构和常设机构,坚持政府引导、市场驱动、企业推动、农牧民参与原则,以传承和弘扬蒙古马精神为主线,以保护草原生态环境为底线,以建设呼和浩特"国际马文化博览之都"和锡林郭勒"中国马都"为引领,加快马业与文化、旅游和体育等产业融合,完善人才、科技等配套体系建设,统筹推进马科学、马产业、马文化、马旅游协同发展,把现代马业培育成我区的特色产业和富民产业,并加强与国内外各类媒体和平台交流沟通,宣传内蒙古源远流长的马文化和现代马产业发展优势,全面提升内蒙古马业的知名度和影响力。采取各族群众喜闻乐见的形式,大力宣传马科学、马产业、马文化和马旅游,吸引社会力量广泛参与我区现代马业建设。

强化与蒙古、俄罗斯及"一带一路"沿线国家在赛事举办、人才培训、马匹繁育与饲养、马文化活动等方面的交流合作,积极参加和承办"一带一路"主题赛马、"丝绸之路大赛马";支持建立国际马业合作基地;与有关省(区)和机构在马的竞技赛事、马匹交易、人才培养输送、马产品开发、马科技研究等方面深化合作;鼓励跨省区联合举办赛马赛事、联合建设马交易中心和马人才培养输送基地,使内蒙古赛马赛事联赛成为具有国际影响力的内蒙古民族特色的体育文化旅游宣传平台。

第十二章

做好内蒙古赛马场地
规划与设计

第一节　赛马场地设计国际标准

世界上不同国家赛马场的规格各不相同,国际上关于赛道设计尚未建立统一标准,业界关于赛道设计的讨论和公开信息也十分有限。因此,各国在确定赛道形状、长度等指标参数时也是因地制宜。具体到赛道的坐向、形状、周长、阔度、横向坡度、弯位的弧度及周径、直路长度、路程位置、终点位置、马栏内移的位置等细节都是有相应规范的,需要专业人员来实施。通常赛道设计多由专业的赛场设计专家来完成,虽然专家的设计理念迥然不同,但在赛道设计时都遵循着行业内的安全标准,赛道设计安全与否,事关参赛骑师及马匹的生命。

从掌握的资料来看,不同国家对于赛马场跑道有不同的规定,如日本赛马会规定,中央赛马场一周应在 1600 米以上,幅宽在 20 米以上;地方赛马场一周应在 1000 米以上,幅宽在 16 米以上;跑道的曲线半径不能小于 100 米。草坪赛马场与其他草坪地的区别是跑道基层必须坚实,要能经受连续地或间续地体重在 500 千克以上,10~30 匹以 60 千米/小时行进马的跑赛运动。因收集到的资料有限,无法将各国赛道设计标准完整呈现出来,在此仅选择几家国际赛马场的跑道参数辅以说明。

1. 美国丘吉尔赛马场

位于美国肯塔基州路易斯维尔市,该赛马场占地约 300 亩,拥有座位 5.1 万个。赛马场设有草道和沙道,草道周长 1400 米,道宽 24 米;沙道周长 1600 米,道宽 24 米。马场分为比赛区与功能区两大区域,并围绕赛马设置“办公+商业+会所+展示区+博物馆”等功能,充分为赛马活动提供服务。

2. 法国隆香赛马场

位于法国巴黎西部塞纳河畔,占地面积 855 亩,是法国最大的马场。马场由赛马区、功能区、训练场地三部分组成。隆香赛马场地跑道采用了弹性设计方案,独特的赛马跑道设计能满足不同赛事的需求,可承担 1000~4000 米的 46 种国际赛事。

3. 澳大利亚弗莱明顿赛马场

位于澳大利亚墨尔本市,马场占地 1944 亩,具备完善的功能分区,由赛马区、附属功能区和停车区组成,赛马区建有 3200 米的赛道,可举办从 1000~3200 米的各种等级赛事。

4. 日本东京赛马场

东京赛马场建于 1933 年,在日本有"赛马场中的赛马场"之称。该赛马场内安装了被评为世界最大的大型映像屏幕——多功能画面的"草道大屏幕"。东京赛马场设有草道、沙道和障碍道。草道全长 2083 米,道宽 31~41 米,终点前的直道距离为 526 米;沙道全长 1899 米,道宽 25 米;障碍道全长 1675 米,道宽 25 米。

5. 日本中山赛马场

中山赛马场建于 1920 年,与东京赛马场同为东京地区的主要赛马场。虽然中山赛马场的赛马节目的丰富程度与东京赛马场不相上下,但是两个赛马场不会在同一天进行赛马比赛。中山赛马场设有草道、沙道和障碍道。主马场草道内圈周长 1667 米,外圈周长 1840 米,内圈道宽 20~32 米,外圈道宽 24~32 米,内圈最后直道 293 米,外圈最后直道 310 米;沙道周长 1493 米,道宽 20~25 米;O 字形障碍道周长 1456 米,X 字形障碍道斜穿道长分别为 447 米和 424 米,道宽 20~30 米。

6. 京都赛马场

建于 1924 年的京都赛马场是日本西部最大的赛马场。京都赛马场与其他几个主要赛马场一样,每年举行 5 次赛马。京都赛马场同样设有草道、沙道和障碍道。草道内圈周长 1783 米,外圈周长 1894 米,道宽 35 米,内圈最后直道 328 米,外圈最后直道 404 米;沙道周长 1608 米,道宽 25 米;普通障碍道周长 1414 米,道宽 23 米;大型障碍道周长 1400 米,道宽 20 米。

第二节　赛马场地设计国家标准

国内赛马场因发展时间较短,开发内容有限,因此尚未大规模向民众开放,主要以私人马匹寄养和区域赛马赛事活动为主。场地是赛马赛事顺利进行的基础条件。目前,我国在赛马赛道设计方面依据的安全规范是《速度赛马竞赛规则》规定的,这是由我国赛马赛事最高行业协会——中国马术协会制定和颁布的,其中的第七章对赛马跑道进行了明确规定:"赛场应设有平坦宽敞的跑道、沙道或草地跑道均可,沿顺时针方向跑进。跑道宽度应不少于18.3米,直道应不少于400米长,转弯半径不应小于90米,护栏挡板材料必须是木质或纤维制成,护栏向跑道内侧倾斜60°~70°。跑道应当平坦、软硬适度,无碎石、沙丘和凹穴,弯道外侧应比内侧稍高,呈2°~3°倾斜。"

1. 香港沙田马场

香港沙田马场是现今世界上设施最完善的马场之一,马场占地1050亩,可同时容纳8万名观众。该赛马场跑道参考了世界先进的马场设计理念,跑道为顺时针方向,由草道、泥道组成,草地跑道周长1900米,道宽30.5米。马场100米×80米的全天候沙地主赛场是举行场地障碍赛和盛装舞步赛的主场地,可容纳18000名观众。越野赛场地是一条长5700米、宽10米的临时越野赛赛道,另有3条越野赛练习跑道,分别是1条800米长的草地赛道、1条800米长的河畔操练跑道和全长1000米的全天候策马跑道。

2. 武汉东方马城国际赛马场

位于武汉金银湖,是华中地区唯一国际标准赛马场,也是国家体育总局中国马术协会唯一马术与速度马训练基地,内有国际赛马场、马会俱乐部、马术学校、骑士俱乐部、马文化博物馆等项目,马城占地面积100多万平方米,国际赛马场的中央广场面积约12万平方米。按国际标准建造的赛马场建有周长1620米、宽28米的国际标准沙地跑道,配有各种赛马专用设施。

3. 南京赛马场

位于南京市栖霞区,赛马场占地 78.7 万平方米,由国外著名专业设计师设计,分为马房区、赛道区、看台区、赛场区、广场区、运动员公寓区等,现已被中国马术协会列为中国马术和速度赛马的培训中心和国家马术队的训练基地。该赛马场现有 4 条国际标准跑道,其中草地跑道周长 1800 米,道宽 35 米;沙地跑道周长 1650 米,道宽 25 米;救护道周长 1700 米,道宽 10 米;训练道周长 1750 米,道宽 9 米。

4. 广州从化香港马会马匹训练场

该训练场是国内首个获得国际认可的无疫区,首个最大规模、最高标准、拥有国际标准设计的跑道、唯一具备举办国际马术比赛条件的马场类综合体。项目占地面积约 150 万平方米,包括跑道、马房、马匹医院、员工宿舍、人工湖、园林、地下管线及行政配套设施等工程。

国际设计水准的 2600 米绿茵跑道,可同时容纳 1600 匹赛马同时训练。国际赛马跑道分为两部分,主要部分是用于赛马训练和比赛用的环形跑道,包括 T1 绿茵跑道和 T2、T3 全天候泥地跑道。其中,绿茵跑道长 2600 米,占地面积达 8.4 万平方米,位于绿茵跑道内侧的两条泥地跑道则分别长 1780 米、1600 米。绿茵跑道在草皮下面,从上往下依次铺设不同厚度的纤维砂层、幼砂层、石英砂层、碎石层和土基层。在 T2、T3 泥地跑道的铺装构造中,地下最底层是压实度在 95% 以上的土基层,然后向上分别是 150 毫米的灰泥层、50 毫米的粗砂层、100 毫米的细砂层,地面是 150 毫米的沙与木碎混合物层。除了绿茵跑道和泥地跑道,还有一条草地上斜跑道,该跑道总长 1100 米,前 1000 米跑道以 1.5% 的幅度持续向上倾斜,最后 100 米为平地,跑道的末段比起点高约 18 米,上斜跑道主要是为了训练马匹的力量和耐力。

5. 莱德马业图什业图赛马场

图什业图赛马场是由莱德马业自主设计并建造的,赛马场占地 44 万平方米,是国内第一座同时拥有沙地及草地跑道的赛马场。赛马场沙道周长 1400 米,草道周长 1600 米,草道内栏是活动栏,方便移栏操作,可根据马匹对草道的使用情况,实时调整场地,确保达到比赛标准,让人马可以更出色

地发挥其水平。赛马场主席台设 240 个座位,并建有 200 平方米的贵宾休息室,主席台两侧建有 6600 个座位的观礼台,还有可容纳 8 万名观众的看台。赛马场专门修有地下通道,可直达跑道中央的人工湖景观。赛马场建设有 10 栋标准马房,可供 400 匹马同时比赛和训练,基本可以满足国内任何大型赛事以及常规赛马房的需求。赛马场还建设有马医院、马匹游泳馆及国内首个科技备鞍区。

第三节　赛马场地设计原则和指导

一、赛马场地设计原则

1. 环境优先原则

内蒙古发展赛马产业,要高度重视生态效益,场地的建设要与自然环境相协调,尽量保持场地空间原有的自然生态系统不被破坏,充分利用场地现有的自然环境营造良好的赛马场地环境。

2. 多用途性原则

内蒙古不仅要发展现代赛马,更要传承蒙古族传统赛马,发展蒙古马竞技业。因此,赛马场地的设计要能同时满足现代商业赛马和传统赛马的场地要求,同时要便于赛事空档期场地的合理利用。

3. 功能齐备原则

总结国内外知名赛马场的成功经验,要想让国内赛马场尽快扭亏为盈,延伸功能是关键。各赛马场围绕赛马的核心功能,开发会议、展览、休闲、马文化、马匹交易等多种功能,实现马场成功运营。当然,功能的延伸和活动的开展需要完备的功能设施作支撑。

4. 交通便利原则

内蒙古地处祖国中北部,环接八省区,承接京津冀,要在内蒙古举办国内外大型赛马赛事,交通大环境十分便利。在设计赛马场地时,赛场周边的道路设计要延续这种便利性,与主干道相衔接,合理布局。在道路系统规划设计方面要预留足够空间,满足近期建设和长远发展的需要。

二、赛马场地设计指导

1. 赛马场的选址

通常情况下,赛马场地的选取要综合考虑马场用途、环境条件、政策条件等因素,多选择在地势平坦、排水方便、环境安静、背风向阳、交通便利的区域,要求附近无污染源、无居民区,而且出于防疫安全考虑,相邻马场之间要建有隔离带或缓冲区。

结合国家政策及内蒙古赛马产业实际,建议先在已有赛马场地上做文章,根据用途对现有场址进行改造、完善。内蒙古地区拥有全国省、市、自治区最多的赛马场,33 个牧业旗至少都有一片赛马场,21 个半农半牧旗县也有一半有赛马场,呼和浩特、包头等盟市政府所在地也大都有赛马场,一些旅游景点也有一些赛马场,预计总计应该有 50 片以上的赛马场,充分发挥现有马场的作用,是发展内蒙古赛马产业的当务之急。

2. 赛马场的功能分区

标准的赛马场地应设有比赛区、赛马生活区、配套服务区、生活管理区、隔离区等。比赛区由环形赛道及围合场地组成,内设赛道、赛场、看台、赛马展示场地、贵宾室、称重室等区域。赛马场的看台通常是沿直跑道设置的,要视野好,便于观看,方便疏散,具体设计可参照体育场的室外看台来设计,级别较高的赛场可在看台高处设置贵宾包厢,看台的座位数以赛场大小及办赛规模来确定。赛马生活区由马房、训练场地、训练机、马医院、饲料仓库等构成,生活区的入口要设置人员更衣室及车辆消毒设施,并与生活管理区相通。为方便马匹和骑师进出赛场,赛马休息区要与比赛场地衔接,同时要

安静且相对独立。配套服务区由游客接待中心、停车场、餐饮娱乐中心等构成。生活管理区主要包括办公室、会议室、接待室、资料室、职工宿舍、值班室等,该区域应设置在赛马生活区的上风向且交通便利。隔离区应设在赛马场的下风向且地势较低的区域,与赛马生活区的间距要满足兽医卫生防疫要求,隔离区内设有兽医室、病马隔离区、废弃物处理场等。各功能分区要相互独立,区域间可用围墙或绿化带相间隔。

3. 赛道的设计

根据赛事的级别和类型,赛道设计也有所区别。从赛道形状上来看,国内外主流赛道为长圆形(椭圆形),也有将赛道设计为三角形倒圆角或近似梯形倒圆角的,这主要取决于场地的面积和形状。从赛道类型上看,赛道有草道、沙道、障碍道之分,这主要取决于举办赛事的类型。通常,国际标准赛道的长度在1000~2400米之间,出于比赛的精彩性,赛道距离一般不小于1600米,直线距离不小于200米。内蒙古的赛马赛道要严格按照《速度赛马竞赛规则》的相关规定来设计。

赛马作为一项高危运动,对赛道的铺设要求非常高。鉴于内蒙古的气候、环境及跑道的建造和养护成本,建议还是以沙地跑道为主,阶段性使用草地跑道。

(1)草地跑道

草地跑道因观赏感强,且能最大限度发挥马匹的实力而备受欢迎。但由于赛马运动的激烈性,马匹在快速奔跑过程中对草地的践踏是非常严重的。要为赛事提供合适的草地跑道,其建造和养护至关重要。

在草地跑道建设前,要根据内蒙古的地理位置和气候条件,选择适宜的草种以及疏水良好的土壤作为草的根基土层,先平整土地,于表层覆盖富含有机质的沙土,并施以适当的肥料和土壤改良剂。为了让赛马赛事结束后受伤的草地能在短时间内恢复,建议适当预留一定的赛道宽度,设置可移动赛道栏杆,每次赛事结束后,重新平整践踏过的草地,受损严重的需补充草块,同时将栏杆外移一定距离,循环使用赛道,以保证最内侧的草地有足够的恢复期。跑道的排水能力,直接影响土壤的湿度和赛道的软硬度。根据以往的经验,如果草地的根系土壤是泥土,那么即使修建了很好的泥下渗水系统也很难有作用,雨天来临时,土壤会因积水而变得泥泞不堪,对骑师和马匹的安全造成威胁,也会因为雨天赛事取消而造成巨大的经济损失。建议将草地的根系土壤换成颗粒大小适合的沙土,再配以合理的排水管道和坡面排水沟则较容易解决排水问题。从先进赛马场的经验来看,要解决草地跑道的所有问题,不仅受技术因素影响,还要承受高昂的成本,因此短期内要在内蒙古建设和养护高标准的草地跑道还是非常困难的。

（2）沙地跑道

沙地跑道的铺设以土石方、碎石、土、沙为主,自下而上分别是回填土石方、排水管网、碎石、马场专用土和最上面的水洗沙层。通常沙地跑道的渗水性能要达到暴雨情况下两小时排净的要求。考虑到赛场的实用性和灵活性,沙地跑道也要采用无固定支座的可移动式护栏,高度为 1.2 米。每次比赛前,根据赛事需要,临时安装支架和挡板,赛后可随时拆除,以保障赛场的多用途。

（3）其他注意事项

出于安全性考虑,赛道宜采用斜面设计,外高内低,赛道两侧安装可拆卸栏杆,转弯角度要符合国家标准,防止马匹失去平衡。为预防突发状况,在赛道外围预设救护马匹及骑师的专用通道,通道内禁止无关车辆和人员进入。为保障观众的安全,在整个赛道周边要设置 1.2 米高的专用护栏,也可在护栏外建立绿化带将赛道和人行道路间隔,同时预留足够空间,防止观众靠近赛道。

出于多用途考虑,建议有条件的地区设计既适用于现代赛马,也能满足蒙古族传统赛马的赛道,即赛道设计由主赛道和辅助赛道组成,主赛道也就是标准的速度赛马赛道,辅助赛道是对主赛道的延伸,主要适用于蒙古族的耐力赛。按照蒙古族长距离越野赛马的特点,赛道总长度应控制在 15 公里到 30 公里之间。

4. 配套设施

关于配套设施本节只做简单介绍,详细内容将在赛马俱乐部建设一章

介绍。

(1)马房

马房要通风采光良好,温度和湿度适宜。内蒙古冬季寒冷,马房要具备防寒保暖功能。国际马术联合会要求马房的尺寸为 3 米×4 米,顶棚不低于 2.8 米。从马房的类型来看,主要有单列式、复列式、统式、混合式和楼式。综合考量,内蒙古更适宜复列式马房,其优势在于容纳马匹的数量多,管理方便,保温效果好,有利于马匹间的交流。建筑方面要注意保温隔热,马房的内部地面应高于马房的外部地面,内部地面要有一定坡度,便于清洁消毒,马房两侧设入口和出口,建筑要符合消防要求。

(2)草料室

草料室要与马房分隔开,以防止灰尘进入马房或发生火灾伤及马匹,同时设有专用通道,便于运输。草料室要通风良好,地面干燥防潮,可用木板或石条等垫在地面上,将草整齐垛在木板石条上与地面隔开。

(3)鞍具室

鞍具室要干燥防潮,空间足够大,能装下所有需要的马具等物品,最好设置固定的鞍具架或落地鞍具柜,以方便摆放和取用。

(4)马粪存放室

存放室要远离马房,但要方便运送,最好位于马房下风处,离草料室也不能太近,更不能离周围居民区或人行道太近。池内马粪要经常清理,以防止污染周围环境。

(5)运动场

运动场的面积要根据赛马场的场地面积和承受能力来确定。为保护马匹蹄部,地面要用土和沙混合铺设,场地周边要有围墙或坚固围栏,防止马匹跳出。根据马匹种类要设置群体活动场、独立活动场或专门的训练场地,有条件的赛马场可配备遛马机,将其作为一项辅助训练,用于马匹训练前的热身、紧张训练后的缓冲平复或在马匹不训练时做四肢的伸展运动。

第十三章

加强内蒙古无规定马属
动物疫病区建设

第一节 无规定马属动物疫病区的含义

1. 基本概念

无规定马属动物疫病区,简称无疫区,是指在某一确定区域,在规定期限内没有发生过某种或某几种马属动物疫病,且在该区域及其边界和外围一定范围内,对马属动物和动物产品、动物源性饲料、动物遗传材料、动物病料、兽药(包括生物制品)的流通实施官方有效控制并经国家评估合格的特定地域。

2. 现行标准

(1)世界动物卫生组织的区域化管理原则

早在20世纪90年代初,世界动物卫生组织(OIE)就提出了动物疫病区域化概念,制定了动物疫病区域化管理规则,规定了重大动物疫病区划模式,并获得了国际认可,现已成为国际公认的动物及动物产品国际贸易标准。世界动物卫生组织将符合《陆生动物卫生法典》规定要求,证明没有引起有关疾病的病原体的地区,且在该区域内及其边界对动物和动物产品及其运输实施有效的官方兽医控制的区域确定为无规定疫病区。

《陆生动物卫生法典》中的区域化模式包括区域区划和生物安全隔离区划两类基本类型。区域区划是指在与一个国家或者跨国明确界定的一部分区域,其中包含对一种或多种特定动物疫病卫生状况清楚的动物亚群体,同时为国际贸易的目的对该特定动物疫病采取了必要的监测、控制和生物安全措施。区域区划模式主要适用于以地理区域为基础(如自然、人工屏障或法律边界划定相关区域)进行区划的特定动物群体,其大小和范围由兽医管理部门根据自然、人为或法律边界划定并通过官方渠道公布。无规定动物疫病区即属于区域区划模式,按照是否实施免疫政策可分为免疫无规定动物疫病区和非免疫无规定动物疫病区。一个区域可以是一种动物疫病的无规定动物疫病区,也可以同时是几种动物疫病的无规定动物疫病区。《陆生动物卫生法典》规定,免疫无规定动物疫病区须设立缓冲区同其他区域区分开,非免疫无规定动物疫病区须建立监测区同其他区域区分开。生物安全隔离区划模式是指在相同生物安全管理体系下,对某特定动物疫病或根据国际贸易要求采取监测、控制和生物安全措施,卫生状况清楚的一个或多个养殖场所的动物亚群体。生物安全隔离区划是应用生物安全隔离措施控制动物疫病以达到无疫状态的动物卫生水平的过程,适用于应用相同管理标准时的特定动物群体。生物安全隔离区划由兽医部门依据相关的标准建立,主要适用于实施生物安全相关的管理体系而划分的动物亚群体。

（2）我国的区域化管理原则

为加快推进动物疫病防控区域化管理,不断增强动物疫病防控工作能力,我国依据《动物防疫法》等有关法律规定,出台了《关于加快推进动物疫病区域化管理工作的意见》《无规定动物疫病区评估管理办法》《无规定动物疫病区管理技术规范》《无规定动物疫病区现场评审表》《国家中长期动物疫病防治规划(2012—2020 年)》等系列法规和文件以指导和规范无疫区建设。

在农业部《关于加快推进动物疫病区域化管理工作的意见》中明确了要根据各地经济发展水平、地理屏障、区域和资源优势、畜牧产业布局,选择适合当地的动物疫病区域化管理模式。

一是动物疫病区域区划模式。区域具有一定规模,集中连片,区域与相邻地区间必须有足以阻止疫病传播的地理屏障或人工屏障,对缺少有效屏障的区域,应建立足够面积的缓冲区和(或)监测区,当地经济发展水平能满足动物疫病区域化管理工作需要,区域可以是一个省的部分或全部,也可以是毗邻省的连片区域。二是生物安全隔离区划模式。可选择大型国家级种畜禽场、国家级畜禽遗传资源保种场、国家农业产业化龙头企业,开展生物安全隔离区示范区建设。相关企业应为独立法人实体,生物安全隔离区的各生产单位应具有共同的拥有者或管理者,并建立统一的生物安全管理体系,其组成应包括种畜禽场、商品畜禽养殖场、屠宰加工厂、饲料厂、无害化处理场等。有关生产单位应符合规定的动物防疫条件,取得《动物防疫条件

合格证》，种畜禽繁育场还应取得《种畜禽生产经营许可证》。当地畜牧兽医部门应对生物安全隔离区实施官方有效监管。

根据采取的不同免疫措施，无疫区可分为两种类型。一是免疫无疫区。各省根据当地与毗邻地区动物疫病流行状况、贸易需求实施免疫政策的区域化管理。二是非免疫无疫区。对区域内易感动物不实施规定动物疫病的免疫。具体分为口蹄疫、禽流感、猪瘟、新城疫等重大动物疫病和布病等重点人畜共患病的免疫无疫区和非免疫无疫区，以及无特定动物疫病的生物安全隔离区。

第二节　国内无规定动物疫病区的建设情况

早在 1998 年，国家农业部在借鉴国际无规定动物疫病区建设经验的基础上就提出动物疫病区域化控制的理念，并先后分两批在 23 个省、市、自治区的 651 个县对 19 种动物疫病实施区域化控制，建立无规定动物疫病区。但按照世界动物卫生组织的规定，我国的无疫区建设还未达到国际标准，因此无法通过 OIE 的评估、认证，不能得到国际普遍认可。为此，2001 年国家农业部参考国际通行的无规定动物疫病区标准，在总结动物保护工程建设经验的基础上，选择了 5 片区 6 省（市）投资建设无规定动物疫病区示范区，并于 2003 年验收通过。2009 年，海南省无规定动物疫病区示范区顺利通过评估。自此，我国的动物疫病区域化管理已进入了新阶段。

国内无规定动物疫病区的建立，为畜禽产品的国际贸易提供了便利。随着我国现代马产业的发展，无规定马属动物疫病区的缺失已严重影响了马匹的国际交易和跨国流动。无规定马属动物疫病区是国际马匹往来的重要通道。在中国尚未建立无规定马属动物疫病区之前，国外马匹到中国都是"有来无回"。这不仅影响了中国与国际的马匹交易及赛事活动，更阻碍了中国商业赛马的发展。

经多方努力,广州从化、内蒙古伊金霍洛旗已成为国家农业农村部批准建设的无规定马属动物疫病区。广州从化无疫区建设始于 2010 年广州亚运会,为了保证参赛马匹的健康与安全,广东省人民政府于 2008 年公布了《广州亚运马属动物疫病区域化管理的通告》,将从化设立为中国内地第一个无规定马属动物无疫区。多年来,广州从化马场与香港赛马会深度合作,为了在确保生物安全的前提下实现马匹快速通关,广州海关和香港渔农自然护理署联合组织开展了马属动物疫病的传入传出风险分析,并参考世界动物卫生组织和我国的相关风险分析原理对 20 种马病进行了风险评估,形成了《香港赛马往返粤港两地检疫风险分析报告》。经过周密的部署、严谨的论证、科学的实施,广州从化无疫区已成为目前国内唯一通过国际认证的马属无疫区,并顺利实现了马匹的跨境移动。内蒙古鄂尔多斯市伊金霍洛旗无规定马属动物疫病区是继广州之后全国第二个获批的无规定马属动物疫病区。该无疫区的建设不仅是对内蒙古赛马产业的有力助推,更是其与国际赛马产业有效接轨的重要途径。目前,伊金霍洛旗无规定马属动物疫病区的建设工作已启动,正在稳步推进中。

此外,我国政府也积极与世界动物卫生组织、国际马匹体育联盟谋求合作,积极探索竞赛马临时国际运输次区域的可行方案,破解运动马匹国际安全短暂运输的难题,促进竞赛马匹的区间运输和持续发展。

第三节 广州从化无规定马属动物
疫病区的区域化管理模式

按照农业部《无疫区管理技术规范》要求,广州从化在国内首次建立了获得国际认可的以县级行政区域为单位的无规定马属动物疫病区区域化管理模式,即以从化为核心区和监控区,周边区县为缓冲区,并设置马属动物运输生物安全通道的区域区划。

第一层是核心区,以从化马术比赛场为中心、周围半径五千米的区域划为"无规定马属动物疫病核心区"。进出核心区的公路均设置公路动物防疫监督检查站,24小时值班,禁止马属动物及其产品进入,在进出无疫区道口设立运输动物及其产品交通警示牌,指定运输动物及其产品经105国道进入从化,并在105国道的太平站点建立1个公路动物防疫监督检查站,监督落实易感动物及动物产品执行报检审批制度,构建人工屏障。

第二层是监控区,从化市除核心区以外的行政区域划为"无规定马属动物疫病监控区"。核心区和监控区两区域内的马属动物完成注册登记后全部迁出。

第三层是缓冲区,即与从化市相邻的广州市白云区、萝岗区、花都区、增城市(县级市),清远市清城区、佛冈县,韶关市新丰县,惠州市龙门县等区域,对马属动物定期进行疾病普查,建立检查站,进行疫病监测净化。缓冲区边界外围设立的防疫缓冲区域,防止马属动物疫病传入无疫区。对所有存栏马属动物实行芯片标记管理,所有马属动物免疫马流感、马日本脑炎,生猪实行日本脑炎免疫,所有马属动物采样进行马属动物疫病监测,对生猪、反刍动物抽查监测,落实产地检疫、屠宰检疫,开展定期巡查,监督落实未经批准的马匹进入,马属动物、生猪、反刍动物引入执行报检制度,对野生动物和虫媒进行调查、监测和防控。

马属动物运输生物安全通道。从深圳皇岗口岸和白云国际机场到从化比赛场地包括广州白云国际机场所经105国道、街北高速、机场高速和广州亚运马术比赛场到深圳皇岗口岸所经105国道、街北高速、北二环高速、广深高速的道路两侧各不少于一千米范围内,以及以广州白云国际机场为中心周围半径不少于一千米的区域,作为参赛马匹的安全保护通道。马属动物疫病管理措施参照监控区执行。通道内采取禁止养殖马属动物、实施疫病防控和净化等一系列疫病防控措施,从而降低马属动物疫病在运输环节的发生风险。

第四节　内蒙古建设无规定马属动物疫病区的建议

广州从化无规定马属动物疫病区作为我国第一个通过国家农业部、世界动物卫生组织和欧盟评估的无疫区,其建设成功对内蒙古无疫区的规划建设极具借鉴意义。

1. 科学规划

内蒙古地域辽阔,与俄罗斯、蒙古国接壤,无规定马属动物疫病区涉及的区域范围广大。在具体建设过程中,要充分考虑国内外关于无规定马属动物疫病区的相关标准及规定,按照《无规定动物疫病区管理技术规范》和《陆生动物卫生法典》对区划规模设定的要求,选取自然地理条件优越、边界清楚、屏障体系相对完善的区划实施区域化管理。

内蒙古东西跨度大,需要建立完备的屏障体系,以保障各盟市独立无疫区向联合无疫区建设的过渡。结合各盟市的自然地理环境,建立涵盖监控区、指定通道、马匹卫生监督检查站、马匹隔离场、视频监控等方面的人工屏障体系;加强公路口岸、铁路口岸、空港的马匹卫生监督检查站及马匹隔离场。

2. 创新管理机制

无疫区的建设涉及众多地区,在管理上需要多部门协调配合。建议成立多部门、多地区联合建设团队,团队内设领导小组、专家组、协调组;建立无疫区建设工作的任务推进机制、考核评级机制及问责机制,群策群力,确保无疫区建设落实到位;创新措施优化免疫监测、检疫监管等,提升无疫区的马属疫病预防监测及防控能力;建立健全无疫区动物标识制度,实行检疫合格证明电子信息化管理,实现区域电子出入证联网管理。

3. 完善法律法规

在《中华人民共和国动物防疫法》《无疫区管理技术规范》《无疫区评估管理办法》等国家法规的指导下,尽快出台和完善内蒙古无疫区建设的管理法规和细化条款,加快建设地方配套法规,提高管理系统效能;创新无疫区区域化管理支持政策,将无疫区建设纳入内蒙古相关规划,相关部门各司其职,在无疫区交通指示标识、马匹运输规范和监管、马匹防疫监督检查等方面加强规范和监管,为内蒙古无疫区建设奠定法律基础。

4. 加强政策扶持

加强自治区无疫区建设投入,在税收等方面给予生物安全隔离区企业相应的扶持政策,积极鼓励和引导企业开展生物安全隔离区建设。各级畜牧兽医部门要积极争取有关部门支持,加快出台动物疫病防控区域化管理的支持政策,加大动物防疫专项资金、畜牧业生产专项资金等对无疫区的倾斜力度。各盟市结合地区实际,细化扶持政策,积极发挥财政资金的引导作用,以各类优惠措施带动更多社会资金投入到无疫区建设中。

5. 建立标准体系

加强无疫区建设的技术指导和规范,研究制定内蒙古无疫区建设方案,在无疫区区域化管理、疫情应急预案、无疫区马匹卫生要求、参赛马匹卫生要求、兽医服务人员职业资格等多方面完善无疫区技术规范,建立无疫区标准体系,为无疫区建设提供理论指导,确保无疫区建设工作顺利进行;建立规范的实施体系,工作规范、工作流程明确可行,工作目标、工作量、工作要求、工作程序清楚明了,保障各项工作规范开展。

6. 建立疫病监测、预警体系

加强对内蒙古相关马属动物卫生实验室的改造,完善实验仪器设备,建立符合无疫区建设要求的实验室;强化自治区级、盟市级动物卫生监督机构的功能,在马属动物疫病监测、规定马属动物疫病检测、规定马属动物疫病控制等方面发挥作用。鉴于自治区马属动物疫病检测的工作内容有限、经验缺乏,建议与国内、国际权威实验室建立合作关系,学习国内外最先进的检测技术,尽快建立与国际同步的检测方法,以国际认可的检验为无疫区马属动物疾病评估提供可靠依据。另外，各盟市要结合区域实际加强辖区内马属动物疫情监测、报告网络体系，完善监测工作的管理和监督。根据马属动物疫情监测信息，结合区域内马属动物疫情发生、发展的规律及特点，观测分析，及时发布马属动物疫情预警。

第十四章

内蒙古发展赛马产业建议

第一节　制定规划和标准

一、制定内蒙古特色赛马产业规划

在内蒙古自治区人民政府统一领导和部署下,由内蒙古自治区体育局、发展改革委、文化旅游等相关部门,制定符合内蒙古区域特色的、科学的、有指导性的《内蒙古发展特色赛马产业发展规划》。规划要明确赛马产业发展的原则、总体目标、产业布局、重点任务和发展区域,研究制定相关政策措施,强化对马业发展的宏观科学指导和统筹规划,不断规范、有序组织和发展内蒙古赛马运动和赛马产业,为确保赛马运动和赛马产业健康有序发展绘制蓝图;制定内蒙古赛马的统一的标准和规则,打造公平的竞赛平台。对参赛马匹的品种、血统、年龄以及竞赛规则等要有统一的要求,对赛马赛事的监管、赛事专员的监控、马匹的药品及违禁物品、赛事从业人员等都要有统一标准,打造"内蒙古赛马标准",可复制,推广到全国。

二、开展各类赛马注册制度及运动型蒙古马基因库建设

发展内蒙古的赛马运动和赛马产业,要与国际国内接轨,建立内蒙古赛马马匹的注册、认证登记机构,把中国境内蒙古马的血统及其他发展、繁育等信息进行注册登记,促进赛马运动中查询和辨别马匹的年龄和血统,作为马匹的参赛、免疫、繁育、交易、进出口的有效凭证。同时,按照中国赛马委员会对骑师要求,加强对骑师参赛注册和祖册骑师制度的有效管理;建立运动型蒙古马种子基因库,要加强内蒙古自治区运动型蒙古特有马种群品种选育工作,加强遗传资源保护,加强优良品种选育和保护,建立运动蒙古马

业资源数据库和生物信息数据平台;开展盟级蒙古马及其他品系马科的保种选育基地确定、命名工作,区、盟市级财政要安排专项资金,对全区特有的优良马品种保种育种工作予以专门的资金扶持,丰富马种基因库,扩大种群数量,提高品种质量,推进内蒙古赛马产业的发展。

第二节 拓展新型赛马活动

一、内蒙古无规定马属动物疫病区建设

为适应国际赛马运动进出境检疫标准,确保赛马免疫环境,按照《陆生动物卫生法典》要求,选择适当区域,建设内蒙古赛马进出口免疫区,加强对实验室检测、免疫接种、身份识别、可追溯流动控制及生物安全控制等,建立完善的技术法规、兽医基础设施、实验室检测体系、运输保障计划等法规和政策支持。内蒙古自治区政府也积极与世界动物卫生组织、国际马匹体育联盟谋求合作,积极探索竞赛马临时国际运输次区域的可行方案,破解运动马匹国际安全短暂运输的难题,促进竞赛马匹的区间运输和持续发展。

第一层是核心区,把以从化马术比赛场为中心、周围半径五千米的区域划为"无规定马属动物疫病核心区"。第二层是监控区,从化市除核心区以外的行政区域划为"无规定马属动物疫病监控区"。第三层是缓冲区,即与从化市相邻的市县,对马属动物定期进行疾病普查,建立检查站,进行疫病监测净化。科学规划、选取自然地理条件优越、边界清楚、屏障体系相对完善的区划实施区域化管理;创新管理机制,无疫区的建设涉及众多地区,在管理上需要多部门协调配合;完善法律法规,尽快出台和完善内蒙古无疫区建设的管理法规和细化条款,加快建设地方配套法规,提高管理系统效能;加强政策扶持,加强自治区无疫区建设投入,在税收等方面给予生物安全隔

离区企业相应的扶持政策,积极鼓励和引导企业开展生物安全隔离区建设;建立标准体系,加强无疫区建设的技术指导和规范,研究制定内蒙古无疫区建设方案;建立无疫区标准体系,为无疫区建设提供理论指导,确保无疫区建设工作顺利进行;建立疫病监测、预警体系,根据马属动物疫情监测信息,结合区域内马属动物疫情发生、发展的规律及特点,观测分析,及时发布马属动物疫情预警。

二、建立内蒙古特色赛马产业联盟

随着国内赛马产业的不断发展,国内赛马场的建设也未曾停止,但因赛事数量不足,仍处于探索阶段。国内主要赛马场分布在广州、武汉、成都、北京、上海、内蒙古、呼和浩特等地,其中武汉、成都、广州等地建成了可容纳上万人的赛马场。依托目前国内赛马产业的发展,建立与其他城市联系,建设具有内蒙古特色赛马产业联盟,采用多学科联合、产学研结合、产业融合发展的组织方式,集聚技术创新资源与力量,快速推进创新成果的产业化开发利用,有效整合各方面优势力量,有助于实现市场驱动,行业组织的上下联动,使内蒙古赛马产业走上可持续健康发展之路。

三、大力开展马球和叼羊赛事活动

马背叼羊是中亚地区盛行的一种传统运动,也被称为中亚版的马球比赛。参赛者在赛场上骑马奔驰,争夺一只砍去头颅的山羊尸体,抢到手后再扔进得分圈内。我们要进一步丰富赛事产品,打造以马为主题、马文化活动为特色的各项品牌体育运动,推动少数民族传统体育的发展,大力开展具有浓郁的民族特色的和具有娱乐性和观赏性的马球、叼羊等赛事活动,让更多的人能够认识、了解、参与到赛马运动中来,营造良好的社会氛围。

四、促进内蒙古赛马与国际接轨

为积极优化提升内蒙古赛马环境,服务马业企业发展,增强投资主体的信心,以莱德马业为依托,建立内蒙古—新西兰直通国际赛马活动机制,开展"一带一路"国际赛马邀请赛等赛事和文化交流活动,进一步提升民族文化和马文化,推动体育、旅游、文化产业深度融合,推动内蒙古现代赛马产业的发展和国际的交流与合作;加快速度赛马公开赛建设,将此项赛事做出水平、做出影响力,提升赛马的品牌形象,进一步推动内蒙古赛马品牌化和产业化。赛事以"品牌赛事"打造国际赛马之都,以"国际赛马节"打造城市名片。

第三节　建立赛马产业聚集区

一、推进赛马活动和其他产业融合发展

积极打造以育马养殖为基础、赛马赛事为牵引、文化旅游为重点的现代马产业体系;不断推动"赛马+""+互联网"与其他产业融合发展,体育+旅游、赛马与文化、旅游、医药卫生健康业的融合发展,开展育马、饲料、马匹交易、赛事运营、马术俱乐部、表演娱乐、培训、马博物馆、马骑乘等一系列与赛马相关的服务和周边关联产业,为经济发展积蓄新动能;利用先进的技术推荐完整产业链的的构建,建立专门的、严谨而系统的组织架构,研究保证赛马产业正常运行的法律法规,不断获取民众对赛马产业的高认知度;强化马产业持续开发支撑力,统一规划布局,明确分工,上下联动,推进多元化发展,做大做强产业。

二、以赛马产业带动农牧民产业脱贫

从自治区和盟市两级政府出台鼓励和保护措施,鼓励有条件的地区养马育马,通过科技手段继续改良和提升蒙古马的品质,既要培育竞技马,也要培育产品马,让养马专业户通过养马育马增收,通过养马脱贫致富;切实加强产业精准扶贫,通过农牧民以入住企业、入股分红、订单回收、灵活就业、发展饲草料基地、回收玉米秸秆等模式开展精准扶贫工作,不断强化利益联结机制,充分利用好相关政策,大力培养扶持优势企业,真正让马产业成为安居、富民的支柱产业,成为助力内蒙古经济发展和农牧民脱贫增收的一个重要渠道。

三、鼓励马文化及马产业特色小镇建设

可进一步挖掘与开发与国际接轨的丰富马文化的娱乐元素。利用内蒙古得天独厚的马背文化,打造以赛事为核心开发的赛马小镇,以文娱休闲为核心的马文化体验旅游景区,马文化公园小镇,以马术培训、教育为核心马术小镇,以表演、庆典、节日项目为核心的一批马文化或马术特色小镇;积极推动兴安盟科尔沁右翼中旗、锡林浩特市、呼和浩特、包头市等周边城镇建设马文化赛马产业特色小镇。

四、加快推进赛马产业集群

赛马产业集群是在现代马术、兽医业、畜牧业等的基础上,融合新技术创新和新市场开发。同时,加快形成、引导和培养赛马产业集群,必须遵循马产业集群生成的客观规律,顾及实际产业及其区位条件。政府要提供有利于产业集群形成的外部资源与制度环境,开放市场,通过识别适宜发现产业集群的区位优势与产业聚集条件,才能使原来的产业结构平衡被打破,形

成马产业聚集,形成新的经济增长点,科学促进赛马产业集群可持续发展。

五、创新发展各类民族赛马

1. 中华大赛马

"中华民族大赛马"将极具民族特色的赛马活动吸纳进中国马会赛马体系中来,通过提供技术支持与服务,在保证民族特色原汁原味的同时,提高和规范民族赛马活动,贯彻"民族团结"的民族政策,促进少数民族地区经济发展,提高农牧业地区居民生活水平,营造和谐的民族关系。

2. 内蒙古民族传统赛马

蒙古族的体育娱乐大会被称为"那达慕",参加赛马者自愿报名,不受年龄性别限制,少则几十人,多则数百人,是人们最喜爱的活动之一。赛马比赛距离不等,由过去的 20 公里、30 公里、40 公里逐渐缩短为 3000 米、5000 米、10000 米等短程赛,比赛时为减轻马的负荷量,大都不备马鞍,参赛者不穿靴袜,只着华丽的彩衣,头束飘带,勒马扬鞭,奋力争先,煞是威风、壮观。发展内蒙古传统赛马,不仅会进一步促进当地民族事业的稳定与发展,也将会更大、更深程度地传承弘扬马文化,增强农牧民对马匹品种改良的积极性,通过赛马产业带动旅游、文化等各产业协同发展,实现牧民群众增收致富,实现全面小康的最终目标。

3. 引入马球

马球指的是骑在马上,用马球杆击球入门的一种体育活动,马球曾在1908、1920、1924、1936 年作为奥运会正式比赛项目。现代马球运动在中国正处于起步阶段,无论是马匹的质量还是运动员的水平跟国外马球强国还是有很大差距的。引入马球在一定程度上促进了赛马产业的发展。

4. 国外马术绕桶赛

自从 20 世纪 90 年代末绕桶比赛进入中国。绕桶比赛从开始的业余骑乘到现在的专业化商业赛事的演变,可谓突飞猛进。绕桶马术的发展,可以带动国内专业马匹的繁育,促进马术商业赛事的发展,更重要的是让热爱西

部马术的普通人享受其中,培育更多的马术爱好者,促进相关产业的消费。

第四节　积极争取相关赛马政策

一、出台金融支持赛马活动相关政策

研究赛马公益彩票发行的政策体系、研究制定赛马运动统一标准,制定马奶加工卫生标准、质量标准、医疗及保健养生标准等系列规范化标准。从资金、项目、政策等多方面对马产业企业进行重点扶持,对全区特有的优良马品种保种育种工作予以专门的资金扶持,推进内蒙古马业发展。在草场使用、载畜量核定、马品种资源保护、良种马匹引进补贴、马文化保护挖掘、马产品交易、马畜产品加工业、马品牌商标注册保护、马改良品种、马配种繁殖、马饲养管理、马疫病防治、马业经营管理、品牌赛事打造、马具及其艺术品加工业发展、马业基地、马休闲骑乘、马术培训教育、马业服务现代旅游业等方面予以扶持。

二、培育内蒙古赛马品牌

实现马产业发展与社会、经济、文化、军事、艺术、文学、体育、医药、健康、旅游等相关产业的有效衔接,积极主动承接、组织马的赛事活动,提升现有赛事活动档次和影响力,打造在区内外已经形成了国内外知名品牌赛事。如两年一届的中国国际那达慕大会,赛马就是主打品牌。四年一届的内蒙古民族运动会,每年一届的锡林郭勒盟的夏季那达慕,呼伦贝尔的冬季那达慕,通辽科尔沁左翼后旗的"8·18赛马大会",兴安盟科尔沁右翼中旗的"8·8赛马节",包头达尔罕茂明安联合旗的草原游牧文化节,呼和浩特的驯马文化节赛马比赛等。鄂尔多斯国际马术绕桶大赛,吸引了国内外马主、赛马好手参赛,并建立了一批马术俱乐部。

对赛马文化的宣传有助于提升赛马活动的影响力,使其做成品牌。只有赛事规模不断扩大,影响力和号召力才会越来越强,打造更多、更高水平的赛事。另外,赛马宣传要建立在区域文化的基础上,将赛马文化与地区本土文化相融合,同时考虑多渠道的方法,打造具有文化特色的品牌赛马赛事。

三、大力发展赛马服务业,积极引导赛马消费

骑乘健身业和赛马展览表演业等赛马服务业同时也是赛马产业结构的本体行业,他们是赛马产业发展的动力之源。虽然我国现代赛马产业起步较晚,赛马市场还不完善、不规范,赛马服务业还不发达。但随着我国经济的高速发展赛马服务业有着较大的发展机遇和空间,人们对赛马服务业的需求将日益增长。优化赛马产业结构重点是发展赛马服务业,发展赛马服务业也是现阶段我国赛马事业生存与发展的现实需要。赛马服务业的发展对带动赛马产业中其他领域的发展有着直接的拉动作用,其发展的水平及程度已成为赛马产业结构优化升级与否的重要标志之一。

第五节　普及赛马文化产业

一、培养赛马产业人才

加大马业发展复合型专业人才的培养。主要培养专业系统的优良马匹交易选购、专业饲养、高品质种马选育以及科学管理经验人才,掌握马品系

建档、马匹调教训练、护理、疫病防治等方面的知识的人才。将依托区内高校与企业、行业协会联合培养职业骑师、赛马赛事人员、马业管理人员、兽医、赛马商业管理等领域的人才;加大对赛马产业应用性人才培养,以委托内蒙古体育职业学院为代表的高职院校培养国内一流的骑师、钉蹄师、马匹育种者、练马师、赛事裁判等,使之成为国内一流赛马产业管理应用型人才。

二、开展青少年赛马启蒙培训活动

要培养青少年对马术运动、马术文化的热爱,筑牢深厚的马文化基础,开展青少年参观马房、认识马具、辨识马匹以及亲自喂马、体验骑乘及现场教学等活动,让青少年在观摩中接受专业的马术启蒙。

三、研发赛马产业衍生产业和相关创意产品

利用优势马资源打造具有高附加值的马产品和创意产品,不断提高产品的科技含量和档次,针对市场需求,加强马产品科研开发,积极开发以马肉、马油、马皮、孕马血、马血清、马鬃、马尾为原料的营养保健、医药产品、手工艺品及旅游纪念品,延长产业链条,加快内蒙古马业发展步伐。

四、开展赛马国际交流活动

积极开展赛马国际交流活动,推进与各国在马产业和赛马文化等领域的深入合作,搭建国际交流协作平台。同时,刺激国内赛马产业消费需求,促进经济提质、增效升级再上新台阶,为全国赛马产业服务经济社会发展提供可复制、可推广的经验。

参考文献

[1]秦尊.美国赛马业发展经验及对中国的启示[J].江汉论坛.2008.12.

[2]王玉.美国赛马业能给中国赛马产业什么样的启示和借鉴[J].社会科学论坛.2004.12.

[3]丁鹏.世界赛马产业的发展对中国赛马业影响的探析[J].武汉商业服务学院学报.2010.4.

[4]王振山,叶润芳.世界纯血马产业现状和发展动态[J].草食家畜.2013,9(5).

[5]潘虹.英汉国俗词语例话[M].上海外语教育出版,2005.

[6]李要南,杨蒙蒙.英国赛马产业发展研究及其经验借鉴[J].内蒙古农业大学学报:社会科学版,2017(1).

[7]陈世松.2008年奥运会参赛马匹检验检疫及监管体系的研究[D].北京:中国农业大学,2006.

[8]张双.日本竞马法对我国赛马业的启发[J].文体用品与科技.2011.8.

[9]咸立印.中国香港地区赛马行业对中国内地赛马行业的启示研究[J].体育视界:科教导刊(电子版).2014,4(中).

[10]叶岱夫.香港的"马文化"[J].知识窗.1997(5).

[11]香港赛马会董事局.香港赛马会赛事规例及指示中译本[S].适用于2009/2010年度.

[12]刘永涛.我国赛马运动的历史与区域性发展[J].兰台世界.2010,3

(上).

[13]宝音娜.现代竞技马在我国的发展现状及其推广应用[D].内蒙古:内蒙古农业大学,2014年.

[14]鄢婷,沈世伟,涂若心.中国马术俱乐部实证研究[J].湖州师范学院学报,2011,33(2):95-96.

[15]徐明华.基于消费者态度的乌鲁木齐马术俱乐部服务产品消费决策的研究[D].新疆:新疆农业大学,2014.

[16]新疆马产业发展报告.新疆畜牧业.2016(9).

[17]黄登迎,杨红,李海.新疆马产业发展SWOT分析[J].新疆畜牧业.2016(9).

[18]陈立农,张明.从广州赛马考究我国赛马的性质和价值[J].西安体育学院学报,2001,18(1).

[19]阮威,刘勇.武汉赛马产业链发展探析[J].体育科.2013(34).

[20]武汉商业赛马赛事品牌构建刍议[J].武汉商业服务学院学报,2010,24(6).

[21]韩民春.武汉城市圈商业赛马问题研究[J].长江论坛.2010(3).

[22]内蒙古自治区体育局.《内蒙古自治区志·体育志》[M].第一稿2007年12月.

[23]高兴.蒙古赛马的特征研究[D].北京:北京体育大学,2011.

[24]内蒙古体育史料[J].1991.1.

[25]色道尔吉.《蒙古族历代文学作品选》[M].内蒙古:内蒙古人民出版社,1982.

[26]乌那仁巴图.《蒙古民歌五首》(蒙古文)[M].内蒙古:内蒙古人民出版,1979.

[27]王军.蒙古族现代赛马场地设计研究[D].2012.

[28]斯琴塔日哈.《蒙古族舞蹈基本训练教程》[M].内蒙古:内蒙古人民出版,1988.

[29]内蒙古鄂尔多斯国际驭马文化节助推现代马产业崛起[J].新经济

导刊.2016.9.

[30]《中国马术协会运动马匹管理办法》中马协字〔2018〕59号.

[31]《新疆维吾尔自治区关于加快现代马产业发展的指导意见》新政发〔2016〕129号.

[32]《内蒙古自治区人民政府关于促进现代马产业发展的若干意见》内政发〔2017〕147号.

[33]《新疆现代马产业发展规划纲要（2011—2020）》.

[34]《鄂尔多斯市马产业发展规划纲要（2013—2020）》.

[35]杨成,夏博.现代赛马运动[M].北京:北京师范大学出版社,2017年.

[36]张双,夏云建,李要南.公益性赛马游戏指南[M].湖北:湖北人民出版社,2016.

[37]赵春江.现代赛马[M].北京:中国农业大学出版社,2011.

[38]佟瑞鹏.大型活动事故风险管理:理论与实践[M].北京:中国劳动社会保障出版社,2013.

[39]中国建筑标准设计研究院.GB50016-2014:《建筑设计防火规范》[M].北京:中国计划出版社,2015.

[40]吴茜,李延超,杨中华.上海浪琴环球马术冠军赛风险管理研究[J].体育社会科学,2015,36(6).

[41]曾庆旋,夏云建.我国商业赛马的舆论安全研究[J].武汉商业服务学院学报,2010,24(4).

[42]李要南.武汉市赛马产业发展优势与构想[J].三峡大学学报:人文社会科学版,2011,33(4).

[43]杨成.武汉市商业赛马运行机制及发展策略研究[D].武汉:华中师范大学.

[44]贾志强.新时期我国体育管理体制与运行机制研究[J].北京体育大学学报,2007,30(9).

[45]邹俊.从商业赛马的特性看我国赛马监管机构设置[J].武汉商业

服务学院学报,2010,24(3).

[46]杨成,胡庆山,刘买如,郭宝科.我国商业赛马赛事风险管理体系的构建[J].上海体育学院学报,2012,36(1).

[47]刘骏.中国马术赛事运营研究[J].运动,2017(171).

[48]张琮玫,涂克强.中国商业性赛马的风险初析[J].武汉商业服务学院学报,2010,24(1).

[49]张占斌.彩票业与政府选择[D].北京:中共中央党校,2000.

[50]崔振南.我国彩票管理与彩票探索研究[D].天津:天津大学,2003.

[51]刘文董.我国体育彩票的规范化发展研究[D].上海:上海体育学院,2010.

[52]陈玉坤.国内发行赛马彩票的影响因素及对策[D].南京:南京体育学院,2013.

[53]王薛红.基于产业发展视角的我国赛马彩票发行可行性研究[J].财政科学,2016(11).

[54]吕金龙.内蒙古自治区试点发行竞猜型赛马彩票的可行性研究[D].内蒙古:内蒙古师范大学,2015.

[55]刘旭.我国发行赛马彩票的可行性研究[D].湖北:湖北大学,2009.

[56]夏宏武,宋智敏.浅论国外商业性赛马的风险控制[J].武汉商业服务学院学报,2010(1).

[57]苏荣海,牛道恒,张吾龙.大型体育赛事安全事故风险评估[J].北京师范大学学报:自然科学版,2017.8.

[58]卢文正,熊晓正.大型体育赛事的风险及风险管理[J].成都体育学院学报,2005,31(5):18.

[59]周东华,吴钟,余刚.马术俱乐部运营与管理[M].武汉:华中科技大学出版社,2018.

[60]铁钰,赵传飞.中国电子竞技产业研究[J].体育文化导刊,2017.7.

［61］赵阳.我国职业体育与电玩产业的合作共赢［J］.体育文化导刊,2014.11.

［62］彭聪等.广州亚运无规定马属动物疫病区建设与探讨［J］.中国动物检疫,2011(8).

［63］彭聪等.无规定马属动物疫病区区域化管理模式建立与研究［J］.中国动物检疫,2013,30(1).

［64］广东省动物卫生监督总所.广东省从化无疫区输入动物检疫操作手册(2015版),2015.6.

［65］李贤祉.香港赛马场草地跑道建造及护养［J］.GRASSLAND AND TURF,2010.4.

［66］陈曦.赛马场设计浅析［J］.城市建筑,2015(9).

［67］王军,庞大伟,乔婷,王瑞红.蒙古族现代赛马场规划设计［J］.赤峰学院学报(自然科学版),2014(11).

［68］李想.我国马术俱乐部发展现状分析及相关策略研究［D］.天津:天津体育学院,2012.

［69］孙卓,张腾.我国马术俱乐部经营管理现状与对策分析［J］.武汉商业服务学院学报,2013(11).

［70］程佩,周东华.我国马术俱乐部品牌推广的SWOT分析［J］.体育世界(学术),2016.4.

［71］岳春波.浅谈赛马运动在内蒙古民族体育文化的作用研究［J］.民族传统体育,2013(36).

［72］张笑笑.中国体育舞蹈俱乐部等级评定指标体系的构建［D］.北京:北京体育大学,2018.

［73］贺越先,张耀文.国际旅游岛建设背景下海南赛马产业发展研究［J］.体育文化导刊,2018(10).

［74］李刚.我国港澳台地区的体育赛事彩票管理与营销概况及问题［J］.首都体育学院学报,2018(6).

［75］郭宇,杨雅宁,陶江,余杨.香港赛马会赛马成绩的差异性分析研

究[J].湖北大学学报:自然科学版,2018,40(5).

[76]周恩明.中国赛马产业的现状与发展[J].产业经济.2018(22).

[77]席行盖,王伟平,丛密林.对内蒙古赛马场未来发展的思考——以通辽市为例[J].博硕论坛,2014,4(22).

[78]丛密林,王伟平.内蒙古马文化及其传承途径的研究[J].吉林体育学院学报,2011(2).

[79]杨风华.赛马文化对赛马产业影响研究[J].武汉商业服务学院学报,2010(5).

[80]孙卓.我国赛马产业竞争力的研究[J].社科学论,2015.3.

附录一:速度赛马竞赛规则

中国马术协会制定于二〇一五年四月

第一章　总则

第一条　速度赛马运动是一项人马结合,通过运动员驾驭马匹运用正确的技战术,以最快速度完成规定赛程为基本特征的竞技运动项目。其目的是为了推动我国速度赛马运动普及与发展,介绍马上运动知识,不断提高我国运动马匹的运动素质、品种质量和繁育水平。

第二条　速度赛马是在平坦无任何障碍物的跑道上进行的,竞争马匹速度的竞赛活动。赛程途中允许跑道有坡度不大的上升或下降,参赛运动员和所骑马匹以最短时间最先通过规定赛程者为优胜者。

第三条　速度赛马运动在国家体育总局领导下,由中国马术协会主持和管理,有组织地开展竞赛活动。竞赛工作要贯彻公平、公正、公开的原则。

第二章　竞赛的组织机构和职权

第四条　每次举办赛会时建立赛会的组织委员会,具体组织、实施和贯彻总则精神。

第五条　组织委员会负责赛会的组织和领导,并协调下设各委员会(处、组)的工作。组委会下设有关竞赛机构有:裁判委员会、仲裁委员会、资格审查委员会、医护组(部)和兽医组(部)。

第六条　组织委员会设主任一人、副主任若干人(视赛会规模而定)、委

员若干人。

第七条　裁判委员会

一、裁判委员会根据本规则的有关规定对比赛进行裁决,判定参赛马匹的名次和成绩,并予以公布。裁判委员会根据赛会规模设置下列人员的全部或一部分:主任一人、副主任二至三人、委员若干人。主办单位委派裁判长、检录长、司闸长(或发令长)、检查长、终点裁判长、纪录长各一人(如无自动计时设备,需设计时长一人)。并选派检录员、司闸员、发令员、检查员、计时员、记圈员、终点裁判员、记录员及联络员各若干人。

二、裁判委员会职责(权)

(一)在大会组委会领导下负责组织和主持比赛的裁判工作。

(二)裁判委员会委员由各参赛省市专业人员组成,其职责是监督、检查和协助各岗位裁判员的工作。

1.裁判长职责:在裁判委员会指导下具体执行整个比赛裁判工作。

1.1 赛前检查比赛场地及设备、器材,特别注意安全问题,对不妥之处及时与有关部门协商解决。

1.2 分配各裁判员工作任务,掌握全部比赛情况,并遵循规则精神解决比赛中的一切问题。

1.3 根据检查长的报告,经调查核实后,会同裁委会决定是否取消犯规运动员和马匹的比赛资格。

1.4 遇裁判员对问题处理意见不一致时,需要做出初步裁决。

1.5 根据判定的竞赛结果,提供各场比赛的名次和成绩。

1.6 遇特殊情况,足以影响比赛时,向大会提出暂停比赛的申请。

2.副裁判长职权:协助裁判长工作,在裁判长缺席时代行裁判长职权。

3.检录长职权:

3.1 领导评磅员、检录员、司仪骑师和兽医进行检录工作。

3.2 组织和主持参赛运动员过磅和确定马匹闸位的抽签。

3.3 复核和检查运动员和马匹的彩衣、号码、装备、体重等事项。

3.4 主持运动员的赛后复磅。

4. 司闸长(发令长)职权:

4.1 负责组织参赛马匹入闸。

4.2 发令开闸起跑。

4.3 与检录长保持联系。如果承办赛场没有起跑闸厢设备,则设发令长和发令员,由发令长组织和主持马匹起跑,决定起跑时运动员是否犯规,并且决定对其处理办法。

5. 检查长职权:

5.1 检查比赛途中运动员和马匹的行为。

5.2 凡违背规程和规则精神,包括在赛场内外粗暴对待马匹的行为,以及危及安全的问题均属检查之列。

5.3 签发各场次有关犯规的检查报告。

6. 终点裁判长职权:

6.1 根据比赛实况,判定比赛名次和成绩,认真填写成绩报表,及时呈报裁判长。

6.2 与司闸长、检查长、记录长取得联系。

7. 计时长职权:在没有自动计时设备,需人工计时情况下,计时长职权如下:

7.1 赛前组织检查和校对计时器,调校误差。

7.2 组织计时员研究技术和工作方法,明确分工。做到竞赛时正确、准确计时。

7.3 与终点裁判长保持联系。

8. 记录长职权

8.1 向大会有关部门报告比赛结果。

8.2 核查各项记录,公布成绩。

8.3 完整保管全部比赛记录,以备查证。

第八条　仲裁委员会

一、全国性比赛均成立仲裁委员会,委员会设主任一名和至少两名以上委员组成(主任和委员数相加应为奇数)。

二、仲裁委员会的主要职责

（一）复审比赛期间执行竞赛规则，并解决竞赛规程中发生的纠纷，保证竞赛规则、竞赛规程的正确执行。

（二）接受各参赛队比赛中的申诉。

（三）对申诉进行调查、听证、审议并做出最终裁决。

（四）对于违规裁判员做出处罚意见，上报速度赛马竞委会和中国马术协会。

（五）仲裁委员会不受理按规则、规程规定执行裁判、裁判长（总裁判、裁判组）职权范围内处理的有关事宜。与竞赛无直接关系的违犯纪律、寻衅闹事、打架斗殴等行为，由组委会会同有关方面进行处理。

三、仲裁委员会纪律

（一）提交仲裁委员会的申诉，由主任和全体委员倾听并做出受理决定。

（二）仲裁委员会成员与此申诉有关系的任何人员都必须回避，或者只能听取申诉，但无表决权。

第九条 资格审查委员会负责对参赛马匹、参赛人员的参赛资格进行审查。

一、资格审查委员会设主任一名，委员若干名。

二、马匹资格审查

（一）参赛马匹应按规定在中国马术协会运动用马管理委员会登记注册，拥有合法有效的马匹护照。

（二）资格审查办法。遵照中国马术协会颁发的"运动用马资格审查办法"执行。

（三）参赛单位或马主应在组委会规定时间，让报名的马匹接受资格审查，按规定向资格审查委员会如实呈报马匹有关状况，提供马匹档案和系谱（血统记录册）等资料。资格审查委员会有权对参赛马匹血统和年龄进行验证，并根据马匹状况决定其是否能够参赛和参加何种组别的比赛。

（四）参赛马匹须经当地检疫部门在近期检疫合格并提供检疫证明，证明马匹健康无病、无疫症，并且能够承担竞赛负荷，方可参赛。

（五）已报名的马匹如因健康原因需更换,须经组委会指定兽医组(部)检查并签注(盖章)诊断证明。

（六）替补参赛马匹须按正式参赛马匹要求审查,以备替补。

三、运动员资格审查:

（一）参赛运动员应按规定在中国马术协会登记注册,拥有合法有效的运动员注册证。

（二）后备参赛运动员须按正式参赛运动员要求审查,以备后补。

第十条　救护组(部)

一、救护组设组长一人、医生 1~2 人、护士数人(视赛会规模而定)。

二、对运动员身体状况做出能否参赛资格的认定。

三、对竞赛中运动员可能发生的意外事故进行抢救和现场处理。

第十一条　兽医组(部)

一、兽医组设组长一人(由大会组委会任命)、兽医二至四人(视赛会规模而定)。

二、兽医组职责

（一）核实报告马匹健康状况,确定是否可以参赛。在参赛单位因马匹伤病提出替换参赛马匹时,做出鉴定,是否应被替换。

（二）负责赛会期间兽医防疫卫生检查。

（三）参与马匹参赛资格审查工作。

（四）参与检录工作。

（五）监督、检查和举报对参赛马匹使用违禁药物事件。

（六）参加救护组,对发生意外事件的马匹进行抢救和处理。

（七）协助办理马匹回程的检疫事宜。

第三章　比赛通则

第十二条　马匹

一、参赛马匹参赛马匹必须是在中国马术协会注册登记,并通过资格审查和报名参赛的马匹。

二、参加距离(路程)1000 米比赛的马匹实际年龄应满 2 周岁,参加距离(路程)1000 米以上至 2000 米比赛的马匹必须年满 3 周岁,参加距离(路程)2000 米以上至 5000 米(含 5000 米)比赛的马匹必须年满 4 周岁,参加距离 5000 米以上比赛的参赛马必须年满 5 周岁。

三、参赛马匹不限制性别,但公马不得扰乱比赛正常进行,否则裁判长有权现场取消其参赛资格。

四、马匹品种按各次赛会规程规定执行。

五、参赛马匹必须装钉蹄铁。

六、参赛马匹必须经过调教,保证不扰乱赛场正常秩序,否则取消该马比赛资格。

七、参赛马匹运到赛区后,由参赛队或个人向大会组委会报到,提交马匹清单和中国马术协会给每匹马颁发的马匹护照及以往的竞赛成绩。

八、报到后 6 日内或赛前 2 日,由大会组委会主持,大会兽医参加,对马匹进行查验,经资格审查委员会核准后才有资格参赛。

九、经核准的马匹如果发病(流鼻血、跛行及其他意外伤病等)时,必须提交大会兽医出具的诊断证明,经资格审查委员会批准才能退出比赛。马匹一旦进闸,开闸令(起跑令)一经发出,马匹即被视为已经参赛,不能退出。

十、已报名的马匹如需更换,必须距当日第一场比赛开始 24 小时(含 24 小时)以前向组委会申请。马匹因伤病需要更换时,须提交会兽医诊断证明;因其他原因需书面申明理由,经组委会批准后才能更换。更换马匹的决定应及时由组委会向参赛队和观众公布,公布后更换之马匹方可参赛。

十一、赛前 24 小时以内和通过预赛进入决赛的马匹,因故退出比赛者按弃权论处,不得替换马匹。马匹退出比赛应及时公布,通告各参赛队和观众。

十二、替换用的后备马匹必须是已经正式报名,并且已通过资格审查符合参赛资格的备用马匹。其他马匹一律无资格替换。每个代表队可以报名的备用马匹数量应按赛会规程规定执行。

十三、凡马匹参赛时必须于鞍下佩戴赛会规定和提供的号码布,其号码为该马参赛场的闸位号。此闸位号由裁判委员会主持当众抽签确定。

十四、如果有马匹在距比赛开始24小时以前退出比赛，其后序马已确定的号码依序前移，其替换马的号码排于该场最后。若赛前24小时内，有马退出比赛不准替换马匹时，则该号码空缺。

十五、参赛马必须仪容整洁，严禁鬃尾过长，马体肮脏，浅毛色马及有白章马匹尤需注意，以免影响观瞻。

十六、马匹参赛时，不允许无鞍骑乘，一律装配经中国马术协会指定或认可的全套鞍具，包括鞍、勒、鞍垫、肚带、镫及镫革。鞍勒种类及样式不限。马体佩戴其他装备，如胸带、兜尾、安全肚带（保险带）、低头革以及其他饰物自便，以不妨碍马匹视线、呼吸和运动为原则。

十七、同一项目运动员每人一匹马，每马一个赛日只能参赛一场。

十八、凡因流鼻血、腹泻、跛行等原因退出比赛的马匹，经治疗痊愈后，必须经过大会兽医组检查，确认批准后，方可再次参赛。

十九、参赛运动员性别不限，赛前年龄必须满15周岁。

第十三条　运动员

一、参赛运动员必须持有中国马术协会颁发的本年度注册证。

二、运动员必须戴头盔、穿马靴，不准带马刺。是否带马鞭自行决定，但马鞭长度不超过70厘米（为皮制或纤维制品）。严禁使用任何伤害马体的装备。

三、运动员应服装整洁，上身着彩衣，下身着白色马裤和黑色（或靴筒有棕色边沿）的长筒马靴。彩衣根据规程由大会提供或自备，自备彩衣的色彩和图案必须预先在中国马术协会申报注册，并经批准方可使用。

四、比赛使用英式赛鞍或综合鞍，运动员采用短镫骑姿，马匹装备和骑姿不符合要求者，不得参赛。

五、按时到检录处报到。

六、运动员报名及编排一经公布，如需更换，需在开赛前12小时提交书面报告，并提供替换运动员有关资料。因身体不适及伤病不能参赛者，须经大会医生诊断证明，经组委会批准才能更换。更换运动员的决定应公布于

众。替换运动员必须是已正式报名注册,并经资格审查合格者。其体重如比被替换运动员轻,则应负磅达到与前者相同,若比前者重则视为有参赛资格。

七、严格遵守比赛规则和纪律,出赛前后服从竞赛工作人员的指挥。

八、运动员违反以上各项规定属于犯规,将受到处罚。

处罚包括:(一)警告;(二)处以不超过一千元人民币的罚款(款项由大会组委会决定);(三)取消当场参赛资格;(四)取消赛会所有项目参赛资格;(五)停赛(时间由大会组委会决定)。处罚可同时包括取消参赛资格及罚款,或者停赛及罚款。

第十四条 检录

一、运动员应按时赴检录处报到,听到点名时及时出场应答。检录处共进行三次点名,每间隔 3 分钟点名一次。第一次点名不到者给予警告,第二次点名不到者罚款 100 元,三次点名不到者按该场比赛弃权处理。

二、赛前过磅运动员携全套参赛装备过磅(除下列物品外),并准确记录运动员体重和马匹负重量。下列装备不必过磅:头盔、护目镜、马笼头、口笼、头罩、各式马眼罩、低头革及各种护腿和蹄套。

三、检录员详细检查每名参赛运动员的号码、服装及装备,核实马匹个体、号码、鞍具和装备。发现不符合规定者不准出赛。

四、兽医检查各参赛马匹健康状况,确认可以参赛。如发现问题应及时向检录长报告。

五、参赛运动员和马匹经检录长复核后通过检录。

六、通过检录后,运动员上马,由司仪骑师按规定场次,依次带领到观众前亮相后,送至起跑闸前(运动员上马,按规定场次依次在观众前亮相后,由司仪骑师带领送至起跑闸前),交予司闸长(发令长)。个别马匹也可牵至起跑闸前,运动员再上马或马匹入闸后上马。

第十五条 司闸和起跑

3000 米以下各距离比赛必须使用机械起跑闸厢进行起跑,3000 米以上距离各项目比赛可使用起跑闸厢起跑,也可以采用拉绳起跑或进入起跑区后发令起跑的方式。

一、所有参赛马匹和运动员到闸厢或起跑点前报到后,必须听从司闸长(发令长)指挥,入闸前(或起跑前)司闸长再次提醒各运动检查鞍具及装备。

二、司闸长下令入闸后,各马同时分别按各自闸厢位置进入闸厢,务必使各马最快捷、安全、公平、合理地进入闸厢。

三、司闸员有权将不肯入闸的马牵至稍远的地方等候,待其他马顺从入闸后,再使其入闸。必要时,参赛单位可根据组委会要求指派一名牵带员协助本队马匹入闸。

四、司闸长下令入闸起计时,限定该场所有参赛马匹务必于5分钟内入闸完毕。若个别马入闸不成功,超过规定时限,以致延误比赛时间,司闸长应立即报告裁判长,经裁判长决定,可令该马退出比赛。

五、马匹入闸后,若有马匹冲出闸厢,应尽快在5分钟时限之内重新入闸,否则按退出比赛处理。

六、参赛单位任何人不得进入马闸区域(每匹马指定牵带员除外),不得有意地妨碍或阻止其他马匹入闸,一经发现有此情况时,司闸长有权取消该单位或个人该场比赛的参赛资格。

七、参赛马入闸完毕,司闸员发出开闸信号(举旗示意),司闸长放开闸门,完成起跑。

八、开闸后马还不肯出闸,该马被视为已经参赛。除运动员本人外,不准任何人采取任何方式干扰或帮助马匹起跑出闸,否则将取消比赛资格。

九、闸厢和闸门发生故障时,可以重赛。因闸厢故障无法使用而导致不能进闸时,立即报告裁判委员会,并向组委会报告闸厢故障及比赛延误原因。如果赛场没有备用闸厢设备则由裁判委员会决定以其他方式起跑,由发令长组织各场参赛马匹起跑。

1. 发令前参赛运动员骑马按抽签位置(相当于闸位)站立于起跑线后20米处,待发令长喊"预备"口令后,即慢步进入起跑区,待运动员和马匹基本稳定后,发令员发出起跑信号,计时员看到第一匹马的头部通过起点线时,即应启动计时装置。

2. 运动员第一次抢跑,发令员给予警告,第二次抢跑即取消其比赛资格。

3. 起跑后最初 200 米距离内各马须沿着自己的跑道直线方向前进,不得抢道影响其他马匹前进。起跑后即须遵守有关途中跑的各项有关规则。

第十六条　途中(赛事)

运动员在比赛途中如违反下列任何一款均为犯规,将受到处罚。

一、骑马疏忽或者不胜任。有如下情形之一,运动员即被视为违反要求。

(一)疏忽骑马。运动员如没有采取合理方式避免干扰其他运动员或马匹,或者出于疏忽或错误判断(包括在抢占马位时)对其他运动员或马匹产生干扰,即被视为疏忽骑马。

(二)不胜任骑马。如有运动员以远低于胜任运动员正常水平的方式骑马,从而有可能危及马匹及运动员安全,即被视为不胜任骑马。

(三)不适当骑马。如有运动员蓄意以可能导致其他运动员或马匹受伤的方式骑马,即视为不适当骑马。

二、比赛途中不得推人、拉人、撞人或阻挡他人前进。

三、扬鞭策马时,应前后挥鞭,不得骚扰妨碍或影响其他,更不能用鞭子鞭打其他运动员和马匹。

四、比赛进行中不得使马骤停或突然转向,也不得曲折骑乘或蛇行骑乘以阻碍其他马匹前进。

五、比赛进行中运动员不得有意大声叫喊,不得互相讲话或做有暗示内容的动作,也不得与场外人谈话。

六、不得以马匹碰撞、阻挡和干扰其他马匹,以影响其争胜机会。

七、终点前 200 米距离内领先运动员必须直奔前方,不得斜向跑道一侧(向内或向外侧)以妨碍其他运动员和马匹冲刺。

八、比赛中不得以粗鲁动作或不正当方式催动马匹。

九、运动员因故落马或鞍具脱落时,必须从出事地点继续参赛,并且不得妨碍其他运动员前进。

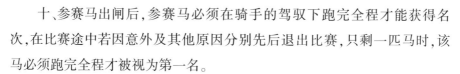

十、参赛马出闸后,参赛马必须在骑手的驾驭下跑完全程才能获得名次,在比赛途中若因意外及其他原因分别先后退出比赛,只剩一匹马时,该马必须跑完全程才被视为第一名。

十一、运动员在全程比赛中,应可明显看到其及时地、持续地、真实地表现出争取最佳排名的意图,同时竭尽所能采取一切合理的、合规则的手段,以保证所骑乘马匹获得争取最佳位置的机会。运动员若有以下情形,则被视为违反规则。

(一)裁判委员会认为该运动员蓄意导致马匹不能获得最佳成绩。

(二)尽管没有蓄意违反让马匹发挥所长的要求,但裁判委员会认为由于运动员的原因,而导致马匹未能取得最佳位置。

情形如下:

1.在马匹本该取得第一、二、三、四或任何有奖金的位置之时,运动员没能让马匹顺利冲线。

2.错误判断赛程距离,过早冲线或者没能顺利冲线。

3.由于严重的误判或疏忽,导致发力或者采取其他策略时太迟。

(三)如不属于情形(一)或者(二),裁判委员会认为该运动员没有竭尽所能采取一切合理及合规则手段以保证该马匹发挥所长。

第十七条　终点

一、以竞速方式决出名次。运动员驾驭马匹以最短时间跑全程,最先通过终点者为第一名,其次为第二名,依序类推。

(一)如果参赛马匹有如下情况,可能被取消参赛资格。

1.在超越另一马匹时导致该马匹受到影响,或干扰了任何其他马匹;

2.推挤、冲撞,除非该推挤、冲撞是由其他马匹或运动员所造成,否则任何马匹或运动员,以任何方式推挤、冲撞或干扰了其他马匹或其他运动员,将有可能被取消参赛资格。

(二)如果该场获得名次的马匹或运动员,被裁定对另一获得名次的马匹或运动员造成了此规则范围内的干扰,而裁判委员会亦认为,若没发生干扰事件,被影响马匹应能领先于该马匹过终点,则可以将该马匹的排名调整

到被影响马匹之后。

二、参赛马匹鼻尖通过终点线垂直面的瞬间,即为跑完全程。

三、终点裁判长根据分割式终点摄像系统或该场比赛录像判断裁决名次。若赛场缺乏终点摄像设备或所用摄像设备发生故障不能使用时,以终点裁判长目测为准裁决名次。

四、终点裁判长审核比赛结果后如无争议,即签发当场比赛结果,通过记录长呈裁判长签字,由裁判委员会负责人予以正式公布。

五、终点裁判长的裁决为最后裁决。除非仲裁委员会收到并决定受理有效申诉,经调查该申诉成立,才可更改名次。

六、到达终点前,运动员落马或马匹跌倒,运动员必须重新上马越过终点线才算跑完全程。

七、马匹通过终点时马背上没有运动员(因途中坠马或其他意外),取消其名次和成绩。

八、通过终点后,运动员仍须沿跑道前进 200 米后,再迅速离开跑道。

九、如果有两匹或两匹以上的马同时到达终点,可凭借终点分割式摄像设备分辨马匹名次。马匹到达终点先后相差在千分之一秒以内者,先按负重情况决定名次,马匹负重较大者名次列前;若负重相同时,再按马匹体尺大小分先后,体尺小马匹名次列前。

十、若终点摄像设备发生故障或遇恶劣天气不能准确判断名次时,以终点裁判长目测为准。判定为同时到达终点者,名次并列,出现并列第一名时,则无第二名,有并列第二名时则无第三名,依此类推。

十一、赛场如无自动计时设备时,则使用人工计时器,每匹马至少要用两块秒表测定成绩。由计时长领导计时员进行计时。

第四章　马匹负重及复磅

第十八条　对参赛马匹的负重限定,原则上不得低于 50 公斤(含 50 公斤)重。各次赛会规程中应对马匹负重作具体规定。

第十九条　马匹负重,包括运动员体重、运动服装及全套鞍具的总重

量。但不包含运动员的头盔、马鞭及马匹口罩、头套、各种眼罩、胸革、颈革、低头革、各种护腿和笼头重量。

第二十条　赛前各参赛运动员应按规定时间和要求过磅称重。

第二十一条　马匹负重不足赛会规定最低限量者，应遵从过磅员安排，于鞍袋内加负铅块达到要求负重。负重超过规定者，不加限制。

第二十二条　携带规定增加负重量，不得用任何手段减轻马匹负重或完全除去增加的负重。否则一经发现立即取消比赛资格。

第二十三条　所有参赛马匹跑完赛程后，应立即前往复磅处复磅。直到复磅完成前，运动员和马匹接受复磅处工作人员监督，不得与复磅无关人员接触。

第二十四条　复磅要求与赛前过磅要求相同。运动员若增加规定以外物品，按舞弊行为论处，取消比赛资格，成绩和名次无效。

第二十五条　复磅结果，若马匹负重轻于规定重量，最大限度不得少于500克（含500克）。若少于此限度，复磅室应立即报告裁判长。裁判委员会将取消该运动员和马匹的名次和成绩以及参赛资格。

第五章　比赛纪录

第二十六条　中华人民共和国速度赛马的纪录，以及各马匹品种的速度纪录，均由国家体育总局中国马术协会公布。中国马术协会下设技术委员会负责速度赛马国家纪录的审核。任何速度赛马纪录的产生需经中国马术协会审核后上报国家体育总局批准确定以后，方可成为国家纪录。除此之外，任何组织机构和个人宣称的速度赛马纪录均无效，未报呈中国马术协会审核和国家体育总局批准的成绩，包括国家各马匹品种的速度纪录，都不属于正式有效的国家纪录。

第二十七条　国内各地的速度赛马，以及品种能力测验纪录，若欲成为正式国家纪录，必须聘请中国马术协会技术委员会委员或由中国马术协会指定技术代表出席赛会，并对赛马跑道状况、距离和计时方法的准确度、天气状况以及马匹药物管制和检验结果等进行全面核查，并书面呈报核查结

果,通过这种审核手续,纪录才能被认可向国家体育总局申报。

第六章 药物管制和虐待马匹(节录)

第二十八条 严禁赛前和赛中对马匹施用违禁药物或投喂违禁饲料。

第二十八条(A) 违禁药物的定义及违禁药物

第二十八条(B) 阈值

第二十九条 国家级赛事,必须进行马匹违禁药物检查。设立专门的兴奋剂检验组,于赛前或后对参赛马进行检查(尿检或血检)。

第三十条 凡尿检和血检结果呈阳性的马匹,均严格按国家体育总局下发的运动马匹反兴奋剂办法进行处罚,取消其比赛成绩和名次,并予以公告。若已颁发奖金或奖品,应限期追缴退还,并罚款用以支付所有马匹的兴奋剂检测费用。给予相关人员一年至终身停赛的处罚。

第三十一条 从马匹报到之日起,直到赛会结束日止,在举办赛会的城市、赛会地点、马厩、训练场和赛场内外的任何地方严禁粗暴对待马匹。

第三十二条 按国际规则规定,虐待马匹是指有意地使马匹承受伤、痛,或不必要地使马不舒适,具体表现如下:

一、猛烈或粗暴地使用马刺和水勒。

二、给明显疲劳的马、跛瘸的马或受伤的马备鞍。

三、在任何地点,无论赛场内外粗暴地打马。

四、用电刺激仪器或器具,刺激马体任何部位。

五、不给马饲料、饮水、不调训、活动马匹。

第三十三条 对虐待马匹的处罚

一、比赛中的虐待行为应向裁判委员会举报,比赛以外时间的虐待行为应举报到仲裁委员会处理。

二、赛会工作人员一经发现任何虐待马匹的行为,应当即予以制止,给以警告。违纪者若不听警告,应立即举报。

三、裁判委员会或仲裁委员会对举报的事件应进行调查带决定处理办法。确定有虐待马匹行为时,应取消有关人员(或代表队)在整个赛会期间各项比赛的资格,并处罚款(罚款数额由组委会规定)。

第七章 场地、设备及器材

第三十四条 赛场应设有平坦宽敞的跑道、沙道或草地跑道均可,沿顺时针方向跑进。跑道宽度应不少于 18.3 米,直道应不少于 400 米长,转弯半径不应小于 90 米,护栏挡板材料必须是木质或纤维制成,护栏向跑道内侧倾斜 60°~70°。

第三十五条 跑道应当平坦、软硬适度,无碎石、沙丘和凹穴,弯道外侧应比内侧稍高,呈 2°~3°倾斜。

第三十六条 起跑地点备有专门的机械起跑闸厢,备有彩旗作为信号旗。短距离比赛(3000 米以下)起跑后必须有 200 米以上直道,而后才转入弯道。

第三十七条 终点应设有明显标志。

第三十八条 跑道的四个转弯点处应设有检查员,对比赛途中情况进行监视;应建有高台岗亭,最好装备有途中跑摄像监视系统或摄像机。

第三十九条 跑道内沿设距离标志,每 400 米一个。

第四十条 跑道设门 2~4 处,供工作人员和马匹进出,派人员看守,比赛中全部关闭。

第四十一条 跑道外圈或内圈建造救护车道,备救护车一辆、马匹救助车一辆,比赛中救护车沿此道跟进,以便及时进行急救服务。

第四十二条 赛场必须装备广播音响或闭路电视设备,供现场发布通告、公布成绩以及报道赛况使用。

第四十三条 在大会规程中公布赛场平面图,图中应标示出终点线以及各种赛程的起点位置、看台、马厩和检录处位置。

第四十四条 配备终点摄像监视系统和自动电子计时设备。如无自动电子计时设备,则需配备一整套人工计时仪器和设备。

第四十五条 配备对讲机及望远镜,供组委会、仲裁委员会、裁判委员会、资格审查委员会及裁判长及检查员使用,进行观察、监视和通讯联系。

第四十六条　比赛场地附近应设有马匹亮相和颁奖区域。

第四十七条　赛会组委会审定下发的各类竞赛表格。表格式样由组委会根据竞赛规则结合赛场具体条件设计。

第四十八条　承办单位应配备备用起跑闸厢和工具厢。

第八章　申诉

第四十九条　申诉

一、提出申诉(组委会可印制大会统一使用的申诉表格)

(一)向仲裁委员会呈交的书面申诉报告应包括以下几个方面：

1. 姓名或申诉代表单位的名称；

2. 申诉目的及详细说明；

3. 申诉理由；

4. 被申诉的对象及有关方面；

5. 申诉者(申诉单位领队)签字；

6. 有关证明资料及附件的一览表。

(二)上交的请求要以书面形式陈述,并附上其他相关的材料,向仲裁委员会提出。

(三)接到申诉报告后,仲裁委员会要检查本申诉是否有效。

(四)仲裁委员会正式受理申诉之后,负责通知申诉单位。

(五)申诉的递交时间的限制为全部比赛结束后60分钟内。

(六)超过上述规定时间的申诉以及不符合有关要求的申诉将不予受理。

二、审议和听证

(一)仲裁委员会可以要求进行审议、专家评定和取证,也可以要求各方的有关人员和其他人员到场。也可以要求涉及的各方或者第三方提供有关的材料。

(二)仲裁主任要决定各方参加听证会的时间、地点和参加人员。原则上,听证要在比赛所在地进行。

（三）仲裁委员会在听证会后进行评议，如果评议意见不统一可采取表决，若出现平票，由仲裁主任做出最终裁决。

三、裁决

（一）仲裁委员会的裁决为最终裁决，不再受理重复申诉。

（二）委员会主任要向各方人员发出仲裁裁决的通知。

第五十条　费用

一、所有申诉人都要在提出申诉请求的同时，交纳给仲裁委员会2000元人民币申诉费，否则，请求不被接受。

二、关于裁决诉讼的费用问题：如果申诉方胜诉，则退还申诉费1000元；如果申诉方败诉，将不退还申诉费。

第五十一条　涉及有奖名次的申诉，如果胜诉时，其名次由后面马匹依顺序晋升。由裁判委员会、仲裁委员会联名写出书面报告呈报组委会，经批准后重新公布该场经更正的名次。

第五十二条　所有申诉一经备案，除仲裁委员会同意外，一律不能撤回。

第五十三条　未得到仲裁委员会对申诉的处理结果之前，一切按原裁决执行。

第五十四条　必须优先重视马匹和善待马匹的原则。

第五十五条　一切护理措施和兽医处置都必须确保马匹健康。

第五十六条　鼓励用高标准解决马匹的营养、健康、安全和环境卫生问题。

第五十七条　比赛承办单位必须提供符合标准的清洁马厩和钉甲设备。

第五十八条　对马匹运输期间的饲喂、饮水、通风和保持环境卫生，必须做好充分准备。

第五十九条　加强速度赛马训练和实践的教育工作，促进马匹保健和兽医方面的科学研究活动。

第六十条　为了对马匹有利，也必须关心运动员的健康和能力。

第六十一条　不但在国际比赛中,而且在训练中,都必须坚持本国和国际马术规则和规章中有关马匹健康和善待马匹的规定。

第九章　附则

第六十二条　参赛运动员和马匹比赛期间的意外保险由各代表队自行办理。比赛期间,各队运动员和马匹所发生意外伤害和事故,主办和承办单位不承担任何责任。

第六十三条　本规则由中国马术协会负责解释。

第六十四条　本规则由发布之日起生效,各地遵照执行。

附录二：中国马术协会运动马匹管理办法

第一章　总则

第一条　为加强中国马术协会（以下简称中国马协）的自身建设，规范运动马匹的管理与服务，保障运动马匹福利和中国马术及马上运动事业的健康发展，依据《中国马术协会章程》，参考国际惯例，制定本办法。

第二章　运动马匹登记与注册条件

第二条　凡参加中国马协主办的所有正式比赛、通级达标考核或相关赛事及活动的马匹，不分能力等级、参加项目、中国本地繁育或进口马匹，无论年龄、性别均要求进行登记与注册。

第三条　运动马匹持有中国马协颁发的马匹护照或持有国外机构颁发的国际马匹护照并已办理中国马协颁发的中国马匹识别卡视为完成运动马匹登记。

第四条　中国马术协会马匹护照和识别卡的办理和补办

（一）中国马术协会马匹护照和识别卡的办理

1. 由中国马协负责落实办理；

2. 马匹申请护照前必须已植入符合 ISO 11784 和 ISO 11785 国际标准的芯片；

3. 首次申请登记需缴纳办理服务费 200 元；

4. 比赛时段马匹申请办理登记：马主应与中国马协和比赛组委会提前申报，由大会兽医在验马前现场办理；

5.非比赛时段办理:马主需向本协会提出申请,中国马协推荐马匹所在地附近的中国马协运动马兽医前往办理。

(二)中国马术协会马匹护照和识别卡的补办:补办流程方式与申请相同,需要缴纳办理服务费300元。

第五条　登记后的马匹需进行注册,方可参加中国马协主办的正式比赛、通级达标考核或相关赛事及活动。

第三章　注册运动马匹权利与义务

第六条　根据章程规定,注册运动马匹和相关人员享有以下权利:

(一)在满足能力条件限制的基础上,马匹准许参加中国马协主办的所有正式比赛、通级达标考核或相关赛事及活动。

(二)马主可获得关于马匹管理、训练、医疗、运动等方面的咨询服务;

(三)马匹比赛成绩将会在官方网站公布,体现马匹价值;

(四)马主可通过中国马协为已注册马匹办理国际马联(FEI)相关注册和证件,参加国际马联(FEI)的更多高级别比赛。

第七条　注册运动马匹和相关人员应履行以下义务:

(一)注册人需保证填写和上传资料的准确性和真实性。如有变更需及时通知中国马协;

(二)马主需按照本管理办法,按时为注册运动马匹缴纳年度注册费。

第四章　运动马匹注册管理

第八条　运动马匹注册可以在中国马协官方网站进行且全年开放注册。注册应填写马匹基本信息,并按规定上传相应资料。

第九条　运动马匹注册流程

(一)确认马匹符合注册条件后,登陆中国马协官方网站信息管理系统;

(二)注册人应先注册为中国马协个人会员或单位会员,并登陆已注册账户;

(三)点击注册管理中的马匹注册-新增马匹,填写马匹相关资料并提交；

（四）待管理员审核通过后完成注册。

第十条　马匹初次注册需填写和上传的资料如下

（一）填写内容：马匹基本信息包括马名（中文名和英文名）、护照号（中国护照号码或中国识别卡号码）、国际马联（FEI）识别号（如无则不填）、马匹性别、品种、毛色、出生日期、出生地、马主名字、练马师名字（速度赛和耐力赛）、比赛项目、芯片号。

（二）上传资料类：

1.马匹护照扫描件：所有照片或扫描图需合成为一个文件上传。若马匹持有的是中国护照，文件需包含中国护照封面、护照首页、马主页和马匹描述页。若持有的是国际护照和中国识别卡，则上传国际护照封面、国际护照首页、国际护照马匹详细信息页、国际护照马匹描述页、中国识别卡封面和中国识别卡马匹详细信息页。

2.年度注册费缴费凭证：格式为 jpg、png 或 jpeg，需包含清晰的转账内容、转账时间、中国马术协会账户和转账备注。备注需注明注册马匹名字，方便核查。

3.缴费凭证在每年 1 月 1 日自动失效，需汇款后重新上传汇款凭证。

第十一条　运动马匹应通过中国马协官方网站进行注册和缴纳年度注册费，激活注册运动马相应权利。

第十二条　运动马匹自注册被批准之日起缴纳年度注册费。

第十三条　未按时缴纳年度注册费，注册运动马匹权利暂停。

第十四条　注销运动马匹应书面通知本协会，审核通过可生效。

第十五条　运动马匹注销后，可重新申请注册，并需按规定重新注册和上传资料。

第五章　运动马匹年度注册费的标准、管理与监督

第十六条　运动马匹年度注册费为 300 元/年/匹，全年均可缴费，有效期为缴纳当日起至当年 12 月 31 日 24：00 止；

第十七条　运动马匹年度注册费的管理与使用必须遵守国家法律、法规、《中国马术协会章程》及财务管理制度，厉行节约，加强审计，并接受业务主管单位、登记管理机关和财政部门的监督；

第十条　运动马匹年度注册费的开支范围严格按照《中国马术协会章程》和国家有关规定执行，主要用于协会开展工作，如网站建设、宣传教育、技术、业务培训、文化活动、资料印刷、办公场所租赁、会议、人员补贴、交通费用、旅差开支、奖励表彰以及常设办事机构人员的工资、保险、福利等。

第六章　附则

第十八条　中国马协对注册过程中获取的马主信息严格保密；

第十九条　本管理办法解释权归中国马术协会所有；

第二十条　本管理办法从即日起执行。

中国马术协会

2018 年 7 月 24 日

附录三：中国马术协会运动
马兽医管理办法实施细则

第一章 总则

第一条 运动马兽医应时刻遵循马匹福利高于一切的原则。

第二条 中国马术协会要求各级运动马兽医熟练掌握马匹医疗知识与操作，并熟知比赛规则，方可胜任。

第三条 中国马术协会和国际马联（FEI）为中国运动马兽医认证单位。取得运动马兽医资格的兽医，中国马术协会统一制作并发放运动马兽医证书。

第四条 为保证马术比赛公平、公正、有序进行，规范马术运动马兽医注册、等级认证、选派、考核、处罚等监督管理工作，制定本细则实施。

第五条 运动马兽医实行分级认证、分级注册、分级管理。

第六条 中国马术协会对在我国（不含香港、澳门特别行政区和台湾地区）正式开展的马术项目运动马兽医进行统一监管。

第七条 中国马术协会负责兽医的注册、技术等级认证、培训、考核、注册、选派、处罚等监督管理工作。

第八条 中国马术协会对运动马兽进行三级管理，分别为初级运动马兽医、中级运动马兽医和高级运动马兽医。其中中级运动马兽医可考取国际马联（FEI）治疗兽医，高级运动马兽医可考取国际马联（FEI）官方兽医。

第二章 运动马兽医注册及技术等级认证

第九条 凡持有中国农业农村部颁发的兽医从业资格证,有一定马医疗工作经验和赛事知识,品行端正,身体状况良好的兽医,可向中国马术协会提出申请,有条件取得运动马兽医资格。

第十条 符合条件的兽医,通过至少一次中国马术协会的相关培训,并考试合格后取得初级运动马兽医资格。

第十一条 初级运动马兽医执裁经验5场或以上(必须是中国马术协会主办比赛)且执裁经验满一年,具有良好英语听说和读写能力,可向中国马术协会提出申请参加中级运动马兽医考试资格,并可取得国际马联(FEI)治疗兽医考试资格。

第十二条 中级运动马兽医升级高级运动马兽医按照国际马联(FEI)相关规定执行。达到要求后可向中国马术协会提出申请参加高级运动马兽医考试资格,并可取得国际马联(FEI)官方兽医推荐资格。

第十三条 中国马术协会对运动马兽医实行年度注册制管理。

第十四条 中国马术协会每年举行至少一场培训,扩充赛事兽医队伍,讲解赛事规则变化。

第三章 运动马兽医的选派与参与比赛

第十五条 取得运动马兽医资格的兽医,可由中国马术协会选派执裁相应等级比赛;

第十六条 初级运动马兽医可被选派执裁全国性马术比赛,中级运动马兽医及以上等级兽医可被选派执裁在国内举办的国际性马术比赛。

第十七条 马术比赛的兽医选派遵循以下原则:

(一)公开的原则;

(二)择优的原则;

(三)中立的原则;

第十八条 选派兽医由中国马术协会官网公示。

第十九条　取得运动马兽医资格的兽医，除中国马术协会选派外，也可提前与比赛组委会和中国马术协会报备后，在比赛中自行担任队医、私人运动员兽医等职务。

第二十条　初级运动马兽医可参与全国性马术比赛，中级运动马兽医及以上等级兽医可参与在国内举办的国际性马术比赛。

第二十一条　运动马兽医被选派执裁或参与比赛时必须随身携带中国马术协会运动马兽医证书，若已取得国际马联(FEI)兽医资格，需要佩戴国际马联(FEI)胸卡。

第二十二条　中国马术协会在优先参与中国马术协会主办比赛前提下，允许并鼓励运动马兽医参与非中国马术协会主办比赛，需遵循以下原则：

（一）自觉维护中国马术协会形象；

（二）参与比赛前应在中国马术协会报备；

（三）积极对外宣传正确的马匹福利观念及竞赛规程；

（四）严禁参与严重违背马匹福利的活动及赛事，违反者一经证实，视为主动放弃运动马兽医身份。

第四章　运动马兽医的权利及义务

第二十三条　运动马兽医享有以下权利：

（一）参与相应等级的马术比赛兽医工作；

（二）参加运动马兽医的学习和培训；

（三）监督比赛及中国马术协会运动马兽医管理工作开展，对于不良现象进行举报；

（四）享受参加马术比赛时的相关待遇；

（五）对受到的处罚，有申诉的权利。

第二十四条　运动马兽医应当承担下列义务：

（一）自觉遵守有关纪律和规定，廉洁自律，公正、公平执法；

（二）主动学习研究并熟练掌握运用兽医相关操作和竞赛规则；

(三)主动参加培训,并服从和指导培训其他兽医;

(四)主动承担并参加兽医工作,主动配合有关部门组织相关情况调查;

(五)主动服从管理,并参加相应技术等级兽医的培训和考核。

第五章 兽医的考核和处罚

第二十五条 中国马术协会对注册运动马兽医定期进行工作考核。

第二十六条 根据投诉或建议的性质及核实情况,中国马术协会对兽医进行相关处罚。涉及国际马联规则并有明确规定的,优先按国际马联规则实施。

第二十七条 对违规违纪运动马兽医的处罚如下:

(一)警告、取消若干场次执裁和参与比赛资格;

(二)取消执裁资格和参与比赛资格一至两年;

(三)降低技术等级资格;

(四)撤销技术等级资格;

(五)终身禁止执裁资格和参与比赛资格。

第六章 附则

第二十八条 本办法自公布之日起施行。

附录四:民族赛马竞赛规则

第一章　总则

第一条　民族赛马运动是一项人马结合,通过运动员驾驭马匹运用正确的技战术、以最快速度完成规定赛程为基本特征的运动项目。其目的是为了推动我国赛马运动普及与发展。

第二条　民族赛马是在平坦无任何障碍物的跑道上进行的,赛程途中允许跑道有坡度不大的上升或下降,参赛运动员和所骑马匹以最短时间最先通过规定赛程者为获胜。

第二章　竞赛的组织机构和职权

第三条　每次举办赛会时建立赛会的组织委员会,具体组织、实施和贯彻总则精神。

第四条　组织委员会负责赛会的组织和领导,并协调下设各委员会(部、处、组)的工作。组委会下设竞赛机构有:裁判委员会、仲裁委员会、资格审查委员会、医护组(部)和兽医组(部)。

第五条　组织委员会设主任1人,副主任若干人(视赛会规模而定),委员若干人。

第六条　裁判委员会

一、裁判委员会根据本规则的有关规定对比赛进行裁决,判定参赛马匹的名次和成绩,并予以公布。

裁判委员会根据赛会规模设置下列人员的全部或一部分:主任1人、副

主任2~3人,委员若干人。主办单位委派裁判长、副裁判长、检录长、司闸长(或发令长)、检查长、终点裁判长、记录长(如无自动计时设备,需设计时长1人),并选派检录员、司闸员、发令员、检查员、计时员、记圈员、终点裁判员、记录员及联络员各若干人。

二、裁判委员会职责:

(一)在大会组委会领导下负责组织和主持比赛的裁判工作。

(二)裁判委员会委员由专业人员组成,其职责是监督、检查和协助各岗位裁判员的工作。

1.裁判长职责:在裁判委员会领导下具体执行整个比赛裁判工作。

1.1 赛前检查比赛场地及设备、器材,特别应注意安全问题,对不妥之处及时与有关部门协商解决。

1.2 分配各裁判员工作任务,掌握全部比赛情况,并遵循规则精神解决比赛中的一切问题。

1.3 根据检查长的报告,经调查核实后,会同裁判委员会决定是否取消犯规运动员和马匹的比赛资格。

1.4 遇裁判员对问题处理意见不一致时,需要做出初步裁决。

1.5 根据判定的竞赛结果,提供各场比赛的名次和成绩。

1.6 遇特殊情况,足以影响比赛时,向大会提出暂停比赛的申请。

2.副裁判长职责:协助裁判长工作,在裁判长缺席时代行裁判长职权。

3.检录长职责:

3.1 领导检录员、兽医进行检录工作。

3.2 组织和主持参赛运动员确定马匹闸位的抽签。

3.3 复核和检查运动员和马匹的服装、号码、装备等事项。

4.司闸长(发令长)职责:

4.1 负责组织参赛马匹入闸。

4.2 发令开闸起跑。

4.3 与检录长保持联系。

如果承办赛场没有起跑闸箱设备,则设发令长和发令员,由发令长组织和主持马匹起跑,决定起跑时运动员是否犯规,并且决定对其处理办法。

5. 检查长职责:

5.1 检查比赛途中运动员和马匹的行为。

5.2 凡违背规程和规则精神,包括在赛场内外粗暴对待马匹的行为,以及危及安全的问题均属检查之列。

5.3 签发各场次有关犯规的检查报告。

6. 终点裁判长职责:

6.1 根据比赛实况,判定比赛名次和成绩,填写成绩报表,及时呈报裁判长。

6.2 与司闸长、检查长、记录长保持联系。

7. 计时长职责:

在没有自动计时设备,需人工计时情况下,计时长职权如下:

7.1 赛前组织检查和校对计时器,调校误差。

7.2 组织计时员研究技术和工作方法,明确分工。做到竞赛时正确、准确计时。

7.3 与终点裁判长保持联系。

8. 记录长职责:

8.1 向大会有关部门报告比赛结果。

8.2 核查各项记录,公布成绩。

8.3 完整保管全部比赛记录,以备查证。

第七条　仲裁委员会

一、全国性比赛均成立仲裁委员会,委员会设主任1名和至少2名以上委员(主任和委员数相加应为奇数)。

二、仲裁委员会的主要职责:

(一)复审比赛期间执行竞赛规则、竞赛规程中发生的纠纷,保证竞赛规则、竞赛规程的正确执行。

(二)接受各参赛队比赛中的申诉。

(三)对申诉进行调查、听证、审议并做出最终裁决。

(四)对违规裁判员做出处罚意见,上报竞委会和组委会。

(五)仲裁委员会不受理规则、规程规定应由执行裁判、裁判长(总裁判、裁判组)职权范围内处理的有关事宜。与竞赛无直接关系的违犯纪律、寻衅闹事、打架斗殴等行为,由组委会会同有关方面进行处理。

三、仲裁委员会纪律:

(一)提交仲裁委员会的申诉,由主任和全体委员倾听并做出受理决定。

(二)仲裁委员会成员与此申诉有关系的任何人员都必须回避,或者只能听取申诉,但无表决权。

第八条　资格审查委员会

资格审查委员会负责对参赛人员、参赛马匹的参赛资格进行审查。

一、资格审查委员会设主任1名,委员若干名。

二、马匹资格审查:

(一)参赛马匹须在近期经当地检疫部门检疫合格并提供检疫证明,证明马匹健康无病、无疫症,并且能够承担竞赛负荷,方可参赛。

(二)已报名的马匹如因健康原因需更换,须经组委会指定兽医组(部)检查并签注(盖章)诊断证明。

(三)替补参赛马匹须按正式参赛马匹要求审查,以备替补。

第九条　救护组(部)

一、救护组设组长1人、医生1~2人、护士数人(视赛会规模而定)。

二、对运动员身体状况做出能否参赛的认定。

三、对竞赛中运动员可能发生的意外事故进行抢救和现场处理。

第十条　兽医组(部)

一、兽医组设组长1人(由大会组委会任命)、兽医2~4人(视赛会规模而定)。

二、兽医组职责

(一)核实报告马匹健康状况,确定是否可以参赛。在参赛单位因马匹伤病提出替换参赛马匹时,做是否应该被替换的鉴定。

(二)负责赛会期间兽医防疫卫生检查。

（三）参与马匹参赛资格审查工作。

（四）参与检录工作。

（五）监督、检查和举报对参赛马匹使用违禁药物事件。

（六）参加救护组，对发生意外事件的马匹进行抢救和处理。

（七）协助办理马匹回程的检疫事宜。

第三章　比赛通则

第十一条　马匹

一、参加距离1600米以下比赛的马匹必须年满3周岁，纯血马匹实际年龄应满2周岁。参加距离1600米以上、5000米以下比赛的马匹必须年满4周岁。参加距离5000米及以上比赛的马匹必须年满5周岁。

二、参赛马匹性别不限，但公马不得扰乱比赛正常进行，否则裁判长有权现场取消其参赛资格；

三、参赛马匹品种按各次赛会规程规定执行。

四、参赛马匹必须装钉蹄铁。

五、参赛马匹必须经过调教，保证不扰乱赛场正常秩序，否则取消该马比赛资格。

六、参赛马匹运到赛区后，由参赛队向大会组委会报到。

七、报到后6日内，或赛前2日，由大会组委会主持，大会兽医参加，对马匹进行查验，经资格审查委员会核准后才有资格参赛。

八、经核准的马匹如果发病（流鼻血、跛行及其他意外伤病等），必须提交大会兽医出具的诊断证明，经资格审查委员会批准才能退出比赛。马匹一旦进闸，开闸令（起跑令）一经发出，马匹即被视为已经参赛，不能退出。

九、已报名的马匹如需更换，必须距当日第一场比赛开始24小时（含24小时）以前向组委会申请，马匹因伤病需要更换时，须提交大会兽医诊断证明。因其他原因需书面申明理由，经组委会批准后才能更换。更换马匹的决定应及时由组委会向参赛队和观众公布，公布后更换之马匹方可参赛。

十、赛前24小时以内和通过预赛进入决赛的马匹，因故退出比赛者按弃

权处理,不得替换马匹。马匹退出比赛应及时公布,通告各参赛队和观众。

十一、替换用的后备马匹必须是已经过正式报名,并且通过资格审查符合参赛资格的备用马匹。其他马匹一律无资格替换。每个代表队可以报名的备用马匹数量应按赛会规程规定执行。

十二、凡马匹参赛时必须于鞍下佩戴赛会规定和提供的号码布,其号码为该马参赛场的闸位号。此闸位号由裁判委员会主持当众抽签确定。

十三、如果有马匹在距比赛开始24小时以前退出比赛,其后序马已确定的号码依序前移,其替换马的号码排于该场最后。若赛前24小时内,有马退出比赛不准替换马匹时,则该号码空缺。

十四、参赛马必须仪容整洁,严禁鬃尾过长,马体肮脏,浅毛色马及有白章马匹尤需注意,以免影响观瞻。

十五、马匹参赛时,不允许无鞍具骑乘。鞍具包括鞍、勒、鞍垫、肚带、镫及镫革。鞍勒种类及样式不限。马体佩戴其他装备,如胸带、兜尾、安全肚带(保险带)、低头革以及其他饰物自便,以不妨碍马匹视线、呼吸和运动为原则。

十六、同一项目每名运动员限报1匹马,每马一个赛日只能参赛一场。

十七、凡因流鼻血、腹泻、跛行等原因退出比赛的马匹,经治疗痊愈后,必须经过大会兽医组检查,确认批准后,方可再次参赛。

第十二条　运动员

一、运动员必须戴安全帽、穿马靴,服装整洁,不准带马刺。是否带马鞭自便,但马鞭长度不超过70厘米(为皮制或纤维制品)。严禁使用任何伤害马体的装备。

二、运动员报名及编排一经公布,如因身体不适及伤病需更换,需在开赛前12小时提交书面报告,并提供替换运动员有关资料。因身体不适及伤病不能参赛者,须有大会医生诊断证明,经组委会批准才能更换。更换运动员的决定应公布。替换运动员必须是已正式报名注册,并经资格审查合格者。

三、运动员应严格遵守比赛规则和纪律,参赛前后服从竞赛工作人员的指挥。

四、运动员违反以上各项规定属于犯规，将受到处罚。轻者给予警告，严重者取消当场参赛资格，情节特别严重者取消赛会所有项目参赛资格，并予以处罚。打骂裁判人员的个人及所在运动队取消体育道德风尚奖评选资格，情节严重的取消代表团体育道德风尚奖评选资格。组委会可建议所在省区体育行政部门给予行政处罚。

第十三条　检录

一、运动员应按时赴检录处报到，听到点名时及时出场应答。检录处共进行三次点名，每间隔 3 分钟点名一次。第一次点名不到者给予警告，第二次点名不到者罚款 100 元，三次点名不到者按该场比赛弃权论处。

二、检录员详细检查每名参赛运动员的号码、服装及装备，核实马匹个体、号码、鞍具和装备。发现不符合规定者不准出赛。

三、兽医检查各参赛马匹健康状况，确认是否可以参赛。如发现问题应及时向检录长报告。

四、参赛运动员和马匹经检录长复核后通过检录。

五、通过检录后，运动员上马，至起跑闸前，交予司闸长（发令长）。个别马匹也可牵至起跑闸前，运动员再上马或马匹入闸后上马。

第十四条　司闸和起跑

一、3000 米以下各距离比赛必须使用机械起跑闸箱进行起跑，3000 米以上距离各项目比赛可使用起跑闸箱起跑，也可以采用拉绳起跑或进入起跑区后发令起跑的方式。

二、所有参赛马匹和运动员到闸箱或起跑点前报到后，必须听从司闸长（发令长）指挥，入闸前（或起跑前）司闸长再次提醒各运动检查鞍具及装备。

三、司闸长下令入闸后，各马同时分别按各自闸箱位置进入闸箱，务必使各马最快捷、安全、公平合理地进入闸箱。

四、司闸员有权将不肯入闸的马牵至稍远的地方等候，待其他马顺从入闸后，再使其入闸。必要时，参赛单位可根据组委会要求指派一名牵带员协助本队马匹入闸。

五、司闸长下令入闸起计时,限定该场所有参赛马匹务必于8分钟内入闸完毕。若个别马入闸不成功,超过规定时限,以致延误比赛时间,司闸长应立即报告裁判长,经裁判长决定,可令该马退出比赛。

六、马匹入闸后,若有马匹冲出闸箱,应尽快在8分钟时限之内重新入闸,否则按退出比赛处理。

七、参赛单位任何人不得进入马闸区域(每匹马指定牵带员除外),不得有意妨碍或阻止其他马匹入闸,一经发现有此情况,司闸长有权取消该单位或个人该场比赛的参赛资格。

八、参赛马入闸完毕,司闸员发出开闸信号(举旗示意),司闸长放开闸门,完成起跑。

九、开闸后马还不出闸,该马被视为已经参赛。除运动员本人外,不准任何人采取任何方式干扰或帮助马匹起跑出闸,否则将取消比赛资格。

十、闸厢和闸门发生故障时,可以重赛。因闸厢故障无法使用而导致不能进闸时,立即报告裁判委员会,并向组委会报告闸厢故障及比赛延误原因。如果赛场没有备用闸厢设备则由裁判委员会决定以其他方式起跑,由发令长组织实施各场参赛马匹起跑。

十一、发令前参赛运动员骑马按抽签位置(相当于闸位)站立于起跑线后20米处,待发令喊"预备"口令后,即慢步进入起跑区,待运动员和马匹基本稳定后,发令员发出起跑信号,计时员看到第一匹马的头部通过起点线时,即应启动计时装置。

十二、运动员第一次抢跑,发令员给予警告,第二次抢跑即取消其比赛资格。

十三、起跑后最初200米距离内各马须沿着自己的跑道直线方向前进,不得抢道影响其他马匹前进。起跑后即须遵守有关途中跑的各项有关规则。

第十五条 途中

运动员在比赛途中如违反下列任何一款均为犯规,应取消其该项比赛资格。

一、超越前马时不论内侧或外侧越过,应以不妨碍其他马匹为前提。马匹抢道时,距后面的马三个马位以上,并在确保安全的情况下方可变道。

二、比赛途中不得推人、拉人、撞人或阻挡他人前进。

三、扬鞭策马时,应前后挥鞭,不得骚扰、妨碍或影响其他运动员,更不能用鞭子鞭打其他运动员和马匹。

四、比赛进行中不得使马骤停或突然转向,也不得曲折骑乘或蛇形骑乘以阻碍其他马匹前进。

五、比赛进行中运动员不得有意大声叫喊,不得互相讲话或做有暗示内容的动作,也不得与场外人谈话。

六、不得以马匹碰撞、阻挡和干扰其他马匹,以影响其争胜机会。

七、终点前200米距离内领先的运动员必须直奔前方,不得斜向跑道一侧(向内或向外侧)以妨碍其他运动员和马匹冲刺。

八、比赛中不得以粗鲁动作或不正当方式催动马匹。

九、运动员因故落马或鞍具脱落时,必须从出事地点继续参赛,并且不得妨碍其他参赛马前进。

十、参赛马出闸后,参赛马必须在骑手的驾驭下跑完全程才能获得名次,在比赛途中若因意外及其他原因分别先后退出比赛,只剩一匹马时,该马必须跑完全程才被视为第一名。

十一、比赛中运动员应全力争取胜利,途中争取最佳位置,不得有意让马放慢速度或让出有利位置。

第十六条 终点

一、以竞速方式决出名次,运动员驾驭马匹以最短时间跑过全程,最先通过终点者为第一名,其次为第二名,依序类推。

二、参赛马匹鼻尖通过终点线垂直面的瞬间,即为跑完全程。

三、终点裁判长根据分割式终点摄像系统或该场比赛录像判断裁决名次。若赛场缺乏终点摄像设备或所用摄像设备发生故障不能使用时,以终点裁判长目测为准裁决名次。

四、终点裁判长审核比赛结果后如无争议,即签发当场比赛结果,通过

记录长呈裁判长签字,由裁判委员会负责人予以正式公布。

五、终点裁判长的裁决为最后裁决。除非仲裁委员会收到并决定受理有效申诉,经调查该申诉成立,才可更改名次。

六、到达终点前,运动员落马或马匹跌倒,运动员必须重新上马越过终点线才算跑完全程。

七、马匹通过终点时马背上没有运动员(因途中坠马或其他意外),取消其名次和成绩。

八、通过终点后,运动员仍须沿跑道前进200米后,再迅速离开跑道。

九、如果有两匹或两匹以上的马同时到达终点,可凭借终点分割式摄像设备分辨马匹名次。马匹到达终点先后相差在千分之一秒以内者,按负重情况决定名次,马匹负重较大者名次列前,若负重相同时,再按马匹体尺大小分先后。体尺小的马匹名次列前。

十、若终点摄像设备发生故障或遇恶劣天气不能准确判断名次时,以终点裁判长目测为准。判定为同时到达终点者,名次并列,出现并列第一名时,则无第二名,有并列第二名时则无第三名,依此类推。

十一、赛场如无自动计时设备时,则使用人工计时器,每匹马至少要用两块秒表测定成绩。由计时长领导计时员进行计时。

第四章　虐待马匹

第十七条　从马匹报到之日起,直到赛会结束日止,在举办赛会的城市、赛会地点、马厩、训练场和赛场内外的任何地方严禁粗暴对待马匹。

第十八条　按国际规则规定,虐待马匹是指有意地使马匹承受伤、痛,或不必要地使马不舒适,具体表现如下:

一、猛烈或粗暴地使用马刺和水勒。

二、给明显疲劳的马,跛瘸的马或受伤的马备鞍。

三、在赛场内、外粗暴地打马。

四、用刺激仪器或器具,刺激马体任何部位。

五、不给马饲料、饮水,不调训、活动马匹。

第十九条　对虐待马匹的处罚：

一、比赛中的虐待行为应向裁判委员会举报，比赛以外时间的虐待行为应举报到仲裁委员会处理。

二、赛会工作人员一经发现任何虐待马匹的行为，应当即予以制止，给予警告。违纪者若不听警告，应立即举报。

三、裁判委员会或仲裁委员会对举报的事件应进行调查并决定处理办法。确定有虐待马匹行为时，应取消有关人员（或代表队）在整个赛会期间各项比赛的资格，并处罚款（罚款数额由组委会规定）。

第五章　场地、设备及器材

第二十条　赛场应设有平坦宽敞的沙地跑道，沿顺时针方向跑进。跑道宽度应不少于18.3米，直道应不少于400米，转弯半径不应小于90米，护栏挡板材料必须是木质或纤维制成，护栏向跑道内侧倾斜60°～70°。

第二十一条　跑道应当平坦、软硬适度，无碎石、沙丘和凹穴，弯道外侧应比内侧稍高，呈2°～3°倾斜。

第二十二条　起跑地点备有专门的机械起跑闸箱，备有彩旗作为信号旗。短距离比赛（3000米以下）起跑后必须有200米以上直道，而后才转入弯道。

第二十三条　终点应设有明显标志。

第二十四条　跑道的四个转弯点处应设有检查员，对比赛途中情况进行监视；应建有高台岗亭，最好装备有途中跑摄像监视系统或摄像机。

第二十五条　跑道内沿设距离标志，每400米一个。

第二十六条　跑道设门2～4处，供工作人员和马匹进出，派人员看守，比赛中全部关闭。

第二十七条　跑道外围或内圈建造救护车道，备救护车一辆、马匹救助车一辆，比赛中救护车沿此道跟进，以便及时进行急救服务。

第二十八条　赛场必须装备广播音响或闭路电视设备，供现场发布通告、公布成绩以及报道赛况使用。

第二十九条　在大会规程中公布赛场平面图,图中应标示出终点线以及各种赛程的起点位置、看台、马厩和检录处位置。

第三十条　配备终点摄像监视系统和自动电子计时设备。如无自动电子计时设备,则需配备一整套人工计时仪器和设备。

第三十一条　配备对讲机及望远镜,供组委会、仲裁委员会、裁判委员会、资格审查委员会及裁判长及检查员使用,进行观察、监视和通讯联系。

第三十二条　比赛场地附近应设有马匹亮相和颁奖区域。

第三十三条　赛会组委会审定下发的各类竞赛表格。表格式样由组委会根据竞赛规则结合赛场具体条件设计。

第三十四条　承办单位应配备备用起跑闸厢和工具箱。

第六章　申诉

第三十五条　申诉

一、提出申诉(组委会可印制大会统一使用的申诉表格):

(一)向仲裁委员会呈交的书面申诉报告应包括以下几个方面:

1.姓名或申诉代表单位的名称;

2.申诉目的及详细说明;

3.申诉理由;

4.被申诉的对象及有关方面;

5.申诉者(申诉单位领队)签字;

6.有关证明资料及附件的一览表。

(二)上交的请求要以书面形式陈述,并附上其他相关的材料,向仲裁委员会提出。

(三)接到申诉报告后,仲裁委员会要检查本申诉是否有效。

(四)仲裁委员会正式受理申诉之后,负责通知申诉单位。

(五)申诉的递交时间限制为全部比赛结束后60分钟内。

(六)超过上述规定时间的申诉以及不符合有关要求的申诉将不予受理。

二、审议和听证：

（一）仲裁委员会可以要求进行审议、专家评定和取证，也可以要求各方的有关人员和其他人员到场，也可以要求涉及的各方或者第三方提供有关的材料。

（二）仲裁主任要决定各方参加听证会的时间、地点和参加人员。原则上，听证要在比赛所在地进行。

（三）仲裁委员会在听证会后进行评议，如果评议意见不统一可进行表决，若出现平票，由仲裁主任做出最终裁决。

三、裁决：

（一）仲裁委员会的裁决为最终裁决，不再受理重复申诉。

（二）委员会主任要向各方人员发出仲裁裁决的通知。

第三十六条　费用

一、所有申诉人都要在提出申诉请求的同时，交纳给仲裁委员会1000元人民币申诉费，否则，请求不被接受。

二、关于裁决诉讼的费用问题：如果申诉方胜诉，则退还申诉费1000元，如果申诉方败诉，将不退还申诉费。

第三十七条　涉及有奖名次的申诉，如果胜诉，其名次由后面马匹依顺序晋升。由裁判委员会、仲裁委员会联名写出书面报告呈报组委会，经批准后重新公布该场更正后的名次。

第三十八条　所有申诉一经备案，除仲裁委员会同意外，一律不能撤回。

第三十九条　未得到仲裁委员会对申诉的处理结果之前，一切按原裁决执行。

第七章　行为准则

一切参与赛马的有关人员都必须遵守下列行为准则：

第四十条　必须优先重视马匹和善待马匹。

第四十一条　一切护理措施和兽医处置都必须确保马匹健康。

第四十二条　鼓励用高标准解决马匹的营养、健康、安全和环境卫生问题。

第四十三条　比赛承办单位必须提供符合标准的清洁马厩和钉掌设备。

第四十四条　对马匹运输期间的饲喂、饮水、通风必须做好充分准备，并保持环境卫生。

第四十五条　加强跑马训练和实践的教育工作，促进马匹保健和兽医方面的科学研究活动。

第四十六条　为了对马匹有利，也必须关心运动员的健康和能力。

第四十七条　不但在比赛中，而且在训练中，都必须坚持规则中有关马匹健康和善待马匹的规定。

第八章　附则

第四十八条　参赛运动员和马匹比赛期间的意外保险由各代表队自行办理。比赛期间，各队运动员和马匹所发生意外伤害和事故，主办和承办单位不承担任何责任。

第四十九条　本规则由国家民委、国家体育总局负责解释。

第五十条　本规则自发布之日起生效。

附录五:内蒙古自治区赛马俱乐部联赛赛事规则(建议)

一、序言

1. 此规则旨在规管在内蒙古速度赛马赛事公司举行的赛事及与赛事有关的事项,用以对赛马运动进行公平、公正及适当的管制和监督。

2. 此规则适用于在赛事董事监管及指令下举行的每次赛马及每场赛事,亦适用于在其他时间发生的所有赛事管制之监督事项。

3. 此赛事规例可因应环境及其他因素,随时予以更改。

二、赛事董事权力

4. 此规则由赛事董事或其授权代表实施及执行。

5. 订定所有赛事的举行日期,取消或更改一次或一场赛事的编排或条件。

6. 批核练马师及骑师之注册申请。

7. 为任何人士或马匹注册或拒绝为其注册或取消其注册。

8. 接纳或拒绝接纳马匹报名参赛,以及拒绝已报名的马匹在任何赛事中出赛;而在此情况下,可指令将报名费退还。

9. 研讯或处理任何与赛马有关的事项。

10.受理及判决抗议事件。

11.制定新规例或修改赛事规例。

12.向违反此等规例人士做出处分。

13.将不受赛马参与者欢迎人士逐离马场。

14.与任何其他赛马组织做出互惠安排,以承认或执行彼此判处的处分。

15.委任一名或多名人士出任竞赛董事小组成员。

16.为赛事的进行做出适当安排,并以任何充分的理由,免除使用起步闸厢。

17.遇有赛事开跑后,跑道受到任何阻碍,会对马匹构成危险时,取消该场赛事并宣布该场赛事无效或指令赛事重新开跑。

18.随时着令检验任何马匹,以确定马匹是否适合出赛。

19.着令骑师不得策骑出赛而无须说明原因,在适当情况下,改派另一骑师策骑。

20.禁止任何马匹在一场赛事中出赛。

21.将开赛时占得不公平优势的马匹宣布为无出赛马匹,或取消其资格。

22.将未尽力发挥马匹表现之相关人等进行研讯,做出适当处罚。

23.处罚拒绝服从正当指令的任何人员。

三、马匹

24.所有人士均须确保辖下马匹获得符合人道和妥善的照料及对待。

25.马匹班次及评分由赛马会编定,并可按需要予以调整。

四、彩衣

26.马匹出赛时骑师之帽套由自治区速度赛马公司提供。

27.骑师在试闸及出赛时必须穿上所属马主之彩衣。

五、兽医事务

28.兽医为个别马匹或赛马的整体利益起见,有权执行以其专业意见认为需要的马匹医疗程序。

29.兽医可随时进入马房,按其本人意愿或赛事董事的要求,检查任何马匹。

30.兽医须在马匹报名时确定其健康正常。

31.遇有任何马匹的受伤程度,令兽医认为应将它人道毁灭,以免它遭受不必要痛楚时,可将该驹人道毁灭。

六、练马师

32.练马师均须遵守以下各项:

(1)正当地管理业务,适当照顾马主利益,并负责辖下马匹的良好管理及操练;

(2)负责关于其马房运作的所有事宜,包括马房日常运作、辖下马匹的健康、适当饲养及照料、马房内的保安等,以及替其马房员工分配工作。

(3)遇有马匹的健康状况有可能影响或已影响其在赛事中的表现时,尽快向兽医报告。

(4)遵守本赛马会一切守则。

33.练马师不得做出以下行为:

(1)让一匹不适宜出赛的马匹参赛;

(2)于马匹出赛当日任何时间给马匹灌药或输液;

(3)让一匹不小心或疏忽地装上马鞍的马匹参加赛事或试闸。

七、骑师

34.骑师均须遵守以下各项:

（1）骑师须遵照马主、练马师及赛马会的所有指令执行其职务和履行其责任。

（2）在比赛中确保马匹尽力发挥本能竞跑。

（3）遵守本赛马会一切守则。

35. 骑师不得做出以下行为：

（1）未有穿上或佩戴赛马会提供的装备过磅出赛；

（2）在起步点不服从司闸员所发出的任何命令；

（3）服食任何违禁物品。

36. 除非赛事条件另有规定，在让磅赛事中不同级别骑师可获减磅如下：

（1）二级骑师减 1 公斤

（2）三级骑师减 2 公斤

（3）见习骑师减 3 公斤

八、报名

37. 练马师须按赛事程序表替其辖下适当马匹报名参赛。

38. 马匹报名出赛表均须于指定时间前交往指定地点。

39. 同一匹马不可在两个不同项目报名（不可兼项）。

40. 如果在任何一比赛项目之报名马匹数目不足，该项目有可能被取消。

41. 在报名及配磅表公布后，除非有兽医发出的证明或经赛事董事批准，否则任何马匹不可退出比赛。

九、骑师配搭

42. 练马师须按照已公布的报名及负磅表替骑师正选马匹提交骑师配搭。

43. 练马师须确保骑师不会超磅出赛。

44. 骑师配搭表须于指定时间前交往指定地点。

十、过磅

45. 每一出赛骑师须于赛事的预定开跑前 1 小时到指定的地点,由过磅员为骑师过磅。

46. 假如骑师过磅时超出其马匹负磅,该骑师可被处罚。赛事董事可指派另一骑师替代出赛。

47. 骑师过磅及复磅时均须带同骑师及马匹在赛事中佩戴的所有物品一起上磅,但不包括号布、头盔、马鞭、护目镜、马笼头、口罩及任何穿戴于马腿或马蹄的物品。

48. 未经赛事董事批准,过磅后不得附加、移走或更改任何装备。

十一、赛事

49. 每一出赛马匹必须由骑师促使其尽力发挥本能竞跑。

50. 练马师须给予骑师适当策骑指示。

51. 赛事董事如认为练马师给予的策骑指示不恰当,可处罚有关之练马师。

52. 假如骑师在赛事中损害任何其他马匹的争胜机会,其坐骑可被取消资格,骑师就有关事件可被处罚。

53. 遇有可能对马匹在赛事中表现构成影响的任何事情,练马师或骑师应尽快向赛事董事报告。

54. 本会有权对马匹进行药物检测,根据中国马协指引检测到违禁药物时,该马匹之比赛结果会被取消,相关人员可被处罚,练马师牌照会有可能被吊销。

十二、复磅

55. 每场赛事跑入前三名的马匹,骑师于拉停坐骑后,须立即策骑到指

定的解鞍地点。

56. 前三名马匹骑师下马之后,须立即前往过磅处接受复磅,并须携同马匹在赛事中携负的物品一起上磅。

57. 假如骑师未能达到正确磅重,过磅员可以容许他有 0.5 公斤之差,但若骑师仍未能达到该磅重,过磅员须立即通知赛事董事。

58. 在上述情况下,赛事董事会视环境而定,有可能取消该马匹的资格并处罚该骑师。

十三、奖金

59. 奖金分配

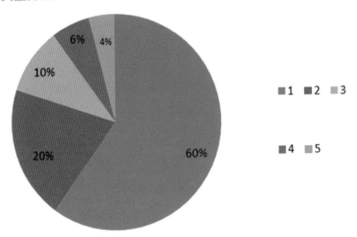

每场比赛的总奖金分配如下:

第一名 60%

第二名 20%

第三名 10%

第四名 6%

第五名 4%

分配的奖金马主占 85%,马房得到其余的 15%。

在出赛马匹不足的情况下,奖金将按以下方法分配:

5~6 匹只分配给第一及第二名马匹

4 匹或以下只分配给第一名马匹

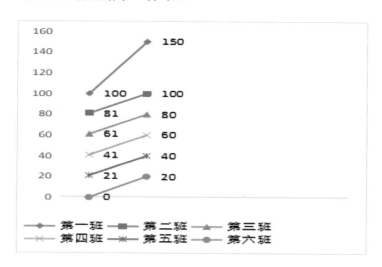

十四、马匹班次

60. 所有马匹根据其评分纳入不同班次:

第一班 100 分以上

第二班 81~100 分

第三班 61~80 分

第四班 41~60 分

第五班 21~40 分

第六班 0~20 分

所有零分马须强制退役

十五、马匹评分

61. 初始评分

为培育中国育马市场,推动国产马种的改良,马匹评分按上一年度参加速度赛马常规赛出赛情况为准,每胜出一场加 7 分,以此类推。

名称(起评分)	评分
进口纯血马(三岁及以上)	60 分
进口纯血两周岁马	40 分
国产纯血马	40 分
半血及蒙古马	20 分

在国内参加中国马术协会或中国马业协会举办的赛事或在国外参加的任何赛事中,赢过比赛的马匹在以上分数的基础上加 7 分。在特殊情况下,马会有权对以上评分标准做出调整。

62. 赛后评分调整

马匹评分在每次比赛后,会以结果而做出调整:

第一名加 7~10 分

第二名加 5 分

第三名加 3 分

第四名分数不变

第五名或以下减 3 分

一般情况下,马匹评分调整会根据以上标准执行,只有马会赛事总监有权根据个别情况对马匹评分做出其他调整。

所有参赛马匹之评分调整将在下一个比赛日报名前公布。

十六、抗议及研讯

63. 每场比赛结束后之 5 分钟内,练马师可代表马主对比赛结果进行抗议,同时须向赛马会缴交抗议保证金 1000 元,赛事董事会对抗议做出研讯,如抗议成立该保证金会被返还;如抗议无效,则保证金不予退还。如事件中涉及骑师犯规,骑师可被处罚。

64. 赛事董事有权因特别情况或抗议事件对赛事做出研讯,正式比赛结果有可能会延时公布。

十七、其他违例事项

65. 任何人士均不得协助或教唆其他人等做出任何违规事宜。

66. 不得做出欺诈行为。

67. 不得妨碍任何工作人员执行职务。

68. 不得以任何方法干扰赛事进行。

附录六:内蒙古自治区赛马俱乐部联赛规章制度(建议)

一、练马师守则

1. 所有练马师必须在本赛马公司注册及签订免责协议。

2. 练马师须确保马房正常运作,包括马房保安、马匹饲料、环境卫生等事宜。

3. 练马师必须妥善管理及正确使用赛马公司所提供的各项马具及相关赛马设备。

4. 练马师须按照替其所属马房之马匹进行日常操练,给予骑师适当指示训练马匹,确保马匹保持水准。

5. 练马师须按照赛事程序表在马匹报名时间截止前(星期二上午 11 时)替其马房马匹报名参赛。报名费为参赛场次总奖金之 1%。

6. 练马师须在截止期限前(星期三上午 11 时)替骑手正选出赛马匹。

7. 练马师须在指定时间出席比赛排位抽签。

8. 练马师须在比赛前给予出赛马匹的骑师策骑指示,确保马匹获得最佳名次,维护马主利益。

9. 练马师须在比赛前替马匹配上相关号布。

10. 练马师须于第一场比赛二十分钟前替出赛马匹准备妥当。

11. 各练马师在报名试闸或参加比赛后,若发生骑师或马匹退出的情况,必须马上通知赛马会办公室。

12.若骑师因伤病退出试闸或比赛,必须要有医院医生证明;若马匹因伤病退出试闸或比赛,必须由兽医签字证明该马匹健康出现问题方可退出。

13.本会有权对马匹进行药物检测,根据马协指引检测到违禁药物时,该马匹之比赛结果会被取消,有关练马师会被罚款五万元人民币,牌照有可能被吊销。

14.向赛事董事报告一切相关事项。

15.遵守赛马会一切章则。

二、骑师守则

1.所有骑师必须在本赛马会注册及签订免责协议,方可参赛。

2.骑师须按照其所属马房练马师的指示操练马匹,确保马匹保持水准。

3.在赛事比赛当天,骑师须于第一场开始前2小时到达马场报到。

4.参赛骑师须于开赛前半小时换上所属马匹彩衣。

5.骑师必须按规定佩戴头盔、护甲及马靴等。

6.参赛马匹用具必须按规定方法使用。

7.赛前25分钟(所有骑师)及赛后(前三名过终点的骑师)分别要进行过磅及复磅。

8.基本竞赛规则:

(1)马匹于开闸前5分钟之内进入所属闸厢。

(2)确保马匹顺利出闸。

(3)开闸后150米内不得并线。

(4)竞赛中途要与后马超过3个马位距离才可并线。

(5)竞赛中途不得放慢速度阻碍后面马匹竞跑。

(6)竞赛中途不得进行蛇形竞跑。

(7)必须适当使用马鞭,禁止鞭打马匹头部位置。

(8)在马匹正常情况下,比赛全程必须全力竞跑。

（9）在比赛过程中不得大声喊叫或做出不文明动作。

（10）不可在终点前做出胜利手势。

9. 获胜马匹前往颁奖台及让马主拉马头拍照。

10. 指定骑师须进行酒精测试及药检。

11. 赛后要向赛事董事或其授权代表报告一切有关比赛途中事故。

12. 遵守赛马会一切规章。

三、骑师罚则（按严重情况予以调整）

1. 一级：口头警告（累计三次即作二级罚则）

2. 二级：罚款 500 元

3. 三级：罚款 2000 元

4. 四级：本赛马会做出禁赛令

四、晨操守则

1. 晨操时间

星期一至星期六上午六时至十时半，时间按不同季节或有更改。

（赛马日当天晨操时间会更改）

2. 跑道方向

星期一为逆时针方向操练，其余时间均为顺时针方向。

3. 跑道使用

马匹快跳须在内栏 10 米范围内。

马匹慢跑须利用跑道中央位置，在内栏 10 米范围外。

马匹踱步须紧贴外栏。

4. 练马师须在马匹进入跑道前给予骑师操练指示，马匹不可停留在跑道上等候。

5. 骑师在操练马匹时须戴上头盔并系好下颚带。

6.骑师在操练马匹时须穿上安全背心。

7.骑师须恰当地使用马鞭，不可鞭打马匹头部位置。

8.练马师及骑师均须听从在场工作人员指示。

9.任何人士违反以上规则将被处罚。

五、试闸守则

1.试闸通常每周二举行一次，在晨操结束后开始。根据报名试闸马匹数目，试闸在八时开始，晨操时间将会被缩短。

2.练马师须星期一上午十一时前递交试闸马匹名单到赛马会办公室，试闸仅限于名单内之马匹参与。

3.所有报名试闸马匹将被分组，练马师须按其马匹之组别的安排进行试闸。

4.兽医有权根据马匹健康情况令马匹退出试闸。

5.试闸马匹必须按照试闸名单上马匹号码配上相关号布。

6.骑师在进行试闸时须戴上头盔并系好下颚带。

7.骑师在进行试闸时须穿上及扣好安全背心。

8.骑师必须按照马匹号码穿上相关彩衣。

9.骑师在试闸过程中要遵守一切赛事规则。

10.骑师须听从在场工作人员指示。

11.任何人士违反以上规则会被处罚。

后 记

　　《赛马业》于 2018 年 10 月正式组建写作班底,制定方案,进入编写工作。2019 年 3 月完成初稿,2019 年 5 月正式定稿,历经 10 多次修改,历时近八个月完成书稿。

　　现将研究团队主要成员介绍如下:

　　殷俊海,博士,研究员。国家体育总局专业技术人员百人计划入选人员、教育部体育职业教育指导委员会委员、自治区政协智库咨询专家。现任内蒙古体育局党组成员、内蒙古体育职业学院党委书记。他从事高等教育、体育的教学科研及管理工作 34 年,在体育高职教育、竞技体育和体育产业方面有很多创新性的系统理论成果,在国内体育科学界有一定影响;一些重要的研究成果成为政府决策意见,创造了良好的社会效益。他在本书中主要做总体策划,确定研究思路的工作,重点参与了第二章、第十一章、第十三章、第十五章的撰写工作。

　　合作作者温俊祥先生、郎林先生参与了全书的策划和写作大纲的制定,重点支持第十二章、第十三章的写作工作。

　　白志忠,博士,教授。主要负责书稿第十五章的政策与建议部分,提出了内蒙古赛马产业未来发展的方向,为内蒙古赛马产业的发展指明了道路。

　　贺达,博士,讲师。主要负责书稿的第一章、第二章和第三章,从理论的角度分析了内蒙古赛马产业发展的环境与遇到的瓶颈,为接下来的研究提供了理论基础。

　　徐立红,研究生,讲师。主要负责书稿的核心内容,第八章、第九章、第十章、第十一章、第十二章、第十三章和第十四章的写作,主要从实践层面进

行研究,建立内蒙古特色的赛马体系。

云梦迪,研究生,助教。主要负责书稿的第四章、第六章和第七章的写作,对国内外赛马产业的发展现状进行对比研究,为研究提供了重要的实际依据。

本书写作过程中,许多热心人士和合作单位提供了大量有见地的建议和调研支持。内蒙古马术运动管理中心、内蒙古赛马场、呼和浩特奥威马业、土默特左旗赛马场等单位为本书的编写给予了无私的支持,在此一并表示感谢!由于时间仓促,经验有限,写作内容难免会出现一些疏漏和不足,在此也希望得到社会各界的批评指正。

殷俊海

2019 年 5 月